Vendeur d'élite

Vendeur d'élite

Techniques et savoir-faire
des meilleurs vendeurs

Michaël AGUILAR

4e édition

DUNOD

MICHAËL AGUILAR est diplômé de l'Institut des hautes études économiques et commerciales (INSEEC Paris).

Il dirige et anime la société Aventage, organisme de formation spécialisé dans les techniques de prospection commerciale, de vente et de négociation.

Commercial pendant plusieurs années, Michaël Aguilar a vendu avec succès de nombreux produits et services dans des domaines aussi variés que l'immobilier, l'informatique, le matériel médical ou les produits de grande consommation.

Michaël Aguilar dirige également une société d'ingénierie informatique et enseigne les techniques de vente et de négociation dans plusieurs écoles supérieures de commerce.

Son adresse email : michael.aguilar@aventage.fr

Du même auteur :
Vaincre les objections des clients, Dunod Éditeur, Paris, 1999,
Speech Tonic, Les Éditions d'Organisation, 2003.

ISBN 2 10 007384 2

Je remercie vivement tous les vendeurs d'élite que j'ai rencontrés, pour m'avoir transmis leurs techniques et leurs secrets.

Merci également aux entreprises suivantes pour leur contribution à cet ouvrage:

Adia-Adecco
Aventis
Avis Fleet Services
AXA Assurances
Anderson Jacobson
Asco Eegim International
Banque SanPaolo
Bouygues
Caisse d'Épargne
Compaq
Christian Dior Couture
Crozatier
Bull
Bulik-Bio
Cetelem
DB Diffusion
Electrolux
Eric France
Encyclopaedia Universalis
France Telecom
General Electric Capital Bank
Groupe Jean-Claude Darmon
Kellogg's
Schneider
Lesage représentation
Lindt France
Manpower
Matra communication
Matthews & Goodman
Monsieur Meuble
Moore France
Multilignes/actifphone
Prestigial
Pronytel
Publicis Dialog
Rank Xerox
Renault
Union Financière de France
Vedior Bis

À mon père.

Table des matières

Introduction

LA VENTE est un domaine qui concerne chacun de nous, sous une forme ou sous une autre. Que ce soit à titre professionnel ou personnel, nul n'échappe à la nécessité de vendre ; faire un exposé en public, convaincre un employeur de nous embaucher, demander une augmentation de salaire, séduire son prochain, débattre autour d'un sujet quelconque, c'est vendre son professionnalisme, sa personnalité, son charme, ses idées…

Cependant, si tout cela relève du même processus de séduction, nous ne nous attacherons, tout au long de cet ouvrage, qu'au seul sujet de la vente de produits et de services. C'est-à-dire la vente qui intéresse tous les vendeurs, ingénieurs commerciaux, dirigeants de PME ou autres artisans installés à leur compte et qui ont chaque jour des bons de commande à remplir, des contrats à signer ou des négociations à conclure.

La vocation de ce livre est d'être un ouvrage didactique, destiné à toute personne désirant connaître les techniques à mettre en œuvre pour développer son chiffre d'affaires. Point de théorie sortie de l'esprit fumeux d'un gourou à la mode, ni de verbiage sur les vertus de telle philosophie orientale appliquée à la dialectique commerciale. Cet ouvrage s'appuie sur des exemples réels, sur l'expérience et les conseils de vendeurs confirmés : les meilleurs vendeurs de France dans leur secteur, des directeurs commerciaux ou des responsables de la formation commerciale au sein d'entreprises dont le talent des commerciaux a fait le renom et la fortune de leur « maison ».

Des techniques, des « trucs », des astuces, vous seront révélés tout au long des chapitres. Leurs auteurs les appliquent avec le plus grand succès. Cependant, pour que vous puissiez les répercuter à votre tour et pulvériser vos records de vente, lisez attentivement ce qui suit.

Considérez ce livre comme le mode d'emploi d'une arme à feu : il ne s'agit pas de le parcourir en diagonale et de vous lancer à l'assaut des acheteurs : soulignez, surlignez, apprenez par cœur les règles fondamentales de vente. C'est ainsi que vous ferez de ce livre une arme redoutable au service de votre chiffre d'affaires.

Afin de retenir l'enseignement des meilleurs vendeurs, il faut s'y référer souvent, lire et relire les paragraphes principaux, et ne pas oublier, comme le dit la sagesse populaire, que « celui qui apprend et ne révise pas est comparable à celui qui sème et ne récolte pas ».

Bon nombre de conseils sont le fruit de plusieurs années d'expérience, certaines astuces sont de véritables secrets de métier, et leurs auteurs me les ont parfois révélés « la mort dans l'âme ». Aussi, n'en abusez pas. Faites un usage judicieux de ces ficelles de la profession, car elles deviendraient inopérantes si elles étaient banalisées... Imaginez qu'un acheteur vous dise « Là vous êtes en train de me faire le coup du canard boiteux » (page 156), il y a de fortes chances pour que, dès lors, votre argumentation se transforme en balbutiements !

L'augmentation de votre volume de ventes est une certitude, à la seule condition que vous respectiez toutes les recommandations précitées.

Pourquoi ce livre?

Passionné par la négociation commerciale, j'ai lu de nombreux ouvrages sur le sujet. Les librairies spécialisées en regorgent... Mais quelle déception lorsqu'il s'agit d'appliquer les préceptes de leurs auteurs.

Certains ne font état que de leurs seules expériences (vente de produits chimiques, de voitures ou de polices d'assurances...) qui sont rarement transposables aux produits ou services qui intéressent le lecteur. D'autres sont des traductions d'ouvrages américains... Si j'aime particulièrement ce pays pour son esprit pionnier, force nous est de constater que la culture et la mentalité françaises sont différentes. Je ne porte aucun jugement sur l'une ou l'autre des traditions commerciales, mais ce qui marche au pays du dollar n'est pas toujours applicable sur notre terre de France.

À cet égard, certains conseils sont proprement naïfs, voire puérils pour ceux qui s'aventureraient à les appliquer. Jugez plutôt : « Vous apprenez que votre prospect a des enfants, offrez-leur des cadeaux, votre prospect vous en saura gré et vous signera votre bon de commande ». Par-delà cette perle (qui relève davantage de la corruption que de la stratégie de vente), la tentative d'associer les techniques de vente professées dans différents pays est vaine. La France n'est pas l'Amérique qui elle-même n'est pas le Japon. Quand, au début des années 80, les managers américains ont essayé d'appliquer les techniques japonaises de management pour redresser la situation de leurs entreprises, ils n'ont fait qu'accélérer leur déconfiture : le fossé séparant les cultures interdisait toute transposition.

Enfin, et c'est le cas le plus fréquent, les conseils sont prodigués par des psychologues, professeurs, théoriciens, déconnectés de la réalité des ventes. Ils sont parfois passés par le terrain quelques mois et… en raison de l'excellente notoriété de leurs diplômes, se sont « auto-intrônisés empereurs de la vente » et dispensent çà et là, depuis plusieurs années, leurs bonnes paroles, et parfois en dépit du bon sens. Lorsqu'un auteur se permet d'écrire : « *En phase de conclusion, une technique redoutable consiste à laisser tomber son stylo sur l'acheteur, qui après l'avoir ramassé se retrouve naturellement en position de signer le bon de commande que vous lui tendez* », c'est qu'il n'a jamais fait de vente de sa vie.

Quand on se présente pour la première fois dans le bureau d'un prospect, c'est son propre nom et celui de sa société que l'on cite, pas ses diplômes. À ce jeu-là, l'autodidacte et le polytechnicien sont à égalité. Le meilleur est celui qui repart avec la commande. Ce peut être le polytechnicien, et certains d'entre eux ont fait des carrières commerciales impressionnantes. Mais le prestige du diplôme ne garantit pas le succès. Serait-ce pour cette raison que nos brillants diplômés désertent cette profession pour s'orienter – selon leurs dires – vers les métiers « plus nobles » du marketing et de la finance? Je le dis avec d'autant plus d'aisance que je suis moi-même issu d'une école supérieure de commerce. Cependant, je ne peux m'empêcher de réagir lorsque je vois certains hommes de marketing former des vendeurs, rédiger leurs argumentaires, sans avoir jamais négocié la moindre vente.

Enfin, et pour en finir avec le dossier des critiques, tout le monde sait qu'un bon élève ne fait pas toujours un bon professeur. Nous avons tous hérité, au cours de notre vie d'étudiant, d'un professeur agrégé, « super-diplômé », ou brillant chercheur dont le manque de pédagogie n'avait d'égal que sa supériorité cérébrale. De même, un vendeur de génie ne fait pas, de facto, un incomparable professeur de vente. Je ne prétends pas détenir tous les secrets de la pédagogie... Mais pour la parfaite compréhension des différents principes exposés, ce livre a été pensé dans un but pédagogique, et il est dépourvu de tout verbiage ésotérique. En outre, je me suis assuré qu'il pouvait être compris et assimilé par des personnes non sensibilisées aux choses de la vente.

Pas d'autosatisfaction. Encore une fois, *Vendeur d'élite* est l'œuvre de ceux qui peuvent prouver ce qu'ils affirment, qui expliquent une technique qu'ils appliquent tous les jours avec la plus grande réussite. Si les produits qu'ils représentent sont très différents, la technique reste souvent la même et l'ossature de l'entretien de vente varie peu. Certes, quelques vendeurs utilisent des variantes avec un cortège d'astuces jalousement gardées (mais tout de même dévoilées dans les pages qui suivent), mais les principes fondamentaux sont toujours vérifiés, et c'est là que réside l'intérêt du livre, car quel que soit le produit ou le service que vous désirez commercialiser, vous pourrez appliquer cet enseignement.

Si ce livre s'adresse à tous les vendeurs, débutants ou confirmés, j'ai voulu privilégier la vente difficile au détriment de la vente dite « assise » (où le vendeur décide quasiment de l'acheteur qu'il va choisir). J'ai voulu penser à l'entrepreneur qui se met à son compte, qui n'a pas de références, ni les moyens de s'offrir un encart publicitaire, mais qui dispose d'un téléphone et d'une volonté farouche de réussir. Je sais – pour avoir été l'un des leurs – combien ces vendeurs sont nombreux, et combien ils ont besoin de conseils... En effet, mettons-nous dans la peau d'un créateur de SARL au capital de 10 000 euros ou d'un entrepreneur installé en nom propre, sans capitaux. Premier objectif : vendre. Mais lors des démarches commerciales, une plaquette publicitaire s'avère rapidement indispensable, ne serait-ce que pour répondre à la sempiternelle objection téléphonique : « Envoyez-nous d'abord une documentation ».

Mais à raison de 3 000 euros minimum les frais d'études et de réalisation de 1 000 documentations commerciales bas de gamme, l'investissement reste exclu. C'est aussi la période où l'on ne dispose d'aucune référence à faire valoir. Quant à l'embauche d'un vendeur professionnel… En cas d'échec, deux mois de salaires suffiraient à asphyxier définitivement la trésorerie de l'entreprise. Certains s'en sortent, mais beaucoup mordent la poussière. Parfois la faute en incombe au produit vendu (trop en avance sur son temps, ne répondant pas aux besoins du marché, etc.). Mais souvent, c'est l'aspect commercial qui fait défaut (peu ou pas de prospection, erreur de stratégie commerciale, improvisation, mauvais vendeur, etc.). Pourtant, nous verrons comment éviter les écueils dus au manque de moyens. Pour ce faire, nous avons consulté de nombreux chefs d'entreprises de PME aujourd'hui reconnus, et qui sont partis de rien. Là encore, pas de conseils chimériques mais des réponses concrètes, des solutions applicables.

D'aucuns pourraient m'accuser de faire de la démagogie. Aussi, pour ne pas décevoir ceux qui pensent que ce livre leur permettra d'entrer dans le Guinness des records au titre de vendeurs n'ayant jamais raté une vente, je dis ceci : la vente est un art difficile, et ce livre n'est pas un traité de parapsychologie permettant de faire mouche en situation désespérée par le biais d'une formule magique. En effet, il existe des ventes impossibles :

- un membre de la famille de votre prospect travaille chez votre concurrent (c'est parfois le cas pour les produits d'assurances, par exemple) ;
- votre concurrent décide d'« acheter » des parts de marché et casse littéralement les prix ;
- votre concurrent, à grand renfort de publicité, lance un produit révolutionnaire qui relègue définitivement le vôtre au rang d'antiquité ;
- votre produit ne répond à aucun des besoins du prospect ;
- votre prospect s'est équipé tout récemment d'un produit concurrent ;
- votre prospect est en situation financière difficile (ou aurait épuisé son budget) : en gestionnaire avisé, il s'interdit tout investissement qui fragiliserait sa situation.

Bien évidemment, dans les deux derniers cas, si la vente est impossible au moment de la prospection, elle peut être reportée à une date ultérieure (une situation financière s'améliore, des budgets nouveaux sont accordés, les produits du concurrent s'usent quand l'obsolescence n'en a pas raison avant).

Point de formule magique donc, mais une technique, des conseils, des « trucs » testés, éprouvés, qui vous placeront loin, très loin devant ceux qui ne les utilisent pas.

De l'image du vendeur

Des milliers de produits géniaux, d'idées lumineuses et de projets enthousiasmants ont été abandonnés faute d'être défendus par de bons vendeurs. Combien d'entreprises ont sombré du fait de leur service commercial défectueux. La vente est le nerf de la guerre, et de l'efficacité des vendeurs dépend l'avenir de l'entreprise. Voilà de quoi faire respecter définitivement cette profession.

Pourtant, l'image du vendeur est toujours entachée par le stéréotype du vil représentant de commerce. Bien entendu, cette image du vendeur vénal ne s'est pas inscrite d'elle-même dans l'inconscient collectif. Les responsables de cette réputation existent... cependant mon propos n'est pas ici de dénoncer les brebis galeuses de la profession. Rappelons toutefois que c'est le vendeur qui joue le rôle d'interface entre l'acheteur et l'entreprise. Lorsqu'une entreprise tente d'abuser de la crédulité du client, ou plus généralement lorsqu'elle a vendu un produit défectueux ou une prestation de mauvaise qualité, quel est celui qu'on incrimine? Le directeur de la production, le responsable Recherche & Développement, le directeur de l'entreprise? Non, son représentant, le vendeur!

Mais passons sur ces querelles stériles autour de la noblesse des métiers... Faut-il encore rappeler que le médecin, l'expert-comptable ou l'homme politique ne peuvent se passer de la vente pour développer leur clientèle ou leur électorat? Après avoir suivi, pendant dix-huit mois, quelques-uns des meilleurs vendeurs de France, j'ai pu dégager une règle fondamentale : un vendeur hors pair ne « baratine » pas, n'arnaque pas, ne méprise pas... Le vendeur d'excellence pose des questions habiles, écoute, convainc, séduit et emporte la vente pour son plus grand plaisir ainsi que celui de l'acheteur.

La vente est un métier d'artiste : à chaque rendez-vous, c'est le rideau qui se lève. Il s'agit de séduire l'acheteur, comme le comédien fait la conquête de son public. Lorsque le travail est bien fait, on emporte le contrat, comme le comédien recueille les applaudissements.

La maîtrise des techniques de la vente vous procurera une source intarissable de satisfactions, tant au niveau professionnel que personnel. Vous m'avez fait l'honneur d'acheter ce livre, aussi je veux être sûr qu'il vous rapporte infiniment plus que ce qu'il vous a coûté... Vous pardonnerez mon entêtement, mais puisque votre succès en dépend, je juge utile de vous renouveler le conseil d'apprendre par cœur les règles fondamentales et de les réviser souvent, comme le pianiste travaille ses gammes.

Il ne me reste qu'à vous souhaiter une bonne lecture... et de belles ventes à la clé!

Chapitre 1

Prospection et prise de rendez-vous

La première étape du parcours commercial consiste à découvrir les prospects susceptibles d'acheter vos produits. C'est la phase dite de prospection, dont tout le monde s'accorde à souligner le caractère vital pour l'entreprise. En effet, chaque jour, l'entreprise voit partir ses clients et les motifs qui engendrent l'érosion de la clientèle sont aussi nombreux que variés :

- disparition physique du client;
- disparition physique de l'entreprise (liquidation judiciaire);
- abandon par le client d'un projet, programme ou produit dont l'entreprise était le fournisseur ou le sous-traitant;
- innovation majeure réalisée par la concurrence et rendant obsolètes les produits de l'entreprise;
- politique de prix très agressive de la concurrence (*dumping*);
- vice de fabrication affectant la qualité d'un ou de plusieurs produits de l'entreprise, d'où perte de confiance de la clientèle;
- grève d'usine, problèmes d'approvisionnement ou négligence, délais de livraison non tenus, entraînant des ruptures de contrat pour non-respect des engagements contractuels, etc.

Ainsi, pour assurer sa pérennité et son développement, l'entreprise se voit contrainte de prospecter sans relâche une clientèle toujours renouvelée. Le commercial nouvellement engagé ou l'entreprise fraîchement créée n'ont, quant à eux, aucune autre alternative que la prospection intensive visant à constituer au plus vite une première base de clients à visiter. Il s'agit de décrocher les premières commandes qui fortifieront l'activité généralement fragile de l'« embryon commercial », après en avoir permis le démarrage.

Il existe plusieurs outils de prospection : foires-expositions, publicité (télévisée, radiophonique, par voie de presse), porte à porte, etc., mais c'est le marketing direct (et plus particulièrement le mailing, le phoning et l'e-mailing) qui retiendra notre attention dans ce chapitre. En effet, instrument de prospection universel, le marketing direct peut être pratiqué par toutes les entreprises, quelle que soit leur bourse. La multinationale peut y investir de fortes sommes : elle expédiera plusieurs dizaines de milliers de lettres, conçues par des spécialistes du copywriting (science de l'écriture commerciale), gérées et personnalisées par ordinateur, ou encore elle sous-traitera à quelques sociétés de marketing téléphonique la prise de rendez-vous pour leurs commerciaux. La petite entreprise, de son côté, pourra elle aussi s'offrir les services du marketing direct : elle enverra, selon les nécessités de son activité, quelques centaines ou milliers de lettres, mises au point par ses propres services commerciaux et gérées par micro-ordinateur. Quant au téléphone, la plus modeste société dispose d'au moins un poste. Chacun peut, à tout moment, composer un numéro et tenter d'obtenir un rendez-vous auprès d'un prospect dans le but de lui présenter une offre de produit/service.

➤ Remarque

Les techniques et conseils qui suivent ne concernent que la prise de rendez-vous et n'ont pas vocation à l'exhaustivité. Les lecteurs désireux de parfaire leur connaissance du marketing direct et de ses techniques (VPC, vente par téléphone, bus-mailing, couponing, e.mailing etc.) se reporteront avec profit aux ouvrages de référence cités dans la bibliographie.

Le fichier

Le fichier constitue la base même du marketing direct, la clé de voûte d'une campagne de prospection réussie. Rien ne sert d'expédier un mailing de 1 000 lettres pour vanter les mérites de son entreprise spécialisée dans le design industriel, si la cible choisie ne comporte que des sociétés commerciales (donc n'ayant pas d'activité de fabrication). Car un fichier ne vaut que par la qualité des adresses qu'il contient.

Si l'on prend l'exemple du mailing, il faut savoir que chaque opération emporte des frais de création de fichier, des coûts de fabrication des documents, d'affranchissement, de mise sous pli, de routage… On réalise très vite qu'un fichier mal ciblé, caduc (dont les destinataires ont déménagé, changé de fonction dans l'entreprise…) ou mal orthographié peut se révéler ruineux pour l'entreprise qui investit à fonds perdus dans un média qui n'atteindra pas sa cible!

Aussi, après avoir évalué les différentes sources d'approvisionnement en adresses (comment se constituer un fichier), nous passerons en revue les règles qui président à la constitution d'un fichier performant.

Comment se constituer un fichier

Vos clients sont bien quelque part… Où les trouver? On distinguera deux moyens complémentaires de constitution et d'enrichissement de fichiers, en fonction des données qu'ils concernent : les moyens de constitution internes et externes à l'entreprise.

➤ Les moyens de constitution internes à l'entreprise

- *Les connaissances de l'entreprise*

On fait toujours plus confiance à quelqu'un que l'on connaît qu'à un inconnu. L'entreprise a donc intérêt à conserver et répertorier les coordonnées des personnes avec lesquelles elle traite (qu'ils soient prospects ou clients).

Exemples

- Un prospect qui prend contact spontanément avec l'entreprise pour une demande d'information sera aussitôt « mis sur fiche ».
- Le commerçant qui encaisse un chèque prendra soin de relever les coordonnées du client avant de remettre son chèque à l'encaissement.
- Au cours de sa participation à un salon, à une foire-exposition, l'entreprise ne manquera pas de noter les coordonnées de tous ses visiteurs, profitant de l'occasion pour se constituer une base de données de prospects

qualifiés. Toutefois, la plus grande réserve s'impose quant à la qualité des adresses collectées au moyen de loteries et autres tirages gratuits sur le stand. L'expérience démontre que ces jeux attirent un grand nombre de personnes alléchées par le gain qu'ils font miroiter, mais qui n'ont en réalité que peu de chances de se transformer un jour en clients de vos produits.

- *Le parrainage*

Il représente un moyen pratique, fiable et bon marché d'obtenir des adresses de qualité. Le parrainage consiste à demander aux clients (voire aux prospects) de l'entreprise, de communiquer à celle-ci les coordonnées de leurs amis, confrères, parents ou connaissances. Elle pourra ensuite solliciter ces nouveaux prospects en se recommandant du « parrain ». L'impact est certain.

- *Les annonces presses avec coupon-réponse*

Ce sont des publicités par voie de presse comportant un coupon-réponse à retourner à l'annonceur. Une annonce presse bien conçue constitue pour une société un moyen efficace d'élaborer un fichier qualifié. Une annonce presse se présente sous la forme d'un article rédactionnel dont les polices de caractères, la disposition des colonnes et les interlignages, dans la mesure du possible, se rapprochent astucieusement de ceux employés par la revue dans laquelle elle s'insère. Bien sûr, personne ne sera dupe de ce parti-pris de mimétisme, car la présence du coupon-réponse est là pour rappeler le caractère publicitaire de l'annonce. Néanmoins, le lecteur se sentira moins agressé par cette forme de message et se montrera plus enclin à le lire.

➤ Les moyens de constitution externes à l'entreprise

- *Les compilations d'annuaires*

Il existe, sur le marché, une quantité impressionnante d'annuaires (annuaires de particuliers, annuaires professionnels édités par les chambres syndicales, chambres de métiers, grandes écoles, annuaires d'associations, etc.) à partir desquels l'entreprise peut se constituer un fichier par compilation (c'est-à-dire en recopiant les adresses qu'ils contiennent). Ces fichiers, créés à bon compte, ont certes le mérite d'apporter de fabuleuses quantités d'adresses mais ils ne livrent aucune information sur leurs titulaires et souffrent d'un manque de mise à jour chronique. Le taux de déchet de ce type de fichier peut donc être important.

- *Les fichiers de comportement*

Ces fichiers se composent de coordonnées « renseignées », c'est-à-dire de personnes dont on connaît l'intérêt pour un produit/service (parce qu'elles l'ont déjà acheté ou qu'elles s'y intéressent de près). Il existe, là encore, une multitude de fichiers de comportement, allant du fichier de collectionneurs de timbres à celui des abonnés à telle revue économique, en passant par celui des acheteurs de produits surgelés! En règle générale, ces fichiers sont établis par les vendeurs des produits/services considérés.

- *Achat et location de fichiers*

Un autre moyen de se constituer un fichier consiste à faire appel aux list-brokers (professionnels de la location/vente de fichiers). Ceux-ci gèrent des fichiers très importants (de compilation et de comportement) qu'ils peuvent, au moyen de leurs systèmes informatiques et sur demande, segmenter à souhait. Vous envisagez d'organiser un séminaire sur la gestion de trésorerie dans un grand hôtel de Cannes? Vous pouvez, par exemple, faire établir par un broker le fichier de tous les directeurs financiers des entreprises de plus de 100 salariés dont les sièges sociaux se situent dans les Alpes-Maritimes et le Var.

- *Location ou achat?*

Lorsqu'il loue un fichier, le locataire s'engage à ne l'utiliser qu'une seule fois; d'ailleurs, les adresses objets de la location sont souvent remises directement au routeur qui se charge de les apposer sur les enveloppes. La location intéresse essentiellement les entreprises qui réalisent des campagnes ponctuelles de publipostage.

L'achat, quant à lui, peut être envisagé si le fichier est appelé à servir à plusieurs reprises. Cependant, l'acheteur aura soin de vérifier la qualité des adresses, en réalisant au préalable un test sur un échantillon représentatif du fichier qu'il projette d'acheter. Ceci lui permettra de vérifier, par exemple, que le taux de retour NPAI (N'habite Pas à l'Adresse Indiquée) est inférieur à 5 %, seuil limite de tolérance.

Pour que votre fichier soit performant

Constituer un fichier est indispensable. Mais constituer un fichier performant est infiniment préférable! Cette entrée en matière quelque peu triviale appelle une question : qu'est-ce qu'un bon fichier? À quoi mesure-t-on son efficacité?

Un fichier performant se reconnaît à ce qu'il répond à plusieurs critères.

➤ L'actualisation des données

Parce qu'un fichier ne vaut que par les adresses qu'il contient, l'actualisation de ses données représente une préoccupation essentielle. Inutile, par exemple, de recopier les adresses d'un annuaire professionnel datant de cinq ans, la fiabilité des informations ainsi obtenue pourrait bien se situer en deçà des 20 %. Vous pouvez le vérifier par vous-même : considérez dix personnes de votre entourage, combien d'entre elles occupaient, cinq ans plus tôt, le même poste à la même adresse?

C'est pourquoi le locataire d'un fichier ne manquera pas de faire préciser à son fournisseur la manière dont il actualise ses données et la fréquence de leur mise à jour. De même, l'entreprise devra s'imposer un contrôle régulier de l'état de fraîcheur de ses propres fichiers. Car chaque fiche erronée est une source de dépense improductive pour l'entreprise. Une source d'échec.

Exemple

> « Allô? Bonjour madame. Corinne Dubois de la société Kivantou. Pouvez-vous me passer François Dufer, s'il vous plaît? »
>
> « Ce serait avec plaisir, mais cela fait bien trois ans que Monsieur Dufer ne fait plus partie de notre société. »

Bien entendu, notre téléactrice aura vite fait de détruire ou mettre à jour le contenu de sa fiche, prévenant ainsi toute nouvelle erreur. Mais que dire de l'entreprise qui prospecte « en aveugle », expédiant ses documents par voie postale, plusieurs fois par an, sur la base d'un fichier vicié? Le verdict est simple : chaque opération de publipostage est l'occasion, pour cette société, de jeter de l'argent... par la boîte aux lettres.

Jean-Jacques Pelé (Pronytel), dans une formule imagée, souligne l'importance de l'actualisation du fichier :

« Un fichier de prospects ou de clients est un peu comme une plante d'appartement. Il faut l'entretenir avec soin, en lui accordant une attention sans défaut ;
– éliminer aussitôt les fiches caduques (cessation ou changement d'activité du client, par exemple) ;
– actualiser les données au jour le jour (déménagement, changement de fonction de l'acheteur...) ;
– supprimer les doublons (c'est le travail dit de dédoublonage, qui consiste à éliminer les fiches existant en double, en triple ou davantage).
Ce n'est qu'à ce prix que pourra donner les fruits convoités cette plante si délicate, le client. »

➤ Segmentation judicieuse du fichier

Déjà vu

> Cher Monsieur Dujardin,
> Vous pensez certainement qu'il fait chaud, et qu'une bonne baignade vous ferait le plus grand bien [...].
> Nous sommes heureux de vous adresser une documentation présentant nos principaux modèles de piscines [...].
> Sur simple demande de votre part, un conseiller commercial prendra rapidement contact avec vous [...].

Notre destinataire recevant cette missive au courrier du matin n'aura sans doute qu'un haussement d'épaules, excédé s'il est de mauvaise humeur... Il habite un appartement! En effet, l'annonceur a certainement segmenté son fichier selon des critères géographiques. Il a pu, par exemple, sélectionner tous les habitants de telle zone pavillonnaire de tel quartier résidentiel, oubliant sans doute d'extraire de sa sélection quelque immeuble d'appartements situé dans ce quartier.

Plus la cible sera délimitée avec précision, plus grandes seront les chances du projectile (le message commercial) de l'atteindre. La segmentation de fichier a précisément pour objet de délimiter avec un maximum de finesse les contours de la cible, de faire en sorte que celle-ci contienne le plus grand nombre possible d'individus susceptibles de concevoir de l'intérêt pour le produit considéré.

➤ La qualification du fichier

Les résultats obtenus sont catégoriques : le rendement d'une campagne de marketing direct s'avère considérablement augmenté lorsque le message commercial est personnalisé. Un courrier personnalisé (c'est-à-dire faisant ressortir, dans le corps du texte, le nom, voire le prénom et/ou quelques informations spécifiques au destinataire) ou un appel téléphonique personnalisé (dans lequel le téléacteur appelle son interlocuteur par son nom) émeut davantage le prospect qu'un message anonyme.

Cependant, la réalisation d'un tel message commercial, suppose que l'on s'appuie sur un fichier renseigné, qualifié. Or, tous les fichiers ne sont pas renseignés comme on pourrait le souhaiter.

Exemple

Imaginons que vous commercialisez des accessoires de bureau personnalisés au logo des entreprises clientes. Votre produit s'adresse donc aux acheteurs de cadeaux d'entreprise. Malheureusement, le seul annuaire à votre disposition ne fait mention que du nom du responsable des entreprises. Que faire?

Plusieurs solutions s'offrent à vous.

- Vous adressez votre courrier aux adresses indiquées et « *À l'attention du responsable des achats* ». Cette lettre aura peut-être pour destin de se perdre dans les dédales de l'entreprise ou encore d'être immédiatement éliminée par une secrétaire estimant que « *[son patron] n'a pas le temps de consulter les dizaines d'offres qu'on lui soumet chaque jour* ».
- Puisque vous connaissez son nom, vous adressez votre courrier au directeur de l'établissement. Cependant, vous courez le risque que la fonction « achat de cadeaux d'entreprise » ne soit pas de son ressort, et que par conséquent votre proposition n'atterrisse au fond d'une corbeille.
- Vous optez pour l'opération la plus rentable et procédez en deux temps.

1. Qualification du fichier : il ne s'agit ni plus ni moins que de téléphoner à chaque entreprise (en utilisant par exemple une méthode éprouvée sur laquelle nous nous pencherons plus loin) pour obtenir les nom, prénom et coordonnées exactes du responsable que vous projetez de contacter.
2. Fort de cette information, vous pourrez lui adresser un courrier personnalisé ou bien téléphoner à nouveau, quelques jours plus tard, en demandant à parler à monsieur ou madame Untel.

La prospection par mailing ou publipostage

Quelle est l'entreprise qui ne s'est pas déjà essayée à envoyer un mailing en vue de développer sa clientèle? Et qu'en ressort-il généralement? Des opinions contrastées : « *À chaque fois qu'on investit sur ce média, on perd de l'argent. La prospection par mailing, ça ne marche pas!* » se lamente tel directeur commercial, peu satisfait des performances de la Poste. Tandis qu'un autre cadre commercial/marketing ne tarit pas d'éloges sur la Poste et ses hommes, ces « facteurs » du succès commercial de l'entreprise.

Alors, efficace, le mailing, ou impuissant? Il ne saurait être donné de réponse catégorique à cette question, tant il est vrai que la réussite d'un mailing dépend d'un grand nombre d'éléments. Par exemple, le fichier a-t-il été convenablement ciblé? Est-il actualisé? Le produit/service proposé présente-t-il un intérêt réel pour le prospecté? Le texte adressé au destinataire est-il clair, soigné, motivant? etc.

Quoi qu'il en soit, il faut le constater : le marketing direct s'impose de plus en plus dans l'entreprise. Les budgets qui lui sont consacrés vont sans cesse croissant. Pourquoi un tel engouement pour cette technique? Parce qu'elle se révèle plutôt bon marché, qu'elle est fiable (un mauvais mailing apporte malgré tout 0,5 % de résultats), permet une approche très fine des cibles (évitant la déperdition de l'information qui se produit avec la télévision, la radio ou la presse écrite) et apporte des résultats mesurables (en terme de pourcentage de réponses, ou de coupons « remontés »).

Cependant, l'expérience montre qu'un mailing, une lettre de prospection ne s'improvisent pas. La gestion d'un fichier, la technique de l'écriture commerciale exigent non seulement des connaissances spécifiques (de la communication en général et du marketing direct en particulier), mais aussi un certain savoir-faire, qui peut être un tour de main empirique, pour pouvoir fournir des résultats satisfaisants. Les règles et les astuces exposées dans les pages qui suivent ont été recueillies auprès de professionnels reconnus du marketing direct, véritables spécialistes de la science de l'écrit commercial. Il s'agit d'Yvon le Men (agence Messages), Joëlle Tison (agence Wunderman), Régis Gandelon (agence Pharmactif Nouveau Langage) et Alain Sucra (consultant indépendant en communication).

Les règles fondamentales du mailing, ou comment captiver votre lecteur

Incontestablement, l'élément prépondérant du mailing, celui sur lequel repose une bonne part de vos rendements, c'est la lettre. Vous pouvez, en effet, glisser à l'intérieur de l'enveloppe une documentation en quadrichromie pelliculée glacée, de coûteuses photos, des échantillons, un bon de commande, une enveloppe retour… Ce qui entraînera la vente, c'est le « vendeur en papier » : la lettre!

La lettre est le support par excellence d'une amorce de dialogue qui se veut chaleureuse, persuasive, voire intimiste… et de toute manière le plus possible personnelle. Son objectif : convaincre, par sa force promotionnelle et émotionnelle, le lecteur de réagir au message qu'elle contient et de vous écrire, vous téléphoner, vous proposer un rendez-vous?

Pour parvenir à ce résultat, votre lettre doit impérativement répondre à un certain nombre de règles de base. Leur efficacité a été cent fois testée et les transgresser constitue une véritable faute professionnelle (Ce que semblent ignorer un nombre impressionnant d'entreprises qui continuent de gaspiller des sommes considérables dans l'envoi de lettres inefficaces et rédigées en dépit du bon sens. On a même vu des mailings sans lettre!).

➤ Le contenu de la lettre

Pleins feux sur le nombril! Le but d'une lettre de marketing direct n'est pas d'exprimer la satisfaction de celui qui l'écrit, mais de convaincre celui qui la lit qu'il a tout à gagner à réagir dès sa réception.

La règle essentielle qui préside à la rédaction de toute lettre de marketing direct, script de marketing téléphonique ou argumentaire de vente est de toujours démontrer au consommateur que les caractéristiques du produit présentent tous les avantages pour **lui** (nous reviendrons longuement sur ce sujet au cours du prochain chapitre). Ce que Frédéric Hué (agence Messages) résume par une formule lapidaire : « *Toujours s'exprimer en bénéfice-consommateur et non en bénéfice-produit* ». Ce qui intéresse le prospect, c'est de savoir ce que votre produit/service va lui rapporter ou lui faire gagner; tout le reste, les caractéristiques techniques de votre produit, vous, votre société, est secondaire!

Pour vous en convaincre, lisez ces deux extraits de lettres dont le destinataire est un acheteur de matériel d'imprimerie. D'après vous, lequel aura le meilleur impact?

Premier message

> … Le système de fonctionnement de notre lecteur de plaques utilise largement des procédures informatisées et permet, par un balayage de la plaque, d'enregistrer avant le calage les différentes valeurs et densités de l'image à imprimer. L'enregistrement des signaux se fait sur une cassette que le conducteur introduit ensuite dans le pupitre de la machine. Le réglage des encriers se fait automatiquement à partir des informations contenues dans la cassette.

Deuxième message

> … Avec le lecteur de plaque X, vous calerez avec 60 feuilles au lieu de 250. Un gain de productivité en main-d'œuvre et en papier que vous saurez apprécier!
> Mais ce n'est pas tout.
> Le lecteur de plaque X est utilisable pour toutes les machines. C'est-à-dire que vous pourrez l'utiliser sur l'ensemble de votre parc… et multiplier ainsi vos gains de productivité!
> En somme, le lecteur de plaque X vous permettra de réaliser des économies substantielles, et par conséquent d'être plus compétitif!

Vous l'avez compris. La première règle du rédacteur de lettres de marketing direct est de savoir « parler » au consommateur en évoquant les bénéfices, gains et avantages qu'il pourra tirer du produit/service proposé. Au diable les démonstrations compliquées. Plus le message est clair, plus les termes qu'il emploie sont frappants et plus l'impression produite sur le prospect sera efficace : « *Grâce au produit X, vous allez gagner…* » (du temps, de l'argent, la reconnaissance de votre professionnalisme, de la tranquillité d'esprit, etc.).

La personne visée étant au centre de vos préoccupations, ses aspirations et ses besoins souverains, la lettre se conjuguera à la deuxième personne du pluriel. Les « Je », « nous », « notre société » se feront discrets tandis qu'on leur préférera les « vous », « vos », « votre ». Le lecteur se sentira beaucoup plus concerné par une lettre qui lui parle de lui, évoque ses soucis, ses désirs, que par n'importe quelle ode à la gloire d'une société X ou d'un produit Y!

Voici deux versions (p. 32) d'une même lettre adressée à un commerçant. Imaginez un instant que vous êtes ce commerçant; laquelle des deux vous décidera-t-elle à prendre contact avec l'entreprise prospectrice?

À la lecture de la première lettre, votre réaction sera sans doute la suivante : « *Cette entreprise est en expansion? Fort bien! Mais en quoi cela m'intéresse-t-il? Ces gens doivent faire face à leur développement? Et alors! Est-ce mon problème?*

PREMIÈRE LETTRE

Monsieur,

Notre groupe connaît actuellement une expansion sans précédent.

Pour faire face à notre développement, nous recherchons des distributeurs sur le département des Alpes-Maritimes.

Notre documentation ci-jointe vous présente notre gamme complète de produits.

Comme vous pouvez le constater, tous les produits de notre catalogue sont assortis d'une remise de 47 % sur le prix de vente. Par ailleurs, il nous apparaît utile de vous préciser que ces produits sont fabriqués par nous-mêmes dans notre usine du Loir-et-Cher.

Pour plus d'information, ou pour prendre rendez-vous, appelez notre service commercial au 01 43 XX XX XX

Bien cordialement,
Aimé Galomane
Responsable distribution

DEUXIÈME LETTRE

Monsieur,

Voulez-vous augmenter votre chiffre d'affaires ? Augmenter vos marges ?

Votre réponse est certainement affirmative ! Alors voici comment :

Vous trouverez, ci-joint, une plaquette de présentation des produits de notre société ! Ces produits, il est vrai, connaissent actuellement un très grand succès commercial… Et si nous vous contactons aujourd'hui, c'est pour vous permettre de profiter, vous aussi, de cette réussite, en devenant distributeur de ces produits sur votre département, les Alpes-Maritimes.

Mais ce n'est pas tout !

En découvrant nos tarifs, vous pourrez constater que la remise distributeur est de… 47 %, alors que la remise généralement consentie sur ce type de produit est de 42 % ! Cela est possible parce que nous sommes fabricants et vendons directement aux détaillants, sans intermédiaires. La remise du grossiste vous est donc **offerte** !

Alors rejoignez sans tarder le réseau des 72 distributeurs qui gagnent, et gagnez à votre tour.

Si vous désirez en savoir plus, ou recevoir la visite d'un collaborateur, appelez vite le 01 43 XX XX XX !

Votre dévoué,
Paul Position
Responsable distribution

J'ai déjà suffisamment à faire avec le développement de ma propre société pour m'occuper du leur. Quant à savoir qu'ils fabriquent leurs produits dans leur usine du Loir-et-Cher, je m'en fiche éperdument. » La seconde lettre est bien plus engageante et le lecteur se sent immédiatement concerné… Non seulement il se trouve au centre de la lettre (omniprésence du « *vous* »), mais on lui promet la réussite, l'argent! Bien difficile, pour un commerçant soucieux de la rentabilité de son commerce, de décliner a priori une telle invitation au succès.

➤ L'accroche

L'accroche consiste en un message (souvent en caractères géants, gras ou dans un cadre) situé sous l'en-tête de la lettre, en général en haut et à droite. Lorsqu'il déplie la missive du mailing, c'est l'accroche qui tombe en premier sous les yeux du prospect.

En conséquence, la seule bonne accroche sera celle capable de susciter la curiosité du lecteur et lui donner envie de lire tout le contenu du message. Pour aboutir à ce résultat, il convient de s'assurer que l'accroche comporte bien une promesse (une économie à réaliser, un cadeau, une réponse à une question que se pose le lecteur, une vie plus agréable, la réalisation d'un rêve, une solution à un problème), celle d'un bénéfice pour le lecteur. On pourra, par exemple, pour élaborer la promesse, s'inspirer de la méthode SACOL (*cf.* page 89).

Exemples

QUELQUES ACCROCHES AYANT PORTÉ LEURS FRUITS.

- Défendez votre patrimoine contre les droits de succession.
- Augmentez la capacité de production de votre matériel X en investissant le minimum.
- Entrez dans le club très fermé des possesseurs de la carte Machin.
- Nouveau : un logiciel qui divise par 3 vos coûts de gestion commerciale.
- Augmentez vos ventes et vos profits grâce aux produits Niark!
- Votre maison… à 20 mètres de l'océan pour 383 euros par mois.
- Comment faire des économies sur votre facture de chauffage.
- Recevez un précieux cadeau personnel en vous informant sans engagement sur les avantages du produit Pouic!
- Comment trouver rapidement un emploi (comment faire dire « oui » à un employeur).
- Gratuit : une consultation de trois heures.
- Surfez plus vite sur Internet, et payez moins cher votre abonnement.

Attention, cependant. L'accroche n'est pas toujours indispensable, ni même conseillée. Le mailing à caractère officiel ou haut de gamme, par exemple, visant le président-directeur général, ou adressé à quelques « pointures » tout aussi respectables d'entreprises prospectées, se gardera de comporter une accroche. En effet, le côté « racoleur » de celle-ci ne peut qu'entacher l'image de la société qui l'envoie.

➤ Les premiers mots

Vous ne disposez que de très peu de temps pour captiver votre lecteur. Une mauvaise entrée en matière suffit pour que la lettre se transforme en boulette et aille atterrir dans une corbeille à papier!

Aussi, pour retenir d'emblée le lecteur, il convient de jouer son « joker » dès l'entrée en matière, de placer ses meilleurs atouts (promesses de bénéfices) en début de texte. À défaut, on pourra, pour forcer la curiosité du lecteur, recourir aux images ou encore à l'émotion. C'est ici que votre imagination prend le relais, pour actionner les ressorts secrets de l'âme du lecteur… et l'amener à lire la lettre jusqu'au bout.

Ces quelques extraits choisis d'introductions de lettres performantes jouent tour à tour sur la promesse de bénéfices, l'émotion et l'imaginaire.

Annonceur

Vendeur de systèmes de protection contre le vol de véhicules.

> Monsieur,
> Dans quelques jours, dans quelques heures, votre véhicule sera définitivement protégé contre le vol! Plus personne ne pourra jamais « l'emprunter » sans votre autorisation!

Annonceur

Fabricant de jouets.

> Monsieur,
> Accepteriez-vous un rendez-vous si je vous présentais une gamme de produits qui vous assure une augmentation de votre chiffre d'affaires de 10% minimum… et des marges encore plus confortables que celles dont vous avez l'habitude?

Annonceur

Société commercialisant des onduleurs pour micro-ordinateur.

> Monsieur,
> Votre ordinateur sans onduleur est comme un acrobate sans filet!

> Coupures d'électricité, variations de tension, micro-coupures, sont autant de dangers qui guettent votre micro-ordinateur et qui risquent à tout moment de provoquer l'irréparable : la perte de tout ou partie de vos données.

Annonceur

Cabinet de formation à la création d'entreprise.

> Monsieur,
> Avant de vous présenter l'objet de cette lettre, permettez-moi de réaliser sur vous une petite expérience très agréable.
> Fermez les yeux quelques instants et représentez-vous à la tête de VOTRE entreprise! Que voyez-vous?

Annonceur

Société de location de véhicules de prestige.

> Monsieur,
> Imaginez la scène suivante :
> Nous sommes en plein été, sur la plus belle avenue du monde : les Champs-Élysées.
> Comme chaque jour, les touristes mitraillent les vitrines prestigieuses des beaux magasins, des femmes courent à leurs emplettes, tandis que les businessmen affairés se rendent à leurs rendez-vous professionnels...
> Soudain, une voix s'élève dans la foule : « Regardez! ». Quelqu'un désigne du doigt une magnifique Bugatti Type 51 Sport de 1933 descendant la célèbre avenue. Tous les regards convergent vers cette merveille de l'automobile, qui suscite sur son chemin acclamations, bouches bées et sourires émus.
> Pendant ce temps, au volant, le conducteur savoure son plaisir. Et ce conducteur, c'est **vous** [...]

Comme vous le constatez, en matière d'introductions efficaces, il n'est d'autres limites que celles de l'imagination. Et pour démontrer que l'on peut aller très loin dans la liberté de ton et l'originalité de l'approche, voici un exemple d'entrée en matière performante (tiré de l'ouvrage *Pratique du marketing direct* d'Yvon Le Men[1]) et adaptable à un très grand nombre de situations (opérations promotionnelles, invitations personnelles, offres spéciales, etc.).

> Cher Monsieur,
> Cette lettre constitue une injustice flagrante.
> En effet, autant elle enthousiasmera les rares privilégiés à qui elle est adressée, autant elle mécontentera tous ceux, tellement plus nombreux, qui risquent d'en avoir connaissance... sans en être destinataires.

1. Paru en 1995 aux éditions Dunod.

Et pourtant, il m'a bien fallu choisir les noms de ceux à qui nous allons permettre, dès le mois de septembre prochain, de... (bénéficier de l'offre exceptionnelle sur..., d'assister au lancement de la nouvelle..., d'accéder au niveau suprême en matière de) [...].

Suivait une lettre de marketing direct classique et vendeuse.

➤ Le post-scriptum

Savez-vous comment réagissent la plupart des lecteurs pressés par le temps (soit la majorité des lecteurs) à réception d'une lettre de marketing direct ? Ils commencent par lire l'accroche, sautent le corps du texte pour regarder la signature (« Qui m'écrit ? »), puis ils jettent un coup d'œil au P.S. Et ce n'est que s'ils ont trouvé, dans cette lecture « en diagonale », un message qui les intéresse, une information qui retient leur attention ou suscite leur curiosité, qu'ils remontent au début de la lettre afin d'en savoir pus.

Ainsi, après l'accroche, le P.S. constitue l'élément le plus important de la lettre. Il est l'ultime hameçon, la dernière chance de l'auteur du courrier de ferrer le lecteur. Par conséquent, le P.S. doit contenir un argument puissant (voire le meilleur argument de l'offre). Ce peut être une promotion exceptionnelle, un produit/service nouveau, révolutionnaire, un cadeau ou autre libéralité. D'autre part, un P.S. qui insiste sur une date limite ou utilise une astuce quelconque pour inciter le lecteur à répondre au plus vite, augmente toujours le rendement de la lettre.

Quelques post-scriptum performants

- P.S. Surtout n'oubliez pas, cette remise exceptionnelle vous est consentie pendant dix jours. Prenez donc rapidement contact avec notre service commercial !
- P.S. Pour vous remercier de répondre dans les 48 heures, je vous offrirai, le jour de notre rencontre, un précieux... (guide de voyage, stylo-plume en acajou, etc.).
- P.S. Plus vite vous nous contacterez, plus vite vous pourrez... (résumer le(s) point(s) fort(s) de l'offre. Par exemple, réaliser des économies d'impôts).
- P.S. Ah ! J'oubliais, tous nos produits sont garantis 2 ans pièces et main-d'œuvre !
- P.S. Faites vite : le nombre des participants à la démonstration du nouveau logiciel Zorgl est limité... Les réservations seront honorées dans leur ordre d'arrivée !

Dernier raffinement : pour renforcer le caractère personnel et l'urgence, le P.S. pourra être manuscrit. À condition, bien sûr, que l'écriture en soit parfaitement lisible, le style dynamique, et qu'il soit manifestement rédigé par le signataire de la lettre, avec la même plume et dans une couleur déjà utilisée dans le texte.

➤ La personnalisation du texte

Indubitablement, une lettre personnalisée engendre de meilleurs résultats qu'une lettre anonyme. Cela dit, une personnalisation efficace ne consiste pas à répéter cinq ou dix fois « Monsieur Lebreton » et à lui rappeler à trois reprises qu'il demeure 36 rue des Dolmens à Plougastel-les-Deux-Menhirs! Car une personnalisation à outrance exaspère le lecteur… qui d'ailleurs n'est pas dupe et sait pertinemment de quelles prouesses techniques sont capables les ordinateurs.

Je ne peux résister au désir de vous soumettre un extrait d'une lettre qui m'a été adressée récemment par un promoteur de maisons individuelles. Le ridicule ne tue pas, dit-on!

> […] Alors venez visiter notre maison-témoin. Le meilleur accueil vous sera réservé, Monsieur Aguilar Michael.
>
> Vous pourrez participer gratuitement au tirage de notre super-tombola. Et vous serez peut-être, Monsieur Aguilar, le grand vainqueur du Super-Magot! Mais au fait, si vous étiez justement le grand gagnant, que feriez-vous de ces cent mille francs, Monsieur Aguilar?
>
> P.S. : Si vous passez nous rendre visite avant 15 jours, nous vous remettrons un cadeau que nous avons tout spécialement choisi pour vous, et sur lequel est déjà inscrit : « à l'attention de Monsieur Aguilar Michael » […].

Ces piteuses mascarades ne trompent personne. En outre, elles auront pour effet certain de… jeter le discrédit sur la technique même du mailing, car le résultat de ces pitreries décevra le plus souvent l'annonceur.

La bonne personnalisation consiste à savoir surprendre sans jamais flagorner; il convient donc d'employer le patronyme du destinataire à bon escient, discrètement, et d'en bannir l'usage abusif et systématique. Mais bien personnaliser, c'est encore savoir dire sans jamais se tromper « Chère Mademoiselle » à une demoiselle, « Monsieur le Directeur général » au directeur général ou encore « Monsieur l'abbé » à un curé.

➤ Testez et approuvez

En marketing direct, la phase de test est fondamentale. Elle consiste à choisir, au hasard, un échantillon de destinataires dans le fichier, et à lui adresser le mailing. L'extrapolation des résultats obtenus à l'ensemble du fichier permet d'évaluer les chances de succès du mailing final. En cas de résultats insuffisants, on remanie la lettre et/ou l'offre qu'elle contient.

C'est ainsi que procèdent les professionnels du marketing direct : ils testent, re-testent, encore et encore, jusqu'à l'obtention d'un résultat satisfaisant. Ensuite, et ensuite seulement, a lieu le lancement du mailing final.

• *Quels éléments peuvent-ils être testés?*

Tous les éléments d'un mailing peuvent faire l'objet d'un test :
- le message commercial : l'accroche, les arguments, le contenu rédactionnel, le style, le post-scriptum, etc. ;
- la création : la qualité du papier, le format, la longueur du message, la police de caractères, etc. ;
- la cible : la qualité du fichier, la segmentation… ;
- l'offre elle-même : le prix (s'il est annoncé dans la lettre), la prime offerte, la méthode de réponse (carte T, timbre à coller, réponse téléphonique), la durée de validité de l'offre, etc.

Cependant, pour être statistiquement significatif, et donc extrapolable sans risque, un test doit porter sur un nombre minimum de prospects ou de clients. En aucun cas, l'échantillon-test ne devra compter moins de mille adresses.

Trucs et ficelles de concepteurs-rédacteurs

Pour donner plus de « punch » à une lettre commerciale, pour séduire plus sûrement le lecteur et augmenter la rentabilité d'un mailing (augmenter le nombre des réponses obtenues), les concepteurs-rédacteurs de lettres de marketing-direct (*copywriters*) recourent fréquemment à l'emploi de quelques ficelles spécifiques au métier. Fruit d'une longue expérience pour la plupart, leur efficacité n'est plus à démontrer.

Cela dit, ne rêvons pas… Il ne suffit pas d'appliquer consciencieusement ces astuces pour réussir à coup sûr sa campagne de prospection commerciale. Car la réussite d'un mailing dépend aussi, et largement, d'un certain nombre de facteurs externes, qui échappent à la technique du marketing direct :

- le talent rédactionnel, l'imagination créative, le don de persuasion du concepteur-rédacteur ;
- l'adéquation du produit/service au marché ;
- la qualité de réalisation des documents (choix du papier, qualité de l'impression, etc.).

Ceci précisé, examinons de plus près quelques-unes des meilleures ficelles susceptibles d'accroître la rentabilité d'un mailing. En sachant, bien sûr, qu'il en existe d'autres.

➤ La correspondance privée

« *Dans un mailing, tout ce qui permet de rapprocher la correspondance professionnelle de la correspondance personnelle est de nature à favoriser la réussite de celui-ci* » affirme Frédéric Hué. En d'autres termes, une enveloppe timbrée avec un timbre véritable, ou mieux, avec un timbre de collection, produit un meilleur impact qu'une lettre affranchie mécaniquement ; de même, une adresse manuscrite fera plus d'effet qu'une étiquette imprimée. La même constatation prévaut pour le sceau de l'auteur : une signature fait-main, à l'encre bleue, impressionnera plus favorablement qu'une signature photocopiée.

Bien entendu, lorsqu'un mailing comporte cent mille envois, il n'est plus question de coller manuellement les timbres (d'autant que l'envoi en nombre par routage permet des économies substantielles d'affranchissement) et encore moins de calligraphier cent mille adresses à la plume d'oie ! Toutefois il existe aujourd'hui sur le marché des dispositifs d'impression permettant d'imiter – à s'y méprendre – l'écriture manuscrite. Par ailleurs, l'expéditeur soucieux de donner à sa signature l'aspect le plus authentique possible pourra trouver un bon imprimeur capable de faire une reproduction approchante de la signature véritable au stylo-plume bleu.

Néanmoins, lorsque le mailing ne sera pas trop important quantitativement (maximum cinq mille lettres) et le produit/service vanté haut-de-gamme ou à caractère officiel, quelques efforts et soins supplémentaires pourront conférer au mailing un caractère encore plus personnel, à fort impact (en collant un vrai timbre et en signant au stylo-plume bleu, par exemple).

➤ Les cadeaux

Aussi étonnant que cela puisse paraître, une promesse de cadeau dans une lettre permet d'augmenter le nombre de réponses de 20 à 35 % ! Et quand il s'agit de recevoir un cadeau, tous les publics se révèlent concernés. Cependant, l'efficacité en sera renforcée si le cadeau possède un lien logique avec le produit/service offert. Par exemple, lorsque l'agence Messages fut chargée par la compagnie d'assurance Lloyd Continental de promouvoir un produit destiné aux professions libérales, elle donna au cadeau la forme d'une brochure de plusieurs dizaines de pages sur le thème « Les professions libérales face à la fiscalité ». Résultat : les rendements de cette campagne furent doublés par rapport à la campagne précédente, qui ne comportait aucune prime !

➤ La structure des paragraphes

Pour être agréable à lire, une lettre doit être aérée. On veillera donc à espacer ses paragraphes. En effet, lorsque le corps d'une lettre se présente sous la forme d'un bloc monolithique, l'œil en refuse la lecture… La constatation a été faite que le seuil maximal de six lignes par paragraphe ne devait jamais être dépassé… sous peine de décourager le lecteur.

➤ Les mentions manuscrites et soulignements

Les mentions manuscrites sont les accolades, les doubles traits verticaux, les flèches et les annotations figurant à gauche du texte dans la marge. Les soulignements, quant à eux, peuvent être faits à la main ou imprimés.

Mentions manuscrites et soulignements apportent du relief au texte, tout en en facilitant la lecture par la mise en exergue des éléments-clés de l'offre qu'il contient. Pour ma part, l'utilisation qu'en font certains pseudo-professionnels du marketing direct me laisse totalement interdit : un véritable carnaval, ou la plupart des phrases sont soulignées, voire surlignées au feutre fluorescent, et parfois en plusieurs couleurs. Quant à la marge, elle est littéralement saturée d'annotations… quel gâchis esthétique ! Toute l'énergie persuasive du texte s'effiloche, fuit de tous côtés !

Pour produire un effet optimal, les mentions manuscrites doivent être employées avec discernement (pour faire ressortir un élément capital de l'offre, par exemple) et parcimonie (une ou deux mentions maximum par page, soulignement compris).

➤ Les doubles tirets et caractères gras

Pour mettre en évidence un avantage ou une phrase importante sans recourir aux mentions manuscrites, les copywriters usent également d'autres stratagèmes.

Les doubles-tirets (isolant une phrase)

> [...] Et pour vous remercier de votre visite, nous aurons le plaisir de vous remettre, lors de notre rencontre, un précieux cadeau – une lampe halogène de bureau – que vous pourrez choisir parmi cinq modèles différents.

La graisse des caractères

> Cette **remise exceptionnelle** n'est valable que 10 jours. C'est pourquoi nous vous conseillons de prendre contact **dès aujourd'hui** avec notre service commercial.

➤ Le bas de page

Lorsqu'une lettre comporte plusieurs pages, les concepteurs-rédacteurs utilisent un moyen astucieux pour inviter le lecteur à tourner la page et poursuivre sa lecture. Ce moyen – cher à Hitchcock – consiste à ménager un véritable suspens en fin de page.

Exemples

> • Ce système vous permettra de réaliser jusqu'à 20 % d'économie sur vos coûts de production. En voici la preuve : [...].
>
> T.S.V.P.
>
> • Et pour vous remercier de votre visite, nous aurons le plaisir de vous remettre, sur notre stand, un précieux cadeau. Jugez plutôt : il s'agit en effet d'un magnifique [...].
>
> T.S.V.P.

➤ Les dynamiseurs de style

Certains mots, certaines expressions possèdent un pouvoir surprenant. Leur présence dans le corps de la lettre insuffle vitalité au texte, tonifie les arguments.

Quelques-uns de ces dynamiseurs :

- *Pourquoi?*
- *Comment?* Ou : *Comment est-ce possible?*
- *Attention!*
- *Mais ce n'est pas tout!*

Exemple

> En outre, ce programme de gestion de projets sera parfaitement adapté à vos besoins. Pourquoi? Parce qu'il a été conçu par plusieurs chefs de chantiers, comme vous, et testé avec succès auprès de 40 entreprises du BTP.
>
> Mais ce n'est pas tout!
>
> Ce système est d'une utilisation extrêmement simple. Sans stage de formation, en deux heures, vous serez à même d'exploiter ses innombrables ressources. Comment? Tout simplement, en suivant pas à pas les instructions du manuel d'utilisation associé.

➤ Les catalyseurs de décision

D'autres mots, d'autres expressions ont le pouvoir quasi miraculeux d'accélérer le processus de décision du prospect. Et bien que les copywriters en aient usé et abusé jusqu'à l'« overdose », leur pouvoir demeure intact, « stupéfiant » ! Du reste, nul professionnel ne prendrait le risque de renoncer à leur emploi… sous peine de voir chuter de manière révélatrice la rentabilité de ses mailings.

Quelques catalyseurs percutants :

- *Gratuit!*
- *Cadeau!* ou mieux : *Cadeau gratuit!*
- *Nouveau*!
- *Spécialement pour vous!*
- *Exceptionnellement pour vous!*
- et, dans une moindre mesure, tous les superlatifs (*étonnant, extraordinaire, incroyable, fantastique* etc.).

➤ Le mot de la fin

Comment prendre congé du lecteur? La plupart des lettres de prospection commerciale s'achèvent dans une navrante platitude : « Vous souhaitant bonne réception, je vous prie d'agréer, Madame, Monsieur, l'expression de mes sentiments distingués. »

Sus aux fins de lettres banales! Une bonne prise de congé doit être tonique, déterminant le lecteur à passer à l'action ou, à défaut, à envisager de prendre un rendez-vous. Et surtout, elle évitera les lourdes formules de politesse, qu'au reste personne ne lit plus.

Quelques fins de lettres intéressantes

• Gagner de nouvelles parts de marché ne dépend que de vous : il vous suffit d'appeler le 01 57 XX XX XX!

Votre dévoué.

• Une raison de plus pour prévoir dès maintenant votre rendez-vous : cette offre n'est valable que 10 jours à dater de la réception de ce courrier.

Retournez donc dès aujourd'hui le bulletin-réponse ci-joint.

Bien cordialement.

• Afin de vous présenter – en avant première – ce procédé révolutionnaire de fabrication, nous prendrons la liberté de vous téléphoner pour convenir d'un rendez-vous.

Bien sincèrement.

• Je reste à votre disposition pour vous rencontrer à votre meilleure convenance afin d'étudier, avec vous, la solution la plus appropriée à vos besoins.

Veuillez recevoir, Monsieur, mes sincères salutations.

CHECK-LIST D'UNE LETTRE PERFORMANTE

Votre lettre de prospection rédigée, vérifiez qu'elle observe au mieux les principes du copywriting, en vous reportant à la check-list suivante.

Éléments techniques

– Présence d'une accroche à la lettre.

– Promesse de bénéfice dans l'accroche.

– Nombre de lignes par paragraphe inférieur ou égal à six.

– Post-scriptum à la lettre (énonçant un avantage pour le prospect ou invitant à passer à l'action).

– Signature imprimée (ou manuscrite) en bleu, précédée du nom et du titre du signataire.

– Phrases courtes (maximum 25 mots).

– Mentions manuscrites, soulignements (maximum 2 par page).

– Offre d'un cadeau (original et en relation avec l'offre).

Éléments de vocabulaire

– Implication du prospect (plus de « *vous* » que de « *nous* »).
– Idée force en début de lettre.
– Présence de dynamiseurs (*Pourquoi? Mais ce n'est pas tout!*).
– Présence d'adjectifs et adverbes positifs (*exceptionnel, spécial, étonnant,* etc.).
– Suspens en fin de page.
– Fin de lettre poussant à l'action.

Modèles de lettres à haut rendement

Les cinq pages qui suivent vous présentent trois modèles de lettres – rédigées par deux agences de marketing direct différentes – ayant obtenu d'excellents résultats en termes de rendez-vous obtenus pour leur annonceur (ces derniers ayant, pour des raisons évidentes de confidentialité, tenu à garder le secret des chiffres). Le but de ces modèles de lettres est de vous permettre de vérifier l'emploi des différents concepts et techniques étudiés plus haut (voir p. 43).

- Première lettre (page 45) = annonceur : Renault; concepteur : agence Passion Directe.
- Deuxième lettre (pages 46 et 47) = annonceur : BNP Paribas; concepteur : agence Publicis Dialog.
- Troisième lettre (pages 48 et 49) = annonceur : Aviatic; concepteur : agence Plumes de Pub.

La prospection et la prise de rendez-vous par téléphone

Lorsqu'en 1876, Graham Bell inventa le téléphone, il ne se doutait pas que son invention – plus que ne le fit le nez de Cléopâtre – changerait la face du monde… Aujourd'hui, la place qu'ont prise les télécommunications dans la vie des hommes et des affaires est proprement phénoménale. Il suffit, pour s'en convaincre, d'imaginer les conséquences qu'entraînerait la suppression du téléphone à l'échelle planétaire; l'économie mondiale serait immédiatement frappée de paralysie, les mécanismes des relations humaines enrayés et la plupart des ordinateurs déboussolés!

RENAULT

Vous êtes fleuriste
à Vallon en Sully
nous pouvons
Vous rendre service !

Cher Monsieur,

Toutes frêles, délicates, fragiles qu'elles soient, fleurs et plantes n'en sont pas moins redoutables à transporter !

Vous savez combien leur humidité par exemple, détériore les carrosseries. C'est pourquoi, à VALLON EN SULLY, vous voulez disposer d'un véhicule utilitaire qui résiste à la corrosion.

Découvrez les Professionnels de Renault : ce sont des véhicules adaptés aux contraintes de votre profession. Le Conseiller Commercial de notre concession, Rte de Chateauroux – MONTLUÇON, est prêt à venir vous les présenter en voisin.

D'ici quelques jours, il vous contactera pour vous proposer de faire votre connaissance au moment qui vous conviendra le mieux.

Acceptez de le rencontrer ! Tranquillement, chez vous, vous pourrez lui parler des réelles qualités que vous attendez d'un utilitaire. En fonction de vos priorités et de vos désirs, il vous aidera à définir le véhicule qu'il vous faut.

Et ce n'est pas tout ! Pour vous aider à acheter votre nouveau véhicule, notre Conseiller vous proposera des conditions de reprise et de financement tout à fait exceptionnelles.

Parce qu'il comprend et partage chaque jour vos exigences professionnelles, il vous réservera toujours les meilleurs services.

Bien sincèrement.

Philippe PHELUT
Votre Concessionnaire Renault

P.S. : Nous vous réservons un cadeau utile, pour vous remercier d'accueillir le conseiller commercial de notre concession, Ste I.D.E.A. – Rte de Chateauroux – MONLUÇON. Il aura le plaisir de vous le remettre lors de sa visite !

Ste I.D.E.A. Rte de Chateauroux – Montluçon – Tél. : 04 70 29 49 00

Lettre n° 1

BNP PARIBAS
OPERA
Boite Postale n°332
75060 - PARIS CEDEX 02
Téléphone : 01 40.17.21.21
220000041900799

Le 31 janvier 2002

Avec l'Assurance Habitation BNP Paribas protégez-vous du grand méchant risque!

Monsieur Alexandre JOURDAN
Société AXESS
BP 126
75015 - PARIS

Fac similé

Cher Monsieur,

Un incendie, un vol, un dégât des eaux, une tempête... sont toujours imprévisibles et jamais sans dommages. La seule chose que vous puissiez prévoir est la nature et le montant des garanties dont vous pourriez bénéficier en cas de sinistre.

Mais, avez-vous la certitude que votre contrat est bien adapté à votre situation ? Savez-vous ce qu'il couvre réellement et quel serait le montant de votre indemnisation ? Mieux vaut s'en préoccuper avant qu'il ne soit trop tard. Cela ne coûte rien et peut vous éviter de bien mauvaises surprises.

Votre "Etat des lieux" personnel et gratuit
C'est pourquoi, nous vous invitons à rencontrer votre conseiller BNP Paribas pour faire ensemble et gratuitement votre "Etat des lieux" : il s'agit de faire le point sur votre contrat Assurance Habitation, pour savoir si vos garanties sont toujours bien adaptées à votre situation. Lors de cet entretien, vous pourrez également apprécier les avantages des solutions BNP Paribas.

Réfléchissez dès maintenant aux questions que vous vous posez concernant votre assurance actuelle. Votre Conseiller se fera un plaisir d'y répondre.

Des cadeaux dans votre agence
Jusqu'au 31 octobre, vous avez deux chances de gagner.

.../...

BNP Paribas, SA au capital social de 1 790 347 678 euros, société de courtage d'assurance, garantie financière et assurance de responsabilité civile professionnelle conforme aux articles L.530 et L530 2 du Code des Assurances - Siège social : 16, bd des Italiens, 75009 Paris - RCS Paris 662 042 449 - Identifiant CE : FR 7666 20 42449 - Natio Assurance, SA au capital social de 17 136 000 euros, entreprise régie par le Code des Assurances - Siège social : BP 85 801, 92 858 Rueil-Malmaison - RCS Nanterre B 383 664 752. Illustrations : Agence Christophe

Demande d'un « État des lieux » – Assurance habitation

Monsieur Alexandre JOURDAN
Société AXESS

❒ Oui, je souhaite bénéficier d'un "Etat des lieux" de mon Assurance Habitation. Merci de me contacter par téléphone pour convenir d'un rendez-vous :

Tél. personnel : |_|_|_|_|_|_|_|_|_|_|

Tél. professionnel : |_|_|_|_|_|_|_|_|_|_|

Tél. portable : |_|_|_|_|_|_|_|_|_|_|

de préférence les jours suivants :

....

entre ___h___et___h___.

BNP Paribas Opéra
Libre réponse n°00331
75 060 Paris Cedex 02

Au cours de cet entretien, je pourrai vérifier si j'ai gagné un cadeau surprise et déposer mon bulletin de participation au tirage au sort pour gagner un voyage au Canada, à l'île Maurice ou en Australie.

À compléter, découper et retourner dans l'enveloppe réponse jointe sans l'affranchir. Merci de veiller à ce que les coordonnées de BNP Paribas apparaissent bien dans la fenêtre de l'enveloppe.

MR 2677

Lettre n° 2

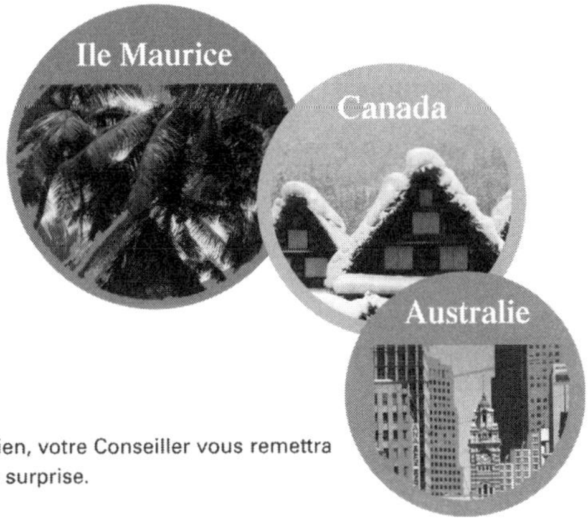

Lors de votre entretien, votre Conseiller vous remettra peut-être un cadeau surprise.

Vous pourrez également participer à un tirage au sort pour gagner le voyage fait pour vous : Canada, Île Maurice ou pourquoi pas Australie !

Alors, n'hésitez plus !
Prenez rapidement rendez-vous avec votre conseiller en renvoyant le coupon-réponse ci-dessous dans l'enveloppe jointe sans l'affranchir.

Je vous remercie de la confiance que vous nous témoignez et vous prie d'agréer, cher Monsieur, l'assurance de ma considération distinguée.

Le Directeur d'Agence

PS : lors de votre rendez-vous, munissez-vous de votre contrat d'Assurance Habitation actuel et de votre avis d'échéance.

Quelques exemples de questions auxquelles répondra votre Conseiller…

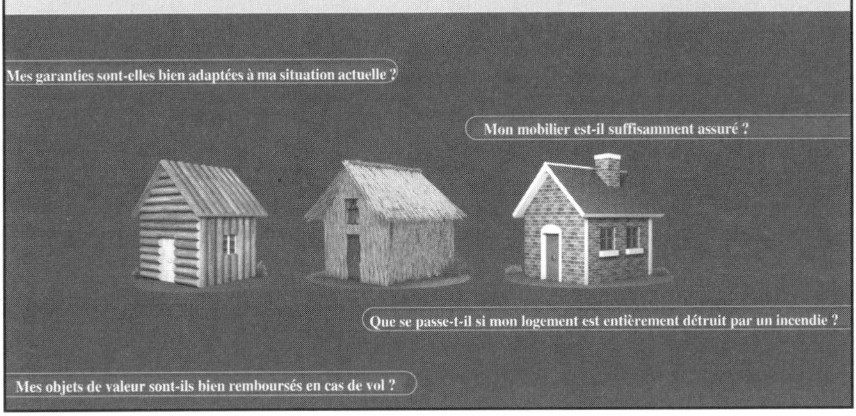

Lettre n° 2 (suite)

Pour vos déplacements à Paris, connaissez-vous une bonne adresse ?

La rue de Vaugirard, la plus longue de Paris, traverse la Rive Gauche et permet d'accéder aisément en taxi ou métro aux principaux centres d'affaires.

Chère Madame, Cher Monsieur,

Ajoutez deux lettres à Paris, et c'est le paradis.

Comme Jules Renard a raison ! Paris est une ville magique… à condition de séjourner dans un lieu accueillant, chaleureux, confortable, à proximité de tous les avantages offerts par la capitale. Bref, à condition de connaître une bonne adresse.

Une bonne adresse ? En voici une à retenir : l'Hôtel Aviatic. Situé idéalement, à deux pas de la gare Montparnasse, terminus des TGV sud ouest, il conjugue charme, élégance et confort. Business : tous les centres d'affaires sont faciles d'accès et le grand centre d'exposition parisien de la Porte de Versailles, est à 10 mn en métro. Loisirs : la rive gauche est à vos pieds avec ses boutiques et ses restaurants, ses cinémas et galeries d'art…

Récemment rénové, l'hôtel Aviatic allie raffinement et confort dans un lieu historique.

Lettre n° 3

Toutes différentes, les chambres au cachet inimitable sont très confortables : climatisation, insonorisation, modem, TV satellite, canal+, minibar…

Mais une bonne adresse, pour un hôtel digne de ce nom, cela repose aussi sur le service. Si celui de l'hôtel Aviatic est performant, cela tient à sa petite équipe fidèle et qualifiée. Ici, on sait reconnaître ses clients et les accueillir avec chaleur. Ici, une réservation confirmée est une réservation sûre. Ici, on aime notre métier sans retenue et on sait se mettre en quatre pour nos hôtes.

Votre bonne adresse parisienne ? Vous l'avez maintenant, l'Hôtel Aviatic. Toute notre équipe sera heureuse de vous accueillir lors de votre prochain séjour et de faire en sorte que pour vous, Paris soit le paradis.

Le directeur, Philippe Bourgeois,
au nom de toute son équipe.

Une bouffée d'oxygène en plein cœur de Paris.

P.S. Une dernière bonne raison de découvrir l'Aviatic ?
Pour tout séjour avant le 13/06/03, la chambre supérieure est au prix de 114 € (au lieu de 150 €) et le petit déjeuner offert. Pour réserver, appelez Nathalie, notre responsable réservation au 01 53 63 25 50.

HOTEL AVIATIC Paris***

105, rue de Vaugirard - 75 006 Paris
Tél. : 01 53 63 25 50 - Fax : 01 53 63 25 55
web : www.aviatic.fr - e-mail : welcome@aviatic.fr

Coupon-Réponse

Recevez un cadeau bien pratique en retournant cette page par fax avant le 31 janvier 2003 au 01 53 63 35 55

Société: ☐ **Mme** ☐ **Melle** ☐ **M**
Nom : **Prénom :**
Fonction : **Tél :**
Fax : **Email :**

•Combien de séjours par an réservez-vous à Paris au nom de votre société ?

☐ **0** - ☐ **1 à 5** - ☐ **5 à 10** - ☐ **10 à 20** - ☐ **20 à 50** - ☐ **50 à 100** - ☐ **Plus de 100**

•Dans quels types d'hôtels ?

☐ □ - ☐ □□ - ☐ □□□ - ☐ □□□□ - ☐ □□□□ **Luxe**

•Désirez-vous recevoir une étude pour un tarif préférentiel entreprise ? ☐ **OUI** - ☐ **NON**

•Souhaitez-vous rencontrer M. Philippe Bourgeois lors de son prochain passage dans votre région ? ☐ **OUI** - ☐ **NON**

Lettre n° 3 (suite)

En matière de marketing direct – et au sein de la famille des outils de prospection commerciale – le téléphone occupe une position privilégiée. Son interactivité, sa dimension humaine et ses incidences affectives en font une arme de prospection puissante et efficace… Mais à condition de posséder le professionnalisme qu'exige son usage, car la prospection téléphonique ne souffre pas l'amateurisme.

Pour cette raison, et conformément à l'esprit de cet ouvrage, quelques-uns des meilleurs professionnels du marketing téléphonique ont apporté leur contribution à ce chapitre, en particulier les sociétés Pronytel et Multilignes/Actiphone dont la collaboration a été déterminante.

Les règles fondamentales du marketing téléphonique

Quels que soient le produit/service commercialisé et l'interlocuteur visé, la réussite d'une opération de prospection téléphonique est subordonnée au respect, par les téléacteurs, des règles fondamentales du marketing téléphonique.

➤ Préparation et rédaction d'un guide d'entretien (scénario)

Le téléphone est un média rapide, brutal. Tout se décide en quelques secondes. C'est pourquoi les meilleures chances de réussite se préparent au moment d'un plan d'entretien téléphonique (appelé encore guide d'entretien ou scénario) que l'on s'efforcera de rendre le plus performant possible. Dans ce domaine, le téléacteur dispose d'un avantage indéniable : avant de passer à l'action, il bénéficie d'un temps de préparation au cours duquel il choisit ses arguments et élabore une parade appropriée aux objections qu'est susceptible de lui opposer le prospect. Ce dernier, en revanche, n'a pas le temps de rassembler les éléments de sa riposte.

Cela dit, le scénario rédigé, il ne suffit pas de l'ânonner au bout du fil pour décrocher le rendez-vous souhaité. Il se trouve qu'un grand nombre d'entreprises négligent encore cette phase de préparation, rédigeant leurs scénarios à la va-vite et confiant à quelques étudiants insuffisamment formés aux subtilités du téléphone le soin de prendre les rendez-vous qui constituent le fer de lance de la vente! En tout cas, pour le prospecté, l'amateurisme du téléacteur apparaît immédiatement, s'exprimant la plupart du temps sous la forme d'une récitation monocorde, quasi robotique. Insupportable! L'échec du téléacteur est assuré… Et l'entreprise prospectrice de s'interroger quant au bien-fondé du démarchage téléphonique dans le développement de sa clientèle.

En fait, la préparation ne se limite pas à la simple rédaction du scénario : la maîtrise oratoire du texte qui doit lui succéder et la foi du téléacteur placées en son message sont fondamentales. Au sein des agences de marketing téléphonique, les fameux « briefing » au cours desquels les superviseurs motivent leurs collaborateurs n'ont d'autre objectif que de s'assurer de leur parfaite connaissance du texte (ce qu'ils font au moyen de jeux de rôles). Une fois le scénario maîtrisé et la conviction entrée au cœur, le téléacteur peut alors se permettre de prendre quelques libertés par rapport au guide d'entretien, afin de conférer à ses actions une dimension plus naturelle, plus proche affectivement de ceux qu'il va solliciter! En effet, le véritable professionnel du marketing téléphonique n'est pas identifiable par son interlocuteur, ce qui donne à ses arguments un impact plus grand.

À titre d'exemple, les téléprospecteurs de Pronytel, qui décrochent chaque jour les rendez-vous des commerciaux d'IBM, de Pernod-Ricard et de bien d'autres sociétés développent véritablement ces qualités bien spécifiques. Du reste, il est aujourd'hui démontré qu'un téléopérateur formé, encadré, motivé et qui maîtrise avec aisance son guide d'entretien peut obtenir jusqu'à trois fois plus de rendez-vous utiles (susceptibles de déboucher sur une vente) que son homologue insuffisamment préparé ou qui se borne à réciter son scénario.

➤ Gestion des communications

Le téléphone est un média propre, qui ne laisse aucune trace. Il importe donc de noter sur « fiche contact » (informatique ou papier) les caractéristiques de l'appel (date, heure, etc.) et d'y consigner toutes les informations relatives à la conversation téléphonique effectuée (date de rappel, remarques et objections du prospecté, motifs éventuels de refus...). La gestion rigoureuse des appels au moyen de comptes rendus de communication permet l'analyse régulière des opérations, et la prise éventuelle de mesures correctives en cas d'échec. En outre, elle prépare et favorise un succès ultérieur (lors d'un rappel ou d'une nouvelle opération).

Exemple

> « ... Cela ne m'intéresse pas car je viens tout juste d'épuiser mon budget dans l'achat d'un matériel X. »

Le prospecteur, qui aura soigneusement noté ce renseignement, ne manquera pas, quelques mois ou années plus tard, de l'utiliser à l'appui de sa démarche :

« Je sais que vous êtes équipé d'un matériel X. Or, nous venons de mettre au point un procédé qui introduit une innovation majeure intéressant les possesseurs de matériel X, et qui vous permettra d'économiser jusqu'à 20 % sur vos coûts de production. »

➤ Le langage et la voix

Le téléphone est un média aveugle, mettant en relation des personnages qui ne peuvent se voir. Les seuls outils de suggestion du prospect, hormis les arguments eux-mêmes, sont le langage et la voix.

• *Le langage*

L'impossibilité pour le téléacteur de recourir aux gestes ou aux démonstrations visuelles lui impose de délivrer son message oral avec une parfaite clarté et une précision absolue. Seul un scénario savamment et astucieusement rédigé peut répondre à ces exigences. C'est pourquoi la rédaction du guide d'entretien observe des règles de forme et de fond très strictes :

- emploi d'un vocabulaire appartenant au langage classique (proscrire absolument le jargon technique et le langage familier) ;
- préférence donnée aux phrases courtes (dynamiques) ;
- utilisation d'expressions imagées, affirmatives, positives ;
- conjugaison au temps présent (le temps de l'action) ;
- implication du prospect (plus de « *vous* » que de « *nous* » dans le texte).

Par ailleurs, toutes les négations et expressions dubitatives seront écartées du scénario, au profit du plus grand nombre possible de mots positifs et d'expressions rassurantes.

• Les mots négatifs :

Problème, crainte, difficulté, danger, retard, petit, peut-être, ennui, dépense, etc.

• Les mots positifs :

Succès, gagner, bénéfice/bénéficier, efficacité, sérieux, compétence, expérience, profit, exceptionnel, tranquillité, économie, etc.

Ne dites pas	Dites plutôt
Il n'y aura aucun problème.	Vous pouvez être tranquille.
Vous ne courrez aucun risque.	Vous serez en sécurité.
Vous ne perdrez plus d'argent.	Vous allez gagner de l'argent.
Il faudra prévoir une dépense de…	Cet investissement vous permettra de…
Excusez-moi de vous déranger, pourriez vous m'accorder une petite minute d'attention.	Voici l'objet de mon appel.
N'hésitez plus (expression qui suppose que le prospect hésite encore).	Nous sommes d'accord?

• *La voix*

En l'absence des critères habituels d'appréciation (physique, style vestimentaire du vendeur…), l'image que se fera le prospect de son interlocuteur lui sera essentiellement suggérée par sa voix. Aussi le téléacteur apportera-t-il un soin particulier à son élocution, son timbre de voix, son débit vocal…

Il convient notamment de :

- articuler pour être audible;
- parler à un rythme normal (110 à 180 mots par minute);
- contrôler sa respiration (prévoyez des pauses dans votre texte pour reprendre votre souffle);
- sourire au téléphone : car le sourire s'entend et la bonne humeur favorise la cordialité des échanges.

Réfléchissez un instant sur ce point… N'avez vous jamais été charmé, séduit ou impressionné, au téléphone, par la voix de votre correspondant invisible? et déçu plus tard, en découvrant que son physique ne correspondait pas du tout à l'idée que vous vous en faisiez?

Franchir le barrage du secrétariat

Le barrage du secrétariat constitue très souvent l'étape à franchir avant l'entretien de prise de rendez-vous avec le prospect. Car le filtrage et la gestion des appels téléphoniques destinés aux responsables de son service ou de sa société font justement partie des tâches d'une secrétaire. Lassistante particulière, quant à elle, véritable garde-fou de l'agenda de son supérieur, représente un obstacle redoutable. Il incombe donc au téléprospecteur – par le ton qu'il adopte et la teneur de son message – de persuader son interlocutrice de lui passer son supérieur! L'affaire n'est pas des plus minces; certaines assistantes, même, aguerries par des années de pratique d'un tel barrage, et donc rompues aux techniques de séduction ou d'intimidation déployées par les téléprospecteurs, ont pris la consistance de bastions inexpugnables. Cela dit, le scénario et la méthode que nous allons développer maintenant permettront d'augmenter très sensiblement le nombre de contacts utiles (appels ayant abouti auprès de l'interlocuteur que l'on désirait joindre), une fois surmonté le barrage de l'assistante.

Exemple

Hypothèse de départ

Supposons que vous soyez Olivier Rameau de la société Epsilon et que vous cherchiez à joindre Joël Noyeux, responsable des achats de la société Sigma (dont le nom et les coordonnées vous ont été fournis par un fichier qualifié quelconque ou par le biais du scénario d'identification étudié en page 53)

– Allô!

– Bonjour madame, Olivier Rameau de la société Epsilon, pouvez-vous ❶ me passer Joël Noyeux ❷, s'il vous plaît ❸?

❶ « Pouvez-vous » est plus dynamique et incite davantage à l'action que « Pourriez-vous ».

❷ Il est infiniment préférable d'appeler un prospect par son nom plutôt que par son titre; toute question du type « Pouvez-vous me passer le directeur des achats » (ou autre responsable) éveillera aussitôt la méfiance de l'assistante qui, cédant à son instinct de protection de son responsable contre le démarchage commercial non sollicité, répliquera presque toujours : « Envoyez-nous votre offre par courrier, je la transmettrai au responsable concerné! »

❸ L'intonation doit être ferme, volontaire. Il arrive souvent que le ton seul du téléacteur suffise à « ouvrir les portes ». Car la détermination qui percera dans sa voix laissera penser que son appel est de la plus haute importance.

Première hypothèse de réponse

– C'est à quel sujet?
– Voilà, vous allez sûrement pouvoir m'aider ❹. Je désire rencontrer Monsieur Noyeux pour lui présenter… (*notre nouvelle gamme de produits, notre dernière innovation en matière de…*) qui l'intéresse personnellement ❺.

❹ Il s'agit de valoriser votre interlocutrice et de vous en faire une alliée…

❺ La secrétaire doit sentir que l'appel téléphonique qui lui parvient n'est pas un appel hasardeux, mais bel et bien une communication destinée personnellement à son responsable.

Vous tenez son agenda ❻?

❻ Lorsqu'une secrétaire pose une question, la réaction naturelle consiste à y répondre simplement dans l'espoir qu'elle décidera l'interlocutrice à passer le responsable sollicité. En réalité, la meilleure réaction – que tous les téléacteurs professionnels ont adoptée – consiste à toujours reprendre l'initiative du dialogue en posant à son tour une question : «… (réponse), pouvez-vous me passer monsieur Untel, s'il vous plaît? »

– Oui, tout à fait.
– Parfait. Dans ces conditions, est-ce que le mardi 14 à 10 heures vous convient ou préférez-vous le jeudi 16 dans l'après-midi ❼?

❼ C'est la fameuse technique de la « fausse alternative » qui consiste à soumettre deux possibilités à son interlocuteur, étant entendu que le choix du prospecté, quel qu'il soit, conviendra forcément au télévendeur. La pratique la plus parfaite de la fausse alternative consiste à faire porter le choix sur une heure fixe d'une part, et une demi-journée d'autre part : « Préférez-vous mardi à 11 heures ou jeudi dans l'après-midi? »

– Non, je ne tiens pas son agenda.
– Ah! Dans ces conditions, pouvez-vous me mettre en relation avec lui, s'il vous plaît? Merci ❽!

❽ Le « merci » est très important; c'est une façon de congédier poliment son interlocutrice, en la remerciant par avance, comme s'il ne faisait aucun doute qu'elle ne passe son responsable. Cette astuce, on en conviendra, présente quelques analogies avec la vente à l'arraché. Suivant la sensibilité qui est la sienne, chaque téléacteur mettra en œuvre ce procédé, que d'aucuns pourraient qualifier de vente agressive, ou au contraire s'en abstiendra. Cependant, il faut bien avouer que certaines assistantes opposent un tel rempart qu'il ne peut être emporté que de haute lutte! La combativité commerciale est donc parfois le seul moyen de parvenir à se faire entendre du responsable.

Deuxième hypothèse de réponse

– C'est personnel ou professionnel?
– C'est professionnel, mais je désire lui parler personnellement. Joël Noyeux est-il là?

Troisième hypothèse de réponse

– Monsieur Noyeux n'est pas là (ou, en réunion, je ne peux pas le déranger).
– Quand me conseillez-vous de le rappeler ❾?

❾ Demander conseil, répétons-le, permet de valoriser son interlocutrice. Sachant qu'au moment du rappel, il sera de bonne guerre de lui rappeler son conseil : «… Olivier Rameau, de la société Epsilon… Lors de mon précédent appel, vous m'avez conseillé de rappeler aujourd'hui… Pouvez-vous me mettre en relation avec Joël Noyeux, s'il vous plaît? Merci! »

Trucs et ficelles de téléacteurs

Au risque de lasser, il est bon de redire ici que la réceptivité d'un prospect à un message commercial parlé ou écrit, sera bien supérieure si celui-ci est personnalisé. En outre, il convient de garder en mémoire que le fait de demander à une secrétaire de nous mettre en relation avec le directeur des achats déclenche invariablement, chez elle, le réflexe pavlovien « C'est à quel sujet? ».

Il peut donc s'avérer utile, lorsque l'on ne dispose pas d'un fichier nominatif qualifié, de procéder en deux temps :

– premier temps : appel d'identification du prospect (constitution du fichier nominatif);
– deuxième temps : prise de rendez-vous au moyen d'un scénario personnalisé (ou mailing personnalisé).

Malheureusement, la constitution d'un fichier renseigné n'est pas toujours chose aisée… Les secrétaires ne livrent pas volontiers le nom des responsables qu'elles couvrent : « Écrivez à l'attention du directeur (commercial, marketing…), on lui transmettra » ou : « Nous ne communiquons jamais de noms par téléphone. Faites votre offre par courrier à la société et si cela nous intéresse on vous répondra ». Tels sont les « grands classiques » des réponses que reçoivent tous les téléprospecteurs et qui débouchent, le plus souvent, sur une fin de non-recevoir.

Pour circonvenir la résistance des plus intransigeants des secrétariats, certains vendeurs ont mis au point un guide d'entretien permettant d'obtenir malgré tout les noms et prénoms des prospects qui les intéressent.

➤ Nota

Ma décision de livrer cette « ficelle » – recueillie auprès d'un vendeur d'élite qui a préféré conserver l'anonymat – que je considère, pour ma part, comme étant à la limite du respect déontologique, est essentiellement motivée par le fait que la prospection téléphonique continue de rebuter un certain nombre de commerciaux. Interrogés sur la raison de leur réticence, presque tous incriminent cette obstruction systématique pratiquée par les secrétariats… Quel dommage de se priver d'un outil de prospection aussi performant que le téléphone! Cela dit, il est vrai que lorsqu'on a choisi de pratiquer la prospection téléphonique, il faut savoir faire momentanément abstraction de son amour-propre, tant il est vrai que l'échec fait, dans des proportions non négligeables, partie du jeu… Il n'empêche que les téléacteurs professionnels affichent, tous secteurs confondus et en moyenne, des taux de réussite (nombre de rendez-vous obtenus par nombre d'appels argumentés) avoisinant les 15 % ! Ce résultat, compte tenu des aléas évoqués plus haut, n'est-il pas impressionnant ?

Le scénario présenté maintenant n'a aucune prétention à l'universalité. Le lecteur avisé y apportera toutes les adaptations et modifications qu'il désirera (ou réfléchira à un scénario à construire lui-même), ce qui lui permettra d'imprimer à sa démarche un cachet personnel.

Scénario d'identification Allô ? Bonjour Madame, je suis Marc Dubois ❶, de l'agence Entreprise & Finance ❷. Voilà, vous allez sûrement pouvoir m'aider ❸. Je suis chargé d'envoyer une invitation personnalisée à votre responsable financier dans le cadre d'une conférence qui se tiendra à l'hôtel Royal Georges. Pouvez-vous, s'il vous plaît, m'épeler son nom, son prénom et sa fonction exacte ?	❶ Dans le cas du scénario d'identification, il est conseillé d'adopter un pseudonyme. De cette manière, en cas d'échec (très rare), vous garderez intacte l'image de votre société, ainsi que la possibilité de rappeler sous votre nom véritable. ❷ S'inventer une raison sociale qui inspire confiance. Exemple : Société France Conférences, société Business et Marketing, Cabinet Jackson et Associés… ❸ Mise en valeur de l'interlocutrice.
Hypothèse de réponse – Écrivez à l'attention du directeur financier, on lui transmettra… – Je comprends très bien. Seulement, voilà, j'ai l'obligation de n'envoyer que des invitations personnelles, et par ailleurs, je suis chargé de préparer tous les badges. Pouvez-vous m'épeler son nom, s'il vous plaît ❹ ?	❹ Ne pas oublier de prendre l'initiative et de toujours achever votre prise de contact par une interrogation appelant la réponse attendue.

Une autre astuce, particulièrement efficace, consiste à demander à la secrétaire les noms d'un ou plusieurs responsables de l'entreprise en prétextant la mise à jour d'un annuaire professionnel.

Exemple

L'annuaire de la finance pour les responsables financiers, l'annuaire « Business Marketing » qui recense tous les responsables de la fonction marketing/communication, etc.

Le lecteur hésitant à l'idée de recourir à de tels procédés se déculpabilisera en considérant qu'il ne commet aucun forfait, puisqu'il s'agit de la mise à jour effective d'un annuaire professionnel... il est vrai, strictement réservé à l'entreprise du téléacteur!

Pour décrocher le rendez-vous

C'est fait, on vous passe Monsieur Noyeux. Reste maintenant à le convaincre de vous accorder un rendez-vous! À cet instant, vous devez garder présent à l'esprit que votre mission se limite à la vente du rendez-vous, et du rendez-vous seulement. De grâce, ne succombez pas au chant des sirènes qui vous incite à développer au téléphone votre argumentaire de vente. En effet, vos principaux arguments dévoilés, le rendez-vous n'aurait plus lieu d'être! Contentez-vous simplement d'éveiller la curiosité du prospect, de lui donner envie d'en savoir plus, et de le contraindre ainsi à vous recevoir. Une vente de produits/services (excepté celle de produits à faible valeur ajoutée) ne se traite pas au téléphone. Aucune voix, si enjôleuse soit-elle, ne peut se substituer à la présentation du produit lui-même ni remplacer votre présence physique, le poids que prennent vos arguments lorsque votre personne toute entière participe à votre stratégie de la vente. Aussi, ne l'oubliez jamais, au téléphone, ne vendez que le rendez-vous!

Autre conseil : lorsqu'un interlocuteur ne laisse présager en rien un futur client, il est inutile de lui « arracher » le rendez-vous. Compte tenu des coûts de représentation commerciale, les rendez-vous « aller/retour bredouille » n'aboutissent à rien d'autre qu'à augmenter les charges de l'entreprise prospectrice. Dangereux!

Scénario de prise de rendez-vous

– Allô!
– Monsieur Noyeux ❶?
– Lui-même!

❶ Vérification de l'identité du prospect. Il arrive souvent que le prospect partage son bureau ou travaille sur un plateau paysagé. En son absence, c'est un collègue qui décroche. Aussi est-il conseillé de s'assurer de l'identité du prospect avant d'entamer son argumentation.

– Bonjour, Monsieur Noyeux. ❷
– Bonjour...

❷ Observer une pause et attendre que l'interlocuteur salue à son tour.

– Mon nom est Olivier Rameau, de la société Epsilon. Avant de vous présenter l'objet de mon appel, permettez-moi de vous demander si... ❸

❸ Cette étape est facultative. L'observeront surtout ceux qui ont à vérifier ou à découvrir un certain nombre d'informations avant d'entrer dans le vif du sujet.

Réponse du prospect

– Monsieur Noyeux, nous réalisons actuellement une campagne d'information sur les... ❹. Et de manière à vous les présenter plus en détail, je désire vous rencontrer.

❹ C'est la justification de votre appel, l'étape la plus importante de l'entretien téléphonique, celle qui conditionne en majeure partie la décision finale du prospect (vous recevoir ou non). Le message à faire passer doit donc être clair, bref et motivant. Une fois de plus, on pourra faire appel à la méthode SACOL pour préparer une ou deux phrases accrocheuses.
Exemple (le prospect est un acheteur de produits/services informatiques) :
– «... Nous réalisons une opération d'information sur notre nouvelle gamme de cartes de compression de données. Ces cartes vont vous permettre de diviser par cinq le temps de transmission de vos données sur réseau. Par conséquent, vous pourrez diviser par cinq le montant de votre facture de télécommunications, tout en optimisant les

ressources de votre système. C'est pour vous en parler plus en détail que je désire vous rencontrer.

Est-ce que le vendredi 24 à 14 heures vous convient? ou bien préférez-vous le mercredi 29 dans l'après-midi ❺?

❺ La première tentative de conclusion – sous la forme d'une fausse alternative – doit intervenir aussitôt après la justification de l'appel, de sorte que l'interlocuteur, pris de vitesse, n'ait pas le temps de réagir.

Traitement des objections types

– Envoyez-moi une documentation.

– Monsieur Noyeux, je vous remettrai une documentation avec plaisir à la fin de notre rencontre, car celle-ci est complémentaire à ma visite. Et puis, vous savez bien qu'une documentation développe rarement les points qui vous intéressent. Dans ces conditions, pouvons-nous dire vendredi 24 à 14 heures ou mercredi 29 dans l'après-midi?

– Je suis désolé, je n'ai pas le temps de vous recevoir.

– Je comprends parfaitement monsieur Noyeux. Cela dit, je vous garantis que **12** minutes me suffiront ❻ pour vous faire ma présentation. Préférez-vous le… ou le…?

❻ Tout le monde sait, par expérience, que : « Ça prendra dix minutes » signifie que la démonstration durera plutôt une demi-heure, voire une heure. Douze minutes, c'est précis. Et la précision rassurera votre interlocuteur. Sachez, de toute façon, que le jour venu du rendez-vous, nul n'interrompra votre exposé, la treizième minute entamée.

– Écoutez, je vous assure, je suis vraiment débordé.

– Très bien. Dans ces conditions, je vous propose un rendez-vous de principe pour dans trois semaines. Rendez-vous que je vous reconfirmerai 48 heures auparavant. Préférez-vous la semaine du 7 au 14 juin où celle du 21 au 28? Le vendredi 27 vers 17 heures? Très bien!

– J'ai déjà un fournisseur, un agent, un conseil…

— Monsieur Noyeux, je pense bien que vous n'avez pas attendu mon appel pour vous… (équiper en mobilier de bureau, assurer sur la vie, etc.). En fait, si je désire vous rencontrer, c'est parce que notre (produit, système service) vous permet de… ❼.
Serez-vous à votre bureau le… ou le…?

❼ Mettre en avant l'avantage principal de l'offre.

– Les affaires vont mal ❽ (nous n'avons plus d'argent, nos budgets sont épuisés, etc.).
– Vous savez, monsieur Noyeux, dans un premier temps, je ne désire vous rencontrer que pour vous informer. Quand préférez-vous me recevoir? Le… ou le…?

❽ Ne désarmez pas! Un certain nombre de prospects, parce qu'ils sont trop souvent sollicités, invoquent automatiquement cette raison pour décourager les vendeurs… Ce n'est qu'une fois en rendez-vous, qu'il vous sera possible de jauger la situation du prospect. Et qui plus est, même s'il ne dispose pas de fonds lui permettant d'investir dans l'immédiat, vous l'aurez quand même informé, et pourrez donc le solliciter plus tard… une fois son nouveau budget voté ou sa trésorerie restaurée.

– Pouvez-vous m'en dire davantage?
– Avec plaisir monsieur Noyeux, mais par téléphone, je ne pourrais vous communiquer que des informations générales (éventuellement, si le produit s'y prête, ajouter : c'est un produit qui se voit, ou : il faut que je vous commente le catalogue, etc.). C'est pourquoi il est préférable de nous rencontrer. Est-ce que le… vous irait, ou je vous propose le…?

– J'ai déjà un ami (professionnel, fournisseur) qui me conseille.
– Je comprends très bien monsieur Noyeux. Mais peut-être ne pratique-t-il pas (tel avantage). Pouvez-vous me recevoir le… ou le…?
– Ça ne m'intéresse pas.
– Ah! Puis-je vous demander pour quelle raison ❾?

❾ Il s'agit de renvoyer l'interlocuteur sur une autre objection que l'on pourra traiter plus facilement. Exemple : « *Eh bien, ça ne m'intéresse pas, parce que j'ai déjà un fournisseur!* »

– Ce n'est pas moi qui m'occupe de cela.
– Ah! Alors pouvez-vous m'indiquer le nom de la personne à contacter, s'il vous plaît?

En matière de prise de rendez-vous, le téléacteur s'attachera à rechercher la qualité de ses contacts plutôt que leur quantité. Que l'on pardonne ce truisme, mais il vaut mieux obtenir un rendez-vous qualifié (susceptible d'aboutir à la vente) plutôt que dix rendez-vous dont l'échec final ne fait aucun doute. Par conséquent, il vaudra mieux éviter d'asseoir la rémunération des téléacteurs (lorsque ceux-ci sont externes à l'entreprise) sur le nombre de rendez-vous obtenus ! Une formule de fixe plus commission répondra mieux à la nature de ce travail.

Modèle de scénario à haut rendement

Voici le script d'une opération de prise de rendez-vous réalisée par la société Multilignes/Actiphone pour le compte d'une compagnie d'assurance.

➤ Nota

L'annonceur ayant préféré ne pas figurer sous son nom véritable, nous lui attribuerons le pseudonyme de CAF, Compagnie d'Assurance Française, et ceci afin de faciliter la lecture du scénario.

Argumentaire CAF – Prospection entreprises

Allô, bonjour! Pouvez-vous me passer le directeur s'il vous plaît?
Vous pouvez m'épeler son nom s'il vous plaît?

C'est de la part de qui?	Je suis Gaëlle Estève, l'assistante de Monsieur/Madame (Nom de l'agent d'assurance), conseiller en entreprise.
C'est à quel sujet?	J'ai juste quelques mots à lui dire sur la gestion sociale de votre entreprise.
Il/Elle est absent(e).	D'accord, pouvez-vous me dire à quel moment je peux le (la) joindre?

Interlocuteur

Bonjour Monsieur/Madame... Je suis Gaëlle Estève, l'assistante de Monsieur/Madame (nom de l'Agent), conseiller en entreprise.

La CAF, Compagnie d'Assurance Française, a développé une véritable expertise en matière d'assurance en entreprise tout particulièrement en assurances de personnes : prévoyance, retraite, épargne salariale, etc.

Vous détenez certainement des contrats d'assurances dans ce domaine et si je vous appelle aujourd'hui, Monsieur/Madame, c'est pour vous proposer de réaliser **gracieusement** un audit de la situation de votre entreprise.

Vous savez, avec un rendez-vous d'environ une demi-heure, on peut déjà faire un *check-up*!

Quel moment vous convient le mieux pour le (la) recevoir, sachant que notre Agent se trouve à proximité de votre Entreprise (citer le lieu).

Prenons nos agendas! J'ai celui de Monsieur/Madame... sous les yeux. Que préférez-vous, le... à... heure? Ou le... dans l'après-midi?

Si rendez-vous OK.	Le noter en fonction du planning de l'agent et valider les coordonnées du rendez-vous (adresse + nom + fonction).
Si hésitant.	Traiter les objections.
Cela ne m'intéresse pas : j'ai tout ce qu'il me faut!	Aujourd'hui, il s'agit simplement de vous informer sur la gestion des richesses humaines de votre entreprise ainsi que les avantages fiscaux et sociaux qui en découlent. Ça vous permettra ensuite de comparer les différents éléments et éventuellement de faire un choix différent!
Je n'ai pas le temps.	Dans des agendas chargés comme le vôtre, on n'arrive plus à prendre le temps de mettre les choses à jour et pourtant c'est une opportunité qui, peut-être tombe très bien! (sourire). Monsieur/Madame... vous apportera une information concrète et précise.

Si l'interlocuteur souhaite qu'on le rappelle en septembre.	Oui, je vous comprends tout à fait. Simplement, vous savez comme moi que ce mois de septembre est une période très chargée, l'idéal est de rencontrer Madame/Monsieur… aujourd'hui, aussi vous aurez tous les éléments **en main** pour la rentrée! Que préférez-vous, le… à… heure ou le… dans l'après-midi à votre meilleure convenance?
C'est le comptable qui s'en charge, il faut que je lui parle.	Bien sûr, dans ce cas nous pouvons convenir d'un rendez-vous où votre comptable sera présent. Vous gagnerez du temps tous les deux. Quel jour vous conviendrait pour recevoir Madame/ Monsieur…?
Les assurances sont toutes les mêmes, je n'ai pas besoin de vous rencontrer.	Notre métier est très différent de ce qu'il a pu être, il y a encore quelques années, où il consistait seulement à vendre des produits d'assurances! Les risques aussi ont changé de nature… Aujourd'hui, Monsieur/Madame… se propose d'étudier avec vous votre situation. Sa démarche est avant tout, je vous le rappelle, axée sur un conseil efficace en gestion optimale des biens et des personnes dans votre entreprise. Dans ces conditions, pouvons-nous dire le… à heure? Ou bien le… dans la matinée?
Tout le monde propose un audit.	La législation a beaucoup changé ces derniers temps. De plus, la gestion évolue rapidement, surtout en matière de retraite et de prévoyance. C'est pour réaliser une **mise à plat** de votre situation que Monsieur/Madame… souhaite vous rencontrer. Nous fidélisons nos clients aujourd'hui, non plus en leur faisant dépenser de l'argent, mais en leur faisant réaliser des économies. C'est pourquoi nous vous proposons de réaliser à titre gracieux un audit personnalisé. Vous êtes disponible la semaine prochaine?
Envoyez-moi une documentation.	Je vous propose le contraire, c'est-à-dire de parler de vous et non pas de nous! Je sais que c'est rare. Notre démarche aujourd'hui est tout à fait différente puisqu'elle consiste à vous apporter, par un regard extérieur, une étude sur votre situation actuelle. C'est pour vous en parler plus en détail que Madame/Monsieur… souhaite vous rencontrer. J'ai son agenda sous les yeux. À quel moment préférez-vous le (la) rencontrer?
Impératif de Groupe.	Vous voulez dire que le choix de la Compagnie d'assurance se fait au niveau de la holding (ou du siège)? [*Savoir où est le décideur (dans quelle société du Groupe), noter ses coordonnées et le rappeler.*]

Prospection et prise de rendez-vous par e-mail

Depuis quelques années, un nouvel outil de prospection a fait son apparition : l'e-mailing. Il consiste à démarcher une nouvelle clientèle via Internet et plus précisément par le biais du courrier électronique.

Les avantages de l'e-mailing par rapport au mailing traditionnel sont nombreux :

- Son coût est très faible. Par exemple, le routage d'un message électronique revient dix fois moins cher qu'un courrier postal.
- Il n'existe plus de délai d'envoi : il est instantané.
- Il permet la traçabilité des messages : on sait exactement combien de messages ont été ouverts, combien de clics ont été effectués et sur quels liens, qui a visualisé telle ou telle page, etc.
- Il offre de vastes possibilités créatives, en permettant notamment d'envoyer des sons, vidéos et autres animations.

Ces avantages ne doivent toutefois pas faire oublier de sérieuses contraintes.

Respect de l'éthique

Sur Internet, comme sur la route, existe un code de bonne conduite, dont le non-respect expose à des représailles commerciales (diffusion d'une mauvaise image) et, depuis peu, judiciaires. Ce code repose sur le principe du « marketing de la permission » selon lequel, pour adresser des e-mails à des internautes, l'émetteur doit avoir obtenu leur accord.

Ainsi, le « code de la route » proscrit le spamming (diffusion de mails commerciaux non sollicités), tandis que la justice frappe de plus en plus souvent les contrevenants.

L'e-mailing sauvage étant déconseillé, l'outil perd son intérêt en tant que moyen de prospection de masse (par rapport au mailing ou phoning qui ne requiert pas de demande d'autorisation). Il reste cependant la possibilité d'acquérir un fichier d'adresses d'internautes ayant donné leur accord pour recevoir des sollicitations.

À cette fin, le moyen le plus rapide et le plus facile, après avoir déterminé la cible de ses envois, est de s'adresser à des list-brokers. Les principales sociétés de location d'adresses sont Adress comany, Come&stay, I-base, Buongiorno.

Comment concevoir un e-mail ?

Une enveloppe matérielle peut contenir des documents en papier, en carton, des CD, des supports plats. Internet, pour sa part, permet d'envoyer des images, des sons, du texte et des vidéos. Mais on ne se lancera pas dans la réalisation d'un e-mail sophistiqué avant de savoir ce que sa cible est capable de visualiser ou télécharger. Par exemple, beaucoup d'entreprises ont désactivé le mode de lecture d'e-mails au format HTML et ne lisent plus désormais à l'écran que des documents sobres au format texte, tel un document Word. Ceci oblige à renoncer à la fantaisie, aux images et aux animations créatives. Selon que vous prospecterez des entreprises ou des particuliers, votre « marge de créativité » ne sera donc pas la même. En fait, deux types de formats se prêtent à la réalisation de vos e-mails : le format texte et le format HTML.

➤ Le format texte

C'est celui qui est utilisé traditionnellement pour correspondre sur Internet. Vous pouvez choisir la police de caractères, la taille et la couleur du texte… La créativité s'arrête là. Attention cependant : nombre d'outils de messagerie, en mode réception, font disparaître ces enrichissements pour formater le texte reçu en fonction de la feuille de style sélectionnée par l'utilisateur… Ne comptez donc pas sur la forme pour compenser un fond insuffisant. En format texte, vous n'aurez d'autre choix que de disposer d'un message percutant pour susciter des retours. Si votre cible est constituée d'entreprises, votre choix est relativement limité : mieux vaut communiquer en format texte.

➤ Le format HTML (Hyper Text Mark-up Language)

Utilisé pour le développement des pages web et la création des sites Internet, ce format standard autorise des envois créatifs et vivants dans la mesure où peuvent y figurer des animations, des images. La réalisation de pages au format HTML oblige à recourir aux services d'une agence de publicité ou d'un concepteur de pages Internet. Vous pouvez également concevoir vous-même votre e-mail en mode HTML via un logiciel de conception de pages HTML de type Frontpage de Microsoft, Dreamweaver de Macromedia ou incredimail (téléchargeable gratuitement sur Internet : www.incredimail.com). Rassurez-vous : 80% des particuliers lisent les e-mails en format HTML.

Quelles sont les règles d'un e-mailing efficace ?

Mailing et e-mailing se rejoignent sur les points suivants :

- Un e-mail doit contenir une accroche (elle figurera dans l'objet ou le sujet du mail).
- Le contenu de l'e-mail a d'autant plus d'impact qu'il est personnalisé.
- La « lettre » doit énoncer tous les bénéfices de votre produit ou service.
- Un post-scriptum incitant à l'action est le bienvenu.
- L'équivalent de la plaquette ou du dépliant classiquement associé à la lettre de vente est représenté par le lien hypertexte figurant dans l'e-mail. Le destinataire pourra cliquer sur ce lien pour se retrouver sur votre site Internet ou sur des pages hébergées.

Le mailing et l'e-mailing diffèrent sur deux points.

- Le premier tient à la concision et au fort impact qui caractérisent Internet et obligent à aller rapidement à l'essentiel. Les internautes sont sur-sollicités de propositions commerciales. Nombreux sont ceux qui, en allumant leur PC le matin, trouvent leur boîte aux lettres électronique submergée par une centaine d'e-mails (spam, e-mails professionnels et personnels confondus). Ils opèrent alors un premier tri sur le seul critère de l'« objet du message » et la majorité des courriers aboutissent au panier sans avoir été ouverts. Leur sort est le même que celui des mailings classiques, à la différence près qu'en matière de courrier électronique, si l'accroche est faible, il n'est pas possible de compenser ce défaut par un format original d'enveloppe, un timbre de collection ou une texture de papier qui suscite la curiosité…
  Si le message franchit avec succès la première étape de l'ouverture du courrier par l'internaute et que celui-ci clique pour ouvrir votre e-mail, il convient de frapper vite et fort : votre offre déclinée en « bénéfices client » et la possibilité de réponse (e-mail, téléphone) doivent s'afficher aussitôt à l'écran. Nous sommes loin du mailing classique qui multiplie les documents de lecture (leaflet, plaquette, coupons, témoignages...).

Autre raison de privilégier la vitesse : la lecture d'un document à l'écran est beaucoup plus lente que sur le papier. Jacob Nielsen, le grand spécialiste de l'ergonomie, a établi qu'un texte papier reproduit à l'identique sur écran augmentait d'environ 25 % le temps de lecture. Une concision maximum et la mise en relief des messages-clés permettront à l'expéditeur d'espérer ne pas irriter le lecteur en lui faisant perdre son temps. Par ailleurs, les études sur les modes de lecture à l'écran révèlent que près de 80 % des internautes parcourent un texte en diagonale à la recherche des points-clés pour « capter » l'idée essentielle et ne la lisent en détail que s'ils ont trouvé dans les quelques mots saisis au vol une idée qui les intéresse ou un message qui les intrigue !

– La seconde particularité de l'e-mailing par rapport au mailing classique est la suivante : le plus souvent, en matière de marketing direct classique, le message commercial est assez riche et accompagné de documents parfois nombreux. L'e-mail, en revanche, doit porter un message dépouillé de tout développement mais présenter des « tiroirs » (liens hypertextes, renvois vers vos pages hébergées ou site Internet) pour offrir au lecteur la possibilité, moyennant un clic, d'approfondir sa connaissance du sujet ou de votre entreprise.

Quelques règles générales seront respectées pour optimiser les résultats de votre e-mailing :

– Ne choisissez pas de polices de caractères fantaisistes en mode texte. L'objectif est la lisibilité. Tenez-vous-en aux quatre polices les plus courantes : Arial, Courrier New, Verdana et Times Roman. Néanmoins, préférez les polices à chasse fixe comme le Verdana et le Courrier, plus agréables à lire à l'écran.

– L'internaute n'aime pas attendre. N'adressez pas de mail dont le poids excède 50 kilos octets car le téléchargement excéderait sept secondes, temps d'attente maximum au-delà duquel un internaute moyen zappe.

– Pour éviter les césures opérées à l'écran par le logiciel de messagerie du destinataire, les lignes ne doivent pas dépasser 60 caractères, espaces compris.

– Évitez de souligner le texte. Cette fantaisie est réservée aux liens hypertextes.

- En mode HTML, évitez de réaliser des effets pour le plaisir et dispensez-vous des surcharges graphiques qui n'apportent rien.
- Résistez à l'écrit commercialement agressif : PROSCRIVEZ LE TEXTE TOUT EN MAJUSCULES, les $ et € qui clignotent et évitez de terminer toutes vos phrases par trois points d'exclamation !!! Les internautes sont saturés de messages de ce type. Ils terniraient inévitablement votre offre et l'image de votre entreprise.
- Les pièces attachées ne sont pas les bienvenues. Elles alourdissent la transmission du message et, de surcroît, la plupart des internautes, ne vous connaissant pas, se garderont de les ouvrir, de peur de laisser un virus informatique s'infiltrer dans leur système.
- Évitez autant que possible le scrolling, c'est-à-dire l'obligation pour le destinataire de faire défiler la page pour accéder à la totalité de l'information.
- N'oubliez jamais de mentionner votre numéro de téléphone (30 % des internautes préfèrent téléphoner).

Comment router votre mailing ?

Votre e-mailing est rédigé, il ne vous reste plus qu'à l'adresser à ses destinataires. Vous avez le choix entre quatre solutions :

- Vous effectuez un micro e-mailing (quelques dizaines ou centaines d'envois) et dans ce cas, le logiciel de votre messagerie (Outlook, Lotus Notes, Mail) fera parvenir vos courriers électroniques à bon port.
- Ce média vous plaît, il est adapté à votre offre de produits/services. Vous êtes amené à expédier régulièrement des salves de plusieurs milliers ou dizaines de milliers d'e-mails. Vous avez intérêt à faire l'acquisition d'un logiciel de routage spécialisé. Ces logiciels permettent la constitution de banques de données, les segmentations, dédoublonnages et déduplications, la conception du message, le formatage, les tests de compatibilité avec tous les serveurs d'accès (Outlook, Internet Explorer, Netscape, AOL, Hotmail) la traçabilité, le reporting, et autres tâches. Ces logiciels demandent de réelles connaissances en marketing direct et en informatique, et l'investissement qu'ils représentent n'est pas anodin (de 400 € à plus de 100 000 € !). Les logiciels les plus connus sont les suivants :

  – Sarbacane de Goto Informatique (www.goto.fr)
  – Optimail d'Artégos (www.artegos.com)
  – NMS de Neolane (www.neolane.com)

– Vous pouvez louer un logiciel de routage. C'est ce que l'on appelle le mode ASP (Application Service Providing). En réalité, le prestataire en mode ASP met à votre disposition, sur son serveur, les ressources logicielles qui vous permettront de router vos messages. Depuis votre ordinateur et grâce à Internet, vous allez conduire votre action d'e-mailing (télécharger vos adresses, créer votre message, le router et suivre les résultats) en utilisant les possibilités du logiciel de votre prestataire. Ce système vous permet de tester l'e-mailing sans avoir à investir des sommes trop élevées. Cette formule exige toutefois de solides connaissances du média Internet et vous ne pourrez faire l'économie d'une sérieuse formation au pilotage du logiciel (formation dispensée par le fournisseur en mode ASP). Il existe, entre autres, trois fournisseurs de logiciels en mode ASP :
  – I-media (www.i-media.com)
  – Xpedite (www.xpedite.fr)
  – e-mail Vision (www.emailvision.com)

– Vous préférez sous-traiter entièrement votre routage. C'est la formule la plus pratique. Des prestataires globaux récupèrent votre message, vos fichiers (ils peuvent également vous louer ou vendre des fichiers d'adresses), puis routent les messages après les avoir testés sur tous les serveurs et ordinateurs (Mac et PC). Ils vous adressent ensuite un rapport d'activité : gestion des np@i (envois non aboutis), gestion des retours, tracking complet (taux d'ouverture, taux de clic, etc.). Votre action d'e-mailing peut être sous-traitée en totalité ou en partie auprès, par exemple, de ces trois fournisseurs :
  – Barbary-Courte (www.barbary-courte.net)
  – I-média (www.i-media.com)
  – Marketing Services (www.marketing-services.fr)

Vous trouverez aux pages suivantes quelques exemples de lettres (au format HTML) ayant fait l'objet d'une campagne d'e-mailing. J'adresse mes remerciements aux annonceurs ainsi qu'aux sociétés I-média et Marketing-Services qui me les ont fournis et m'ont permis de les reproduire.

De : Michaël AGUILAR
Envoyé : lundi 11 août 2003 15:02
À : Michaël AGUILAR
Objet : Êtes-vous satisfait de vos propositions commerciales ?

Bonjour,

En tant que Directeur Commercial confronté à la morosité du marché et à la pression concurrentielle, vous partagez peut-être les désirs suivants :

- améliorer la qualité des propositions commerciales réalisées par votre réseau direct ou indirect,
- garantir leur qualité aussi bien du fond que de la forme,
- connaître et analyser à tout moment l'ensemble des propositions émises,
- diminuer le temps passé à réaliser des propositions,
- capitaliser et partager le savoir de vos commerciaux lors de la réalisation de leurs propositions.

Si tel est le cas, nous avons des outils et méthodes qui peuvent vous intéresser.

Pour en savoir plus nous vous proposons de choisir entre :

- recevoir une documentation : doc@jack.fr
- recevoir un appel téléphonique : appel@jack.fr
- suivre une démonstration à distance sans vous déplacer : demo@jack.fr
- rencontrer un commercial : rdv@jack.fr

Une de ces 4 propositions vous intéresse, cliquez sur celle-ci en nous renvoyant ce mail avec un commentaire éventuel.

Dans l'attente d'un prochain contact.

Pierre MARCEL
Standard : 01 49 69 44 34 – Directe : 01 49 69 44 32 – Gsm : 06 07 72 72 75 – www.jack.fr
JACK in the BOX – 7 rue G.G. du Verger 94110 Arcueil

E-mail n° 1

MARKETING SERVICES
Télémarketing
Mailing
SMS mailing
Fax mailing
E-mailing
Formation
Contactez-nous
Augmentez le nombre de vos clients grâce au Marketing Direct
Identifier de nouveaux prospects
Apporter régulièrement des contacts à vos commerciaux
Les techniques du MARKETING DIRECT vous apportent des solutions personnalisées.
Vous connaissez l'importance vitale de ces actions, qui contribuent à vos objectifs mais qui ne sont pas toujours faciles à mettre en oeuvre, faute de temps, de moyens humains...
Que faire... Créer un service marketing direct ?
Embaucher un ou une spécialiste ?
Nous vous proposons une solution alternative :
MARKETING SERVICES
Votre service de marketing direct, à votre disposition au moment où vous en avez besoin.
Vous souhaitez en savoir plus sur notre manière de travailler et nos prestations ?
Cliquez sur ce lien et découvrez notre site :
www.marketing-services.fr
De nombreux chefs d'entreprise nous ont déjà fait confiance, alors, pourquoi pas vous ?
Pour ne plus recevoir nos mail-infos, veuillez cliquez ici !
Siège Social et Centre d'appels
27, route du Cendre - 63 800 Cournon d'Auvergne
Tél. 04 73 69 82 82 - Fax 04 73 69 84 88
Antenne Commerciale
14, avenue de l'Opera - 75 001 Paris
Tél. 01 42 96 30 60 - Fax 01 42 96 30 62
N° Vert 0 800 82 75 71

E-mail n° 2

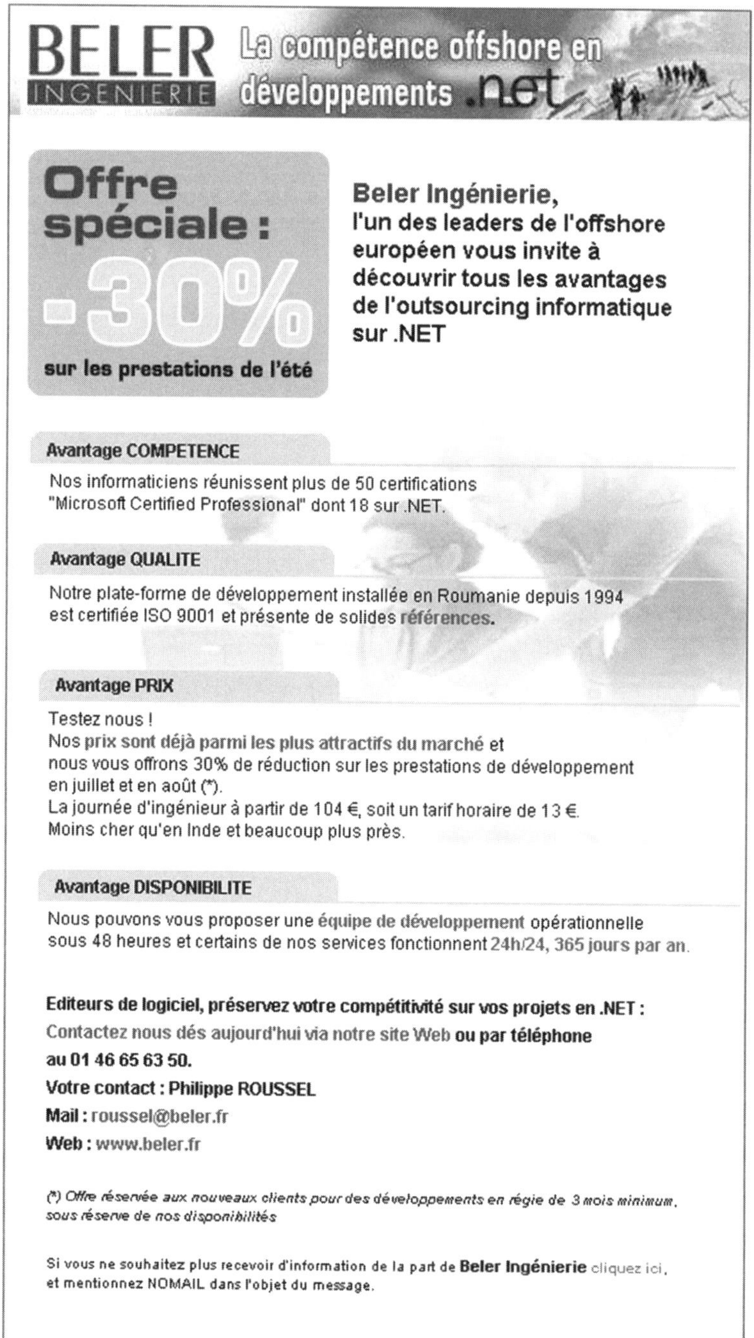

BELER INGENIERIE
La compétence offshore en développements .net

Offre spéciale : -30% sur les prestations de l'été

Beler Ingénierie, l'un des leaders de l'offshore européen vous invite à découvrir tous les avantages de l'outsourcing informatique sur .NET

Avantage COMPETENCE

Nos informaticiens réunissent plus de 50 certifications "Microsoft Certified Professional" dont 18 sur .NET.

Avantage QUALITE

Notre plate-forme de développement installée en Roumanie depuis 1994 est certifiée ISO 9001 et présente de solides références.

Avantage PRIX

Testez nous !
Nos prix sont déjà parmi les plus attractifs du marché et nous vous offrons 30% de réduction sur les prestations de développement en juillet et en août (*).
La journée d'ingénieur à partir de 104 €, soit un tarif horaire de 13 €.
Moins cher qu'en Inde et beaucoup plus près.

Avantage DISPONIBILITE

Nous pouvons vous proposer une équipe de développement opérationnelle sous 48 heures et certains de nos services fonctionnent 24h/24, 365 jours par an.

Editeurs de logiciel, préservez votre compétitivité sur vos projets en .NET :
Contactez nous dés aujourd'hui via notre site Web **ou par téléphone au 01 46 65 63 50.**
Votre contact : Philippe ROUSSEL
Mail : roussel@beler.fr
Web : www.beler.fr

(*) Offre réservée aux nouveaux clients pour des développements en régie de 3 mois minimum, sous réserve de nos disponibilités

Si vous ne souhaitez plus recevoir d'information de la part de **Beler Ingénierie** cliquez ici, et mentionnez NOMAIL dans l'objet du message.

E-mail n° 3

CHAPITRE 2

L'entretien de vente

NOUS Y VOILÀ! Les techniques du chapitre 1 vous ont permis d'obtenir le rendez-vous tant espéré. Il s'agit à présent de passer à l'action : vendre son produit au prospect. Mais auparavant, il m'apparaît utile d'émettre quelques réflexions préliminaires.

À plusieurs reprises, vous allez penser (notamment pour la préparation de l'entretien) que ce qui est exposé ci-après est d'une évidence biblique. Cependant, je ne peux pas faire l'économie de certains « lieux communs » tant il est fréquent de voir des vendeurs expérimentés commettre des erreurs de débutant.

La technique que vous allez maintenant découvrir est très simple à comprendre, mais elle exige un certain travail de votre part. Si vous suivez les directives que nous proposons, les résultats que vous enregistrerez vous feront vite oublier la sueur versée. Au terme de cette introduction, et pour étayer mon dernier propos, je voudrais évoquer le plus célèbre des proverbes de la vente : « La vente, c'est 10 % d'inspiration et 90 % de transpiration ».

Préparation de l'entretien

La préparation confère, au vendeur qui y consacre le temps nécessaire, plusieurs avantages indéniables pour l'entretien de vente à venir.

Avant d'aborder la préparation proprement dite, matérielle et non matérielle, voyons pour quelles raisons elle s'avère indispensable.

Pourquoi une préparation?

➤ Préparation et professionnalisme

Bien souvent, le vendeur constitue le seul repère du prospect pour se faire une opinion de l'entreprise qui le sollicite. Un vendeur aux vêtements mal assortis, énonçant des arguments nébuleux ou inadaptés aux besoins du prospect dans un langage alambiqué, jettera fatalement la suspicion sur la qualité de ses produits ou le sérieux de son entreprise.

En revanche, une présentation irréprochable, un discours clair et motivant, une attitude positive et confiante seront autant de critères qui forgeront, insensiblement, une image rassurante et positive du vendeur et de l'entreprise qu'il représente.

La vente est une somme de « petits riens » : une carte de visite oubliée, une chemise froissée ou tachée, un argument imprécis ou ambigu peuvent suffire à discréditer un vendeur. Malheureusement, celui-ci n'en prend que rarement conscience, et ses erreurs se perpétuent. Car aucun prospect n'osera expliquer au vendeur qu'il n'achète pas son produit parce qu'il le trouve mal vêtu ou hésitant dans son propos et ne lui inspire aucune confiance. Pour écarter un vendeur sans l'offusquer, il est tellement plus facile de prétexter un prix trop élevé ou l'absence de besoin… Quant au vendeur, il ne tirera qu'un mauvais enseignement de son échec et imputera sa mévente à l'inadéquation au marché de la politique tarifaire de sa maison, ou à la conjoncture défavorable du secteur qui l'emploie.

Le professionnalisme et la préparation constituent les deux faces d'une même pièce. Et quel plaisir que d'avoir affaire au professionnalisme : le fait de se savoir entre les mains d'un chirurgien compétent ne procure-t-il pas un immense soulagement? Et qui d'entre nous ne s'est pas réjoui à l'avance d'aller goûter les spécialités d'une grande toque régionale? Vous me voyez venir : mais oui, rencontrer un vendeur qui maîtrise son métier est un plaisir également, et les acheteurs professionnels ne s'y trompent pas.

➤ Préparation et liberté d'esprit

Le vendeur préparé, c'est-à-dire correctement vêtu, muni de tout ce que l'entretien de vente nécessite : carte de visite, carnet de commande, échantillons,... maîtrisant ses arguments et sachant répondre aux éventuelles objections, etc. peut, l'esprit libéré de tout souci, consacrer toute son attention à son prospect : l'écouter, le comprendre, analyser des besoins.

À l'inverse, le vendeur qui a négligé la phase préparatoire accomplira une piète prestation lorsqu'au cours de l'entretien de vente, il lui faudra :

- chercher ses mots pour exprimer ses idées;
- meubler les vides par des « Euh... » peu convaincants;
- revenir sans cesse sur ses explications, sur sa démonstration;
- réfléchir aux réponses à fournir en cas d'objection;
- s'excuser de ne pouvoir livrer qu'une information incomplète pour cause de méconnaissance du produit;
- fouiller longuement dans sa sacoche pour retrouver ses tarifs, sa carte de visite ou la plaquette de sa société restée au bureau.

Car l'attention du vendeur, bien loin de se concentrer sur son interlocuteur, s'éparpillera dans la gestion « logistique » de l'entretien de vente. Quel gâchis!

➤ Préparer, c'est jouer avec un coup d'avance

En ayant soin d'élaborer sa stratégie, « d'affûter » ses arguments, d'anticiper les réponses aux objections, le vendeur dispose d'un avantage majeur : celui du choix des armes. En effet, les prospects qui préparent leur entrevue avec les commerciaux sont assez rares. C'est pourquoi la phase préparatoire constitue une chance pour le vendeur qui joue ainsi avec un coup d'avance.

Préparation matérielle

Contrairement aux manuels de vente, nous ne nous attarderons pas longuement sur ce sujet. En effet, soigner sa présentation, préparer et classer ses documents commerciaux, ne pas oublier d'emporter son carnet de commande, ses contrats-types, les tarifs en vigueur, etc., ne relève pas de la technique de vente mais bien plutôt du bon sens. Néanmoins, il n'est pas inutile de s'attarder quelque peu sur la tenue vestimentaire. On ne manque pas de citer le valeureux Bill Gates (fondateur de la société Microsoft et milliardaire à 25 ans) à chaque fois que l'on prétend qu'un excellent vendeur peut très bien ne jamais porter autre chose qu'un jeans délavé. Pour ma part, j'apprécie davantage le « jeans-polo » que le « costard-cravate », mais je me garde bien de me rendre à un rendez-vous habillé en tenue trop décontractée. Pourquoi? Parce que le commercial est un solliciteur et que le client lui saura gré du respect qu'il lui manifeste ainsi. Bien se vêtir ne froissera jamais personne; s'habiller décontracté, en revanche, revient à prendre un risque et il se trouvera toujours quelque acheteur pour ne pas vous le pardonner.

Certes, la couleur de la cravate ne conditionne pas la réussite commerciale. Un vendeur mal « fagoté » sera à même d'enregistrer de très belles ventes, s'il possède les qualités primordiales du vendeur. Le fond importe plus que la forme. Il n'en demeure pas moins qu'un vendeur diminue ses chances en s'habillant mal. Voyez les vendeurs des meilleures écoles de vente du monde, Rank Xerox, Procter & Gamble, IBM : le costume-cravate est une obligation incontournable, et croyez-le, ce n'est pas par conformisme. D'autre part, rappelons-nous que le vendeur se situe à l'intersection précise du prospect/client et de l'entreprise. L'image qu'il véhicule est celle que perçoit le prospect, et ce dernier l'associe automatiquement à l'entreprise qui propose des services. Le vendeur mal habillé communiquera l'image d'une entreprise désuète et mal organisée.

Les représentants de l'époque héroïque étaient surnommés des ambassadeurs, terme très significatif. Ils visitaient leur clientèle en redingote, chapeau haut-de-forme et large cravate blanche. Cela ne manquait pas d'allure!

Ainsi, les éléments matériels de la préparation doivent être considérés avec un souci de perfection. C'est pourquoi je vous propose d'en dresser maintenant une liste. En pointer les différents articles avant de se rendre en clientèle permettra d'éviter bien des désagréments. Bien entendu, cette liste n'est pas exhaustive; chacun pourra la modifier ou l'enrichir en fonction de son secteur d'activité.

CHECK-LIST DES ÉLÉMENTS DE LA PRÉPARATION MATÉRIELLE

– Un porte-documents;
– Un cahier (pour prendre des notes… et les retrouver);
– Des stylos, un crayon, une gomme;
– La documentation publicitaire et technique (plaquettes, brochures, livrets, etc.);
– Une machine à calculer;
– Les échantillons en bon état;
– Les bons de commandes, contrats types;
– Des cartes de visite;
– Des vêtements propres;
– L'argumentaire de vente (pour révision éventuelle en voiture, en salle d'attente ou à l'hôtel);
– La liste de découverte (cf. section suivante);
– Le catalogue de vos produits et/ou services;
– Les tarifs actualisés;
– Un agenda;
– Un plan de la région (pour ne pas tourner en rond dans une zone industrielle);
– Le dossier prospect/client (fiche client, proposition commerciale en cours, facturation passée et règlements en cours, etc.);
– Les fiches de rapports d'activité;
– Des *goodies* à offrir (*pin's*, stylos, *magnets*, « Post-it », blocs papiers, etc., aux couleurs de votre entreprise);
– Un parapluie, des mouchoirs en papier et des pastilles pour l'haleine.

Préparation non matérielle

La préparation non matérielle conditionne pour l'essentiel la réussite ou l'échec du vendeur; elle se présente sous trois aspects fondamentaux et interdépendants.

➤ Préparation mentale ou les vertus de la motivation et de l'enthousiasme

Il est sans doute arrivé à chacun de nous de subir, dans une salle de conférence, le discours soporifique d'un orateur auquel manquait l'étincelle qui tient l'auditeur en haleine. Vous souvenez-vous des pensées qui vous sont alors venues à l'esprit?

« Quand donc va t-il cesser? Quel ennui! Pourquoi diable suis-je ici? Comment me soustraire à cette punition! »

À l'inverse, un autre orateur, vivant son exposé avec passion, vous a peut-être captivé un jour avec un sujet pourtant peu attrayant.

C'est que l'enthousiasme est une qualité contagieuse.

À l'instar du conférencier languissant, le vendeur qui n'est animé d'aucune foi, d'aucun enthousiasme n'est guère, pour reprendre le mot de Jean Saint-Mleux, « qu'un chasseur tirant à blanc, un général faisant campagne sans patriotisme, un savant poursuivant ses recherches sans espoir ».

En délivrant son message sans y croire, le vendeur se retire toute chance d'emporter l'adhésion de son prospect. Tout se passe comme si, convaincu de représenter un produit trop cher ou de qualité insuffisante, le vendeur transmettait le doute qui le tourmente à l'esprit du prospect pour finalement… perdre la vente.

Un vendeur qui se considère comme un importun doit changer de produit – de métier? – aussi longtemps qu'il n'acquerra pas, à ses propres yeux, le statut de bienfaiteur de sa clientèle!

Vendre, c'est allumer un feu! Et pour allumer un feu, cela va sans dire, il faut avoir la flamme. CQFD.

➤ Connaissance du couple produit/marché

S'il faut être convaincu pour convaincre, il ne suffit pas de vouloir être convaincu pour le devenir. Mais alors, comment donc trouver la foi en ses produits, en son entreprise?

En accomplissant un véritable travail de recherche et de formation; car la foi et l'enthousiasme se nourrissent essentiellement du même aliment, tout à fait rationnel; la connaissance du produit et du marché dans lequel il s'inscrit. « On ne vend bien que ce que l'on connaît bien » dit la sagesse commerciale. Les statistiques confirment d'ailleurs cet adage : dans un secteur d'activité technologique, par exemple, les ingénieurs ayant reçu une formation commerciale de base vendent, en règle générale, davantage que leurs collègues commerciaux qui ne possèdent qu'un vernis technique. Ainsi, en réunissant toute l'information nécessaire à sa mise au courant en profondeur (et qui est souvent disponible auprès du service marketing), le vendeur pourra se convaincre de la supériorité de ses produits et services par rapport à ceux de la concurrence. Car tous les produits du marché ont leur force et leur faiblesse… Il appartient donc au vendeur en quête de motivation de concentrer sa réflexion sur les points forts de ses propres produits (sans toutefois se dissimuler les quelques reproches qui peuvent leur être faits, afin de préparer une justification *ad hoc*) et sur les défauts de cuirasse des produits concurrents.

S'étant pénétré de cette vérité quelque peu subjective, le vendeur sentira s'ouvrir en lui les portes de l'enthousiasme et de la motivation.

Didier Valin est considéré comme le meilleur vendeur de la société Avis Fleet Services (location de véhicules longue durée). Pourtant, sa précédente expérience professionnelle dans le même secteur n'avait pas été concluante. En effet, n'étant pas convaincu par la qualité des services proposés par l'entreprise qui l'employait alors, il ne parvenait pas à les vendre. Lorsqu'il prit ses fonctions chez Avis Fleet Services, il demanda au directeur commercial de le convaincre qu'il se trouvait dans la meilleure entreprise du secteur. Quelques jours plus tard, convaincu, il déployait une énergie et une conviction authentiques qui lui firent obtenir rapidement des résultats remarquables dans la profession.

➤ Connaissance des techniques et des stratégies de la vente

Loin de ne représenter qu'un gadget dans l'arsenal du vendeur, la connaissance des techniques de vente facilite grandement sa mission. Osons, à l'appui de notre démonstration, un parallèle original : viendrait-il à l'idée d'un général d'engager une bataille sans élaborer de stratégie, sans connaître le maniement ni les effets des armes à sa disposition, et sans envisager les ripostes probables de son opposant? Non, bien entendu!

À l'instar du chef militaire, le vendeur devra connaître toutes les ressources de ses armes (ses produits, ses services), en maîtriser le maniement, mettre au point une stratégie offensive, évaluer de quelles armes dispose la partie adverse qui a pour nom en l'occurrence la clientèle, en veillant à discerner les leurres éventuels (faux budgets, menaces de recours à la concurrence, etc.) pour préparer éventuellement une position de repli suivie d'une stratégie défensive…

Cette aptitude, le vendeur l'acquerra par l'entremise de la technique de vente. Par exemple :

- les techniques de découverte des besoins se chargent, en véritable Service de Renseignement, de recueillir l'information permettant au vendeur d'élaborer sa stratégie d'attaque;
- les techniques d'argumentation ont, quant à elles, pour vocation de transformer un produit inoffensif – dont le prospect n'éprouve, *a priori*, aucun besoin – en une arme qui saura faire mouche dans l'esprit du prospect;
- les techniques de négociation et de réfutation des objections constituent pour leur part des positions de repli et les stratégies défensives.

Nous arrêtons ici le parallèle militaire. Il pourrait nous être reproché de considérer la relation commerciale d'un point de vue « polémologique », d'où le vendeur devrait sortir vainqueur et le prospect, vaincu. Il n'en est rien, bien sûr; et chacun sait qu'il n'est pas de relations commerciales durables qui ne satisfassent que l'une des deux parties.

Ouverture d'entretien

Nous voilà rendu dans les locaux du prospect. Quelle attitude adopter lors des premiers échanges? Comment se présenter et bien débuter l'entretien?

Les deux premières minutes d'une visite commerciale sont capitales. Non seulement elles conditionnent largement la suite des opérations, mais elles déterminent quasi définitivement l'opinion qu'on se fera de vous et par conséquent de votre entreprise… C'est dire avec quelle maîtrise il vous faudra mettre à profit ce court instant afin qu'il joue à votre avantage.

Il s'agit, dans cette première phase de la vente, de rassurer votre interlocuteur quant au bien-fondé de votre visite, et il existe pour cela plusieurs techniques à appliquer et quelques pièges à éviter.

Ce n'est une découverte pour personne, les marchés sont aujourd'hui très concurrentiels et personne n'imagine qu'il suffit de se présenter chez le client en arborant un sourire engageant pour emporter la commande.

Prendre rendez-vous et vous faire accepter vous fera « mouiller chemise » car il est évident qu'un acheteur qui reçoit plusieurs sollicitations par jour ne peut toutes les accepter. Dernièrement, par exemple, le responsable des « achats bureautique » d'une importante entreprise suédoise m'avouait recevoir chaque jour deux kilos de mailings et de documentations commerciales sur son bureau. Vous voilà bien prévenu, partir chaque matin la « fleur au bout du stylo », sans préparation, en vous reposant sur d'hypothétiques talents d'improvisation, c'est aller au « casse-pipe ».

Pour vous faire agréer et respecter par le prospect dès le début, il convient de donner un caractère sérieux à votre démarche. À l'inverse, le commercial doit se rappeler qu'il n'est pas un quémandeur soumis au bon vouloir d'un prospect qui, dans sa grande générosité, distribuerait sa commande à quiconque lui cirera bien les souliers.

Pas question, par exemple, d'accepter un rendez-vous entre deux portes; de même, si vous sentez votre interlocuteur préoccupé par autre chose et visiblement inattentif, refusez fermement de continuer votre exposé. Vous n'avez aucune chance de parvenir à vos fins. Nul n'a jamais vu de contrat se signer à la verticale, sur une porte.

> *L'acheteur :* « Ah, Monsieur Dubois, je suis désolé, mais j'ai une réunion urgente de dernière minute. J'ai essayé de vous prévenir mais vous étiez déjà parti… Je ne vais pas pouvoir vous recevoir. Cela dit, pour que vous ne soyez pas venu pour rien, expliquez-moi en deux mots de quoi il s'agit. »
>
> *Le vendeur :* « Je voulais simplement vous présenter notre nouveau distributeur automatique de boissons ».
>
> *L'acheteur :* « Oui, je vois, malheureusement nous avons déjà une machine qui fait un excellent café. Cela ne va pas nous intéresser. Vraiment désolé. Bon je vous laisse, je suis attendu. Au revoir! ».

Et voilà une vente qui se solde par un échec, alors qu'une autre issue – favorable celle-là – aurait été envisageable si le vendeur avait su refuser ce rendez-vous de couloir et le reporter à un moment plus opportun. En effet, dans cet exemple, notre vendeur n'aura même pas été en mesure de développer ses arguments pourtant si convaincants :

- 6 boissons différentes pour un appareil au même prix que la machine du prospect qui ne délivrait que du café (donc un plus grand choix pour le personnel et pour les visiteurs) ;
- un prix au kilogramme de café soluble 25 % moins cher que le prix habituellement pratiqué par la concurrence (qui permettait au client d'amortir – calculs à l'appui – son investissement en moins de 6 mois) ;
- une garantie pièces et main-d'œuvre de 18 mois au lieu de 12.

Être sérieux sans être austère, déférent sans être servile, conserver son naturel et inspirer de la sympathie, voilà l'attitude à adopter. Pas évident ? Certes non, mais rassurez-vous, le fait d'oublier une partie de ces recommandations n'est pas rédhibitoire. En revanche, les premiers mots se doivent, eux, d'atteindre leur objectif. Vous ne disposez que de quelques secondes pour captiver votre auditeur et pour ce faire, il n'existe que deux solutions.

La première consiste à faire une promesse en respectant la règle de l'avantage. Il faut pour cela être sûr que l'avantage que vous choisirez atteindra son but. Ne prenez donc aucun risque, mais mettez-vous à la place du prospect et posez-vous la question suivante : « Si j'étais le prospect, qu'est-ce qui, dans le produit que je propose, m'intéresserait surtout ? ». La réponse que vous obtiendrez constituera une redoutable entrée en matière.

Trois exemples

VENTE EN GROS AUPRÈS DE COMMERÇANTS. DÉMARCHAGE SANS RENDEZ-VOUS.

« Bonjour Monsieur, Jean Vendétone société Lambda, je voudrais vous montrer des échantillons de produits qui vont vous permettre d'augmenter sensiblement votre chiffre d'affaires. Pouvez-vous m'accorder quelques minutes d'entretien ? » [*Promesse d'argent.*]

Aucun commerçant digne de ce nom n'éconduira notre vendeur. L'appât du gain et la curiosité aidant, celui-ci sera certainement invité à poursuivre son exposé.

VENTE DE FOURNITURES DE BUREAU.

« Je suis venu pour vous présenter notre gamme de consommables pour photocopieurs qui vont diminuer votre facture de consommables de 15 à 40 % ». [*Promesse d'économies donc d'argent.*]

«FUND-RAISING » POUR LE COMPTE D'UNE ASSOCIATION CARITATIVE. DÉMARCHAGE EN PORTE À PORTE.

« Bonjour, je m'appelle Charles Dulac de la fondation Raoul Follereau. J'aimerais vous expliquer comment nous pourrions, grâce à vous, sauver plusieurs enfants de cette terrible maladie qu'est la lèpre. Pouvez-vous m'accorder quelques minutes de votre temps? » [*Promesse faisant appel à l'orgueil.*].

Aucune âme sensible ne peut clore ici la conversation.

La deuxième solution pour captiver votre interlocuteur, vous l'aurez deviné, c'est de le faire parler de lui et/ou d'engager directement la phase de découverte (*cf.* section suivante). En agissant de la sorte, vous forcez la communication à s'établir. Non seulement vous vous ferez apprécier d'emblée par un prospect enchanté de se trouver si intéressant, mais surtout, vous pourrez commencer à consigner des informations précieuses qui pourront vous servir ultérieurement.

Exemples

Le vendeur : « Bonjour Monsieur Machpro, je vous remercie de m'avoir reçu. Vous aviez l'air débordé la semaine dernière quand nous avions pris rendez-vous. Ça va mieux maintenant? ».

L'acheteur : « Oui, c'est vrai, j'étais débordé à cause d'une commande importante, qu'on n'a d'ailleurs pas pu honorer dans les délais parce qu'on était en rupture de stock… Il a fallu jongler avec les sous-traitants… Bref, pendant trois jours, tout le monde a vécu un cauchemar. ».

Imaginez que vous soyez un vendeur de logiciels de gestion de stocks, un conseiller en organisation ou un sous-traitant en prospection, etc. Il y a fort à parier que vous saurez saisir cette perche que l'on vous tend.

Le vendeur : « J'ai lu la semaine dernière que vous alliez fusionner avec la société Glopmul, ça va changer beaucoup de choses pour vous? »

L'acheteur : « Absolument, puisque je vais rejoindre notre siège social qui est basé à Strasbourg. »

Vous voilà prévenu, vous allez bientôt changer d'interlocuteur!

Avant d'aborder ce qui suit, voici un tableau des règles à observer et des erreurs à ne pas commettre lors de l'ouverture d'entretien.

Les règles à observer	Les pièges à éviter
Saluer votre interlocuteur et vous présenter ensuite : – *Monsieur Machpro?* – *Bonjour monsieur Machpro, je suis Paul Position de la société Rapido.*	Accepter un rendez-vous au pied levé, entre deux portes (mieux vaut reporter l'entretien à une date plus propice), car on n'a jamais signé de contrat « à la verticale », sur le pas de la porte.
Remercier votre interlocuteur de vous accorder un entretien (si c'est vous qui l'avez sollicité, bien sûr). – *Tout d'abord, je tiens à vous remercier de m'accorder cet entretien.*	Commencer l'entretien tandis que votre interlocuteur est inattentif (il lit, rédige une note, travaille sur son ordinateur, etc.), même s'il vous invite à faire votre exposé.
Présenter l'objet de votre visite : – *J'ai souhaité vous rencontrer pour vous présenter un nouveau système de… et recueillir votre sentiment sur le sujet.* – *J'ai sollicité ce rendez-vous pour faire votre connaissance et étudier les possibilités d'une collaboration.*	Les excuses, car qui s'excuse s'accuse : – *Excusez-moi de vous dérange.* – *Je ne voudrais pas abuser de votre temps.*
Demander l'autorisation de prendre des notes : – *Au cours de notre entretien, je vais être amené à vous poser quelques questions pour mieux vous connaître. Me permettez-vous de prendre note de ce que nous dirons?*	L'entrée en matière orgueilleuse. Car nul n'est indispensable aujourd'hui. Et bon nombre de vendeurs pèchent par prétention excessive. – *Nous sommes le leader incontestable du marché… et je suis étonné que nous ne travaillions pas encore ensemble.*
Éventuellement (si votre interlocuteur semble pressé) obtenir son accord sur une durée d'entretien : – *De combien de temps disposez-vous?*	Parler directement de votre produit/service sans vous être renseigné sur les attentes, les préoccupations, les *a priori* du prospect.

Les règles à observer	Les pièges à éviter
Remettre sa carte de visite dès l'ouverture d'entretien car elle vous officialise, vous positionne, vous présente : vous êtes bien l'ambassadeur de la société X… En outre, elle crée un échange convivial (car le prospect vous donnera la sienne) et vous éviterez ainsi d'oublier de la lui demander. Par ailleurs, vous découvrirez la fonction précise de votre interlocuteur dans l'entreprise et connaîtrez l'orthographe exacte de son nom, ce qui vous évitera de l'écorcher éventuellement.	Attendre la fin de l'entretien pour remettre votre carte de visite car vous risquez de l'oublier, emporté par votre discussion ou tenu par un horaire. En outre, remise en fin d'entretien, la carte de visite perd l'une de ses fonctions qui et de vous présenter et de vous situer dans l'esprit de votre interlocuteur. Elle ne sert plus alors qu'à laisser vos coordonnées à ce dernier afin qu'il puisse vous rappeler le cas échéant.

L'entretien

Beaucoup de vendeurs ne prennent pas la peine de s'enquérir des besoins et préoccupations de leur prospect. Ils se cantonnent dans l'énumération des caractéristiques de leurs produits en supposant que leur interlocuteur y sera naturellement sensible. Ils encaissent quelques objections sans véritablement les traiter et repartent invariablement avec un carnet de commande « à sec », en maudissant la conjoncture ou l'inefficacité du service marketing.

Ces vendeurs font maintenant partie d'une race en voie de disparition : les preneurs d'ordres. En effet, aujourd'hui l'entreprise leur préfère le marketing direct… Il faut avouer qu'à rendement équivalent, il est plus judicieux d'envoyer une plaquette publicitaire ou un catalogue accompagné d'une lettre de vente et d'un bon de commande à remplir, que d'investir dans une équipe commerciale. Financièrement l'entreprise est gagnante, car les frais de marketing direct (conception, réalisation et expédition des documents) sont largement inférieurs à ceux d'une représentation commerciale (salaire du vendeur, charges sociales, voiture de fonction, essence, etc.).

En revanche, pour interroger, écouter, analyser, argumenter, persuader, séduire… rien ne remplace un vendeur.

À l'heure où les marchés s'internationalisent et où la concurrence s'intensifie, le commercial est plus que jamais le nerf de la guerre économique. Cependant le vrai vendeur est une denrée rare, car la vente exige un très grand nombre de dispositions parfois innées : la vivacité d'esprit, la capacité d'écoute, l'éloquence, l'opiniâtreté, le charme, mais aussi la culture générale, la courtoisie, le sang-froid et bien d'autres qualités encore. Pourtant, de nombreux vendeurs modestes, ne les possédant pas toutes, sont devenus des cracks de la vente, et en très peu de temps. De quelle manière? En mettant en pratique des techniques de vente. Tout comme le dessin, le piano ou le théâtre, la vente est une discipline qui s'apprend, et qui peut faire des prodiges à force de travail et de passion.

Revenons donc à l'apprentissage de la technique. Nous allons maintenant nous concentrer sur la phase essentielle de l'entretien commercial : la découverte des besoins. Domaine dans lequel les maîtres-vendeurs excellent.

À la découverte des besoins

La phase dite de découverte des besoins est capitale pour la réussite de l'entretien. Une découverte des besoins insuffisante ou bâclée prépare le terrain des objections et du refus de notre offre. Mécaniquement, ce phénomène se décompose comme suit :

- découverte des besoins incomplète;
- besoins partiellement ou mal cernés;
- exposé, arguments décalés (offre commerciale inadaptée);
- perception élevée du prix du fait de l'inadéquation du produit aux besoins du prospect;
- objections du prospect : « C'est trop cher! », « Ça ne m'intéresse pas », etc.

➤ Découvrir les besoins du client pour réussir ses ventes

Les mobiles d'achat d'un individu sont conditionnés par sa personnalité, ses goûts, son rang social, ses moyens financiers, son appartenance à l'un ou l'autre sexe. Deux personnes n'achèteront pas un même produit pour les mêmes raisons. Le petit exercice que voici permettra de s'en convaincre :

Considérez un objet simple en apparence, par exemple un stylo plume, et essayez de trouver une vingtaine de raisons différentes pour acheter un stylo plume de la marque X plutôt que de la marque Y.

Réponse :

Bien des motivations peuvent guider le choix d'un acheteur de stylo plume. La liste ci-dessous en donnera une idée :

- le « design » du produit (l'acheteur le trouvera « beau ») ;
- la tenue en main du stylo que l'on appelle également « ergonomie » ;
- la matière (or, argent, acier, inox, bois...) ;
- le prix ;
- la couleur ;
- le poids ;
- le diamètre ;
- la solidité ;
- la garantie ;
- le système de rechargement de l'encre (cartouche, pompage, etc.) ;
- l'épaisseur du trait de plume ;
- l'agrément de l'écriture (la plume glisse sur le papier) ;
- le système de fermeture du bouchon (à vis, par encliquetage) ;
- la marque (pour donner une certaine image de soi) ;
- le mimétisme (un ami estimé ou une personnalité possède le même) ;
- le système de blocage du capuchon à l'extrémité arrière du stylo ;
- le dessin, la forme de la plume ;
- le « clic » harmonieux du capuchon lorsqu'on referme le stylo ;
- la « pince clip » permettant d'accrocher son stylo à sa poche revolver ;
- l'écrin (particulièrement si l'on envisage d'offrir le stylo) ;
- l'assortiment (existence d'un roller ou crayon du même design) ;
- l'origine de la fabrication (le « *made in France* », par exemple) ;
- le charme de la vendeuse ;
- les accessoires éventuels (tampon encreur, montre digitale, effaceur incorporé, etc.).

Chaque produit/service possède une ou plusieurs fonctions et correspond à un besoin, mais chaque client est poussé par des mobiles d'achat différents. Ainsi, l'on peut trouver plus d'une vingtaine de mobiles d'achats différents pour un produit aussi simple qu'un stylo plume ! Et si l'on voulait faire une analyse fouillée des raisons pouvant amener un individu à se porter acquéreur d'une automobile, on en dénombrerait plus d'une centaine…

Un vendeur de voitures rencontrant un client pour la première fois aura du mal à discerner, de prime abord, les mobiles d'achat de ce dernier. En effet, à quelles caractéristiques notre prospect se montrera-t-il le plus sensible : au design du modèle, aux qualités techniques du moteur, au confort des fauteuils, à la tenue de route, aux finitions, aux coloris disponibles, à la sécurité, au prix ? A plusieurs critères à la fois ? Très certainement, mais lesquels ?

Heureusement, il ne sera pas nécessaire de poser une centaine de questions pour appréhender les désirs du prospect, car toutes les caractéristiques relatives à un produit ou service peuvent en réalité se ranger sous cinq grandes familles de désirs et motivations d'achat que nous allons explorer plus loin. Nous abordons ici l'un des thèmes les plus importants de l'art de la vente : comprendre les motivations qui poussent les clients à acheter. Motivation vient du verbe latin *movere,* qui signifie « mettre en mouvement ». Connaître les motivations du client revient à découvrir ce qui le mettra en mouvement, autrement dit ce qui l'incitera à acheter. Le vendeur qui découvre la(les) motivation(s) du client détient aussitôt la clé d'entrée de sa « chambre des machines ». Elle lui permettra d'actionner, par la suite, les ressorts psychologiques aboutissant à l'acte d'achat. C'est dire si l'enjeu est de taille.

Arrêtons-nous quelques instants sur ce sujet pour entreprendre un rapide – mais indispensable – voyage au cœur des motivations.

Quelles raisons poussent donc nos concitoyens à se délester de leur argent pour effectuer un acte d'achat ?

La décision d'acheter, quelle qu'elle soit, jaillit d'un état de tension que l'on appelle le besoin.

Plus un besoin s'affirme et se développe et plus il génère des tensions et des frustrations chez celui qui l'éprouve. Dès lors, le moyen de réduire, voire d'éteindre cette frustration sera d'acquérir le produit/service considéré.

Il existe un grand nombre de classifications des besoins. Les besoins primaires (boire, manger, dormir…) étant vitaux, ils ne présentent aucun intérêt sur le plan commercial. Aussi nous allons nous attacher à l'étude des besoins secondaires.

➤ SACOL ou les cinq familles de motivations d'achat

Le vocable SACOL est formé par les cinq initiales des mots Sécurité, Argent, Confort, Orgueil et Loisir qui représentent les cinq grandes familles de besoins que nous autres, vulnérables mortels, cherchons à satisfaire en priorité (une fois comblés nos besoins primaires de survie).

Examinons tour à tout ces cinq familles.

• *La motivation « Sécurité »*

La motivation « sécurité » est à considérer dans son acception la plus large : de la sécurité physique à celle de l'esprit. Un client « Sécurité » ne veut pas avoir d'ennuis, fuit les problèmes et déteste l'idée de risque. Le soubassement psychologique du besoin de sécurité est la peur. Peur du risque, de l'échec, de la perte, de l'accident, de l'inconnu, du « qu'en dira-t-on ? », etc. Ne parlez pas de placement boursier à un client sécurité et ne lui suggérez pas de choisir comme vous des vacances à l'aventure ou d'oser tel vêtement à la mode, vous le rendriez très nerveux !

En revanche, parler de « zéro risque », de qualité à toute épreuve, de norme Iso ou NF, de garanties, de service après-vente, d'assurances, etc., plaira beaucoup à ce client. Il apprécie qu'on lui fournisse des preuves tangibles et lui donne des références. C'est le besoin de sécurité (la peur du lendemain) qui nous pousse à nous endetter parfois lourdement pour disposer d'un toit bien à soi. C'est lui encore qui incite des esprits brillants à se présenter aux concours de la fonction publique pour un emploi à vie.

Produits et services types qui ciblent les clients « Sécurité » :

- la Golf de Volkswagen (qui depuis plus de vingt ans communique sur le thème « C'est pourtant facile de ne pas se tromper ») ;
- Darty et son contrat de confiance (qui ne met en avant dans ses publicités que ses voitures jaunes et bleues symbolisant la qualité de son service après-vente) ;
- le livret A, les assurances-vie investies en euros ;
- les hôtels du groupe Accor ou Holiday Inn pour ceux qui ne savent quel hôtel choisir lorsqu'ils vont à l'étranger ;
- Air France ;
- IBM ;
- Miele…

• *La motivation « Argent »*

Cette motivation est directement intelligible pour chacun. Ce qui amène un client « Argent » à donner justement son argent à un vendeur est souvent la perspective… d'en gagner davantage. Mais les choses sont souvent moins simples car le client « Argent » est aussi mû par un souci d'économie. Les notions qui résonnent en lui sont celles de gain, d'économie, de bonne affaire, de remise, de prix bas, de rabais. Toujours à l'affût de la bonne affaire, il attend volontiers les soldes pour agir. Parfois, il se privera d'acheter un produit dont il a besoin pour la simple raison qu'il n'est pas certain de le payer moins cher que le client ordinaire. Enfin, n'oublions pas le cas le plus fréquent : notre société de consommation incite à la possession au point que les moins fortunés, attirés par ce mirage collectif, ne peuvent acquérir que les biens les moins chers…

Quelques produits et services types destinés au client « Argent » :

- La Poste, en tant qu'établissement bancaire ;
- Daewoo et Skoda ;
- les magasins But (« le juste prix ») ;
- les hôtels Formule 1 ;
- Easyjet, Ryanair ;
- Dell Computer (pour les entreprises) ;
- une formule de vacances sur Lastminute.com ;
- Ikea et Fly.

Mais ne nous y trompons pas, la motivation « Argent » n'est pas seulement synonyme de cupidité. Elle traduit aussi des soucis plus sains comme celui de la bonne gestion, qui conduit à choisir des produits et services plus chers en apparence (ou en valeur absolue) mais qui se révéleront plus rentables ou moins coûteux à l'usage. Ainsi, le choix d'un véhicule à moteur diesel, par exemple, relève de la motivation « Argent ». Certes, le prix d'achat d'un véhicule diesel est plus élevé que celui du même véhicule doté d'un moteur essence. Mais avec un prix du gasoil moins élevé que l'essence, un moteur dont la durée de vie est supérieure et une meilleure valeur de revente sur le marché de l'occasion, l'achat du diesel s'avérera sur la durée financièrement plus avantageux.

- *La motivation « Confort »*

Le besoin de confort se traduit par le refus de l'effort. Par certains côtés, cette famille de besoins rejoint la famille « Sécurité » (car en évitant les problèmes, on s'évite des efforts), mais le client « Confort » se montrera plus sensible aux notions de simplicité, aspect pratique, facilité, « tout compris », souplesse, disponibilité, hot-line, 24/24h, absence de contrainte.

Quelques produits/services qui ciblent le besoin de confort :

- le Club Med;
- Cathay Pacific Airways;
- l'e-business (fnac.com, ooshop, etc.);
- la banque sur Internet ;
- les aspirateurs Dyson (sans sac) ;
- les micro-ordinateurs Apple, le Palm Pilot ;
- les systèmes de navigation par satellite (GPS) ;
- les produits et plats surgelés ;
- la téléphonie mobile ;
- le coiffeur Dubosc (coiffeur à domicile).

- *La motivation « Orgueil »*

L'image et le paraître guident certaines décisions d'achat. Au moment d'accomplir un acte d'achat, le client « Orgueil » n'a qu'une sorte d'interrogation à l'esprit : « Que va-t-on penser de moi si j'achète ceci ? Mon image en sera-t-elle rehaussée ? »

Ce client, plus qu'un autre, est sensible aux compliments, veut être reconnu et apprécie les vendeurs qui le valorisent. Au client « Orgueil » il faut parler de performances, de nouveauté, de « numéro un », d'exclusivité, de rareté, d'originalité, d'image de marque. Enfin et surtout, ce client apprécie les privilèges et les marques de reconnaissance qui lui laissent à penser qu'il est un individu important et qui compte !

Quelques produits et services qui ciblent fortement la motivation « Orgueil » :

- la carte American Express (« être membre a ses privilèges ») ;

- BMW ;
- un sac Louis Vuitton ou Dior, un stylo Montblanc, une montre Cartier ou Patek Philippe ;
- le CCF ou la Banque NSM ;
- le dernier téléphone Nokia, les dernières Nike ;
- Bang & Olufsen ;
- Roche et Bobois...

- *La motivation « Loisir »*

Cette fois, c'est la quête de plaisir qui anime le client « Loisir ». Mais au-delà des produits de loisir (tourisme, jeux, etc.), une fantaisie, une particularité ludique peut suffire à stimuler ce client. Celui-ci accorde souvent, par ailleurs, une importance capitale à la convivialité de ses relations avec son vendeur. Il considère que tous les produits se ressemblent et que les prestations se valent ; c'est pourquoi il réserve son achat au vendeur le plus sympathique ou à celui qui lui a consacré la meilleure écoute – autrement dit avec lequel il a passé le moment le plus agréable.

Quelques produits/services qui ciblent la dimension « Loisir » :

- Eurodisney ;
- Century 21 (dont les publicités mettent en scène des agents immobiliers sympathiques et souriants qui, assure leur slogan, « vont vous faire changer d'avis sur les agents immobiliers ») ;
- la Twingo et la Kangoo ;
- les montres Swatch ;
- les ordinateurs Apple aux couleurs acidulées ;
- les chéquiers de La Poste.

Bien entendu, lorsque le client décide de sacrifier son argent pour effectuer un acte d'achat, il est rare qu'il soit stimulé par une motivation d'achat unique. Le plus souvent, plusieurs motivations déclenchent sa décision. Cependant, à l'instar d'un cocktail de jus de fruits, l'une d'elles s'avère dominante, les autres venant à son soutien. Il revient au vendeur de déterminer approximativement la hiérarchie de ces motivations.

La technique révélée dans les pages suivantes vous permettra de découvrir les motivations d'achat du client et leur hiérarchie dans son processus de décision.

En effet, préalablement à toute vente, il importe de cerner au mieux la personne que l'on a à convaincre, d'identifier ses besoins et de déterminer ses motivations. Ce sont ces informations qui permettront ultérieurement de choisir les arguments de vente et d'ajuster leur impact. Convaincre quelqu'un suppose que l'on connaisse les moyens de se frayer un chemin jusqu'à lui.

➤ Les outils de la découverte : la méthode EVE (Exploration, Validation, Engagement)

> « J'ai toujours près de moi six fidèles amis. C'est à eux que je dois tout ce que j'ai appris. Leurs noms sont : quand, où, quoi, comment, pourquoi et qui. »
>
> Rudyard Kipling

Un résumé préalable de cette méthode permettra d'en avoir par la suite une meilleure compréhension. Tous les aspects en seront détaillés ensuite.

Nota : Nous n'évoquerons pas, dans le cadre de cette méthode, les clients qui se rendent directement dans un magasin avec une idée précise de l'achat à effectuer, car la valeur ajoutée du vendeur est alors réduite à sa plus simple expression : vérifier que le produit est en stock et enregistrer la commande.

Au début d'un entretien de vente, le client exprime rarement son besoin de manière explicite. Au mieux, le vendeur venu démarcher le client enregistre l'expression vague d'une situation imparfaite. La stratégie du vendeur va consister à sonder, par le biais de questions dites d'exploration, l'univers personnel et/ou professionnel du prospect pour identifier des problèmes potentiels, découvrir des zones d'insatisfaction, des sources de mécontentement et dégager des possibilités d'améliorer sa situation (ces amélioration pourront porter sur une ou plusieurs motivations exprimées en terme de sécurité, d'argent, de confort, d'orgueil ou de loisir).

Toutes ces questions d'**Exploration** devront permettre au vendeur d'identifier des besoins et motivations susceptibles d'être couverts par ses produits/services.

Il cherchera ensuite à vérifier l'intérêt du client pour un produit/service susceptible de résoudre un problème ou d'améliorer l'existant. Pour ce faire, il recourra aux questions de **Validation**. Enfin, dernière étape, le vendeur utilisera une question d'**Engagement** qui impliquera le client et l'incitera à acheter ses produits/services, à la condition, bien sûr, qu'ils apportent la solution adéquate aux besoins exprimés. Le vendeur développera alors l'argumentation de ses produits/services avec le maximum de chances d'emporter la vente.

• *Les questions d'exploration*

Faire connaissance avec le prospect, appréhender sa situation, identifier ses soucis, centres de préoccupation et objectifs d'amélioration (en regard de votre métier), tel est l'objectif des questions d'exploration. Elles doivent permettre au vendeur de faire émerger les besoins ainsi que les motivations d'achat du client.

Qu'est-ce que les questions d'exploration et comment les formuler ?

Les questions d'exploration sont toutes celles qui visent à délimiter et étudier les quatre champs d'investigation suivants :

- **Le contexte général** du client et/ou de l'entreprise (si B to B) : Qui est le client et que fait-il ?
- Le **contexte particulier** du client au regard des produits/services que vous vendez : Comment s'y prend-il en matière de… ? Pourquoi ce choix ?
- Pour quels **résultats** (quantitatifs et qualitatifs) et quelles conséquences ?
- **L'idéal et la vision d'avenir :** Qu'aimerait-il faire ? Quel objectif poursuit-il ? Qu'aimerait-il ne plus avoir à faire ?

Les informations recueillies par le biais de ces questions d'exploration permettront au vendeur, grâce à ses connaissances professionnelles, d'évaluer l'existence ou l'absence de besoins ainsi que les motivations d'achat sous-jacentes.

Ici, il convient d'établir un distinguo très important entre ce que nous appelons les questions factuelles et les questions de motivation. En effet, les questions d'exploration poursuivent des objectifs très différents. Il s'agit de questions factuelles lorsqu'elles révèlent des faits relatifs au client ou à l'entreprise.

Exemples de questions factuelles

– Quelle est l'activité de votre entreprise ?

– Quel chiffre d'affaires avez-vous réalisé l'an dernier ?

– Comment faites-vous pour tenir les délais de livraison ?

– Combien de temps cette machine de production peut-elle tourner sans maintenance ?

– Quels sont vos résultats/performances en matière de… ?

– Quel jugement portez-vous sur ces résultats ?

– Combien cela vous coûte-t-il d'avoir à faire le travail vous-même ?

Les questions factuelles permettent au vendeur d'enregistrer des informations générales ou des données précises qu'il peut approfondir, mettre en perspective afin de faire ressortir une problématique ou de déduire l'existence d'un besoin.

Les questions de motivation renseignent le vendeur sur les mobiles d'achat du client. Elles l'informent sur les motivations SACOL qui inciteront celui-ci à passer à l'achat.

Exemples de questions de motivation

– Qu'attendez-vous d'une banque ?

– La maison de vos rêves, vous l'imaginez comment ?

– Qu'est-ce qui vous a incité à faire l'acquisition de ce modèle, il y a cinq ans ? Si c'était à refaire, vous achèteriez le même ? Sinon, pour quelles raisons ?

– Sur quels critères allez-vous fonder le choix de votre futur fournisseur ?

– Qu'est-ce qui pourrait vous faire changer de prestataire ?

– Qu'est-ce que vous ne voulez plus retrouver dans votre prochain… ?

– Quelles qualités devrait, selon vous, réunir votre prochain fournisseur ?

Nous ne saurions trop insister sur l'importance des questions de motivation. Elles sont à la découverte des besoins ce que la radiographie est à la chirurgie : un instrument d'observation et d'analyse indispensable pour savoir où exactement pratiquer son intervention.

Exemples de questions d'exploration posées à un prospect entreprise[1]

Remarque : les questions ci-dessous n'ont aucun lien entre elles et concernent des domaines d'activité différents pour intéresser le plus grand

1. Les questions de motivation figurent en italique.

nombre. Le lecteur pourra s'inspirer de ces formulations pour élaborer sa propre liste de découverte.

• Contexte général de l'entreprise :

– Quelle est l'activité de votre entreprise ?

– Quelles ont été les grandes étapes qui ont jalonné l'histoire de votre entreprise ?

– Combien de collaborateurs comptez-vous ?

– Qu'est-ce qui vous a amené à créer cette entreprise ?

– Comment est née l'idée de ce produit ?

– Quel chiffre d'affaires avez-vous réalisé l'année dernière ?

– Quel regard portez-vous sur l'évolution de votre entreprise jusqu'à ce jour ?

– Parmi vos concurrents, y en a-t-il que vous prenez pour modèle ? Pourquoi ?

– Avez-vous une charte d'entreprise ?

– Quelle part de marché occupez-vous ?

– Comment voyez-vous l'avenir à trois ans ?

– Y a-t-il une culture d'entreprise chez vous ? *Quelles en sont les valeurs essentielles ?*

• Contexte particulier du client au regard du produit/service que vous vendez :

– Quel usage avez-vous de votre photocopieur ? (Vendeur bureautique)

– De quelle manière vous faites-vous connaître ? (Vendeur d'espaces publicitaires)

– Comment cela se passe-t-il lorsqu'un de vos collaborateurs tombe malade ou qu'une collaboratrice part en congé de maternité ? (Vendeur d'intérim)

– À qui confiez-vous la réalisation de vos documents imprimés ? (Agence de pub)

– Contre quels risques votre entreprise est-elle couverte ? (Assureur)

– Puis-je vous demander quelles raisons vous ont amené à choisir et conserver ce fournisseur depuis trois ans ?

– Que faites-vous de vos excédents de trésorerie ? (Banquier)

– Comment vous y prenez-vous pour réserver vos voyages lorsque vous vous déplacez auprès de vos filiales ou visitez vos clients à l'étranger ? (Agent de voyages)

– Comment acheminez-vous votre marchandise depuis votre usine jusqu'aux entrepôts de vos clients ? (Entreprise de logistique)

– Quelle procédure suivez-vous pour recruter un nouveau collaborateur ?(Cabinet de recrutement)

• Résultats (quantitatifs et qualitatifs) obtenus et conséquences :

– Combien d'unités par heure cet appareil vous permet-il de produire ?

– Combien de rendez-vous téléphonique par jour vos téléacteurs arrivent-ils à décrocher ?

– Quelle satisfaction retirez-vous de l'utilisation de ce logiciel ?

– Etes-vous satisfait de la productivité de cet appareil ? Et de sa simplicité d'utilisation ?

– Quel est votre taux de casse et de mise au rebut ?

– Que diriez-vous du confort d'utilisation de cette machine ?

– Quel regard portez-vous sur vos relations avec mes confrères ?

– Avez-vous chiffré en euros ce que vous coûte le recrutement d'un nouveau collaborateur jusqu'à ce qu'il devienne opérationnel ?

– Combien de nouveaux clients avez-vous obtenus à la suite de cette opération publicitaire ? Tout compte fait, l'opération a-t-elle été rentable ?

– Combien ce cabinet vous a-t-il fait gagner/économiser ?

– Vous souhaitez faire des économies sur le passage de fongicides. Mais quelle quantité de votre récolte risquez-vous de perdre si vous ne traitez pas votre blé contre l'oïdium et la septoriose, et que ces fléaux viennent contaminer votre exploitation ?

– Pas assez rapide, la rotation de vos fraises ? Cela risque-t-il d'abîmer la matière sur laquelle vous travaillez ?

– Votre ancienne secrétaire faisait des fautes d'orthographe, me dites-vous ? Vous pensez que votre image de marque auprès de vos clients en a souffert ?

– La fiscalité de ce type de placement a dû grever la rentabilité de votre investissement. Ai-je raison ?

• Idéal et vision d'avenir

– Dans l'idéal, comment voyez-vous évoluer votre entreprise ?

– Quels sont les objectifs à moyen terme que vous fixez pour votre service ?

– Le véhicule utilitaire de vos rêves, vous l'imaginez comment ?

– Votre futur siège social, vous le voyez comment ?

– Quelles qualités devrait réunir votre prochain chargé de comptes ?

– Qu'attendez-vous d'un transporteur ?

– Qu'aimeriez-vous changer en priorité dans votre organisation actuelle ?

– Qu'est-ce que vous aimez le moins dans votre méthode actuelle d'apprentissage de l'anglais ?

– Qu'est-ce que vous ne voulez plus retrouver dans votre prochaine collaboration avec une société de conseil en communication ?

Les questions relatives aux circuits de décision

Ces questions sont spécifiques à la vente en B to B. Lorsqu'un vendeur s'adresse à une entreprise, il lui faut non seulement identifier ses besoins et motivations, mais également décrypter le circuit décisionnel, discerner les jeux de pouvoir, comprendre les organigrammes officiel et officieux afin d'agir auprès des interlocuteurs adéquats et éviter de prêcher dans le désert. Pour les vendeurs « grands comptes », la tâche est particulièrement ardue tant le parcours aboutissant à la prise d'une décision peut être complexe et impliquer de nombreux acteurs. Une fois de plus, l'instrument d'analyse sera le questionnement et l'écoute active...

Voici, à titre d'exemple, quelques questions types pouvant être posées dans l'optique d'appréhender les circuits de décision, les rôles précis de vos interlocuteurs, leurs niveaux d'interaction et leur pouvoir d'influence :

– D'un chef d'entreprise (ou directeur marketing, financier, etc.) à l'autre, les fonctions et les activités varient. Quelles responsabilités assumez-vous au sein de votre entreprise ?

– Avez-vous établi un organigramme ?

– Qui sont les personnes impliquées dans le processus décisionnel relatif à ce projet ?

– Quel chemin va suivre la réponse que nous allons vous rendre avant d'aboutir à la décision finale ?

– Qui est à l'origine de ce projet dans l'entreprise ?

– Qui a choisi votre fournisseur actuel ?

– Y a-t-il un « Monsieur Qualité » qui supervise l'opération ?

– Quelles sont les activités que vous déléguez ? A qui ? Dans le cas contraire, avec qui prenez-vous vos décisions ?

– Quels sont vos délais pour la réalisation de ce projet ?

– Y a-t-il un facteur qui permettrait d'accélérer le processus de décision ?

– Qui me conseillez-vous de rencontrer également dans le cadre d'une future collaboration ?

Exemples de questions d'exploration avec un particulier

• Contexte général du client

– Quelle est votre situation de famille (marié, célibataire, etc.) ?

– Quelle profession exercez-vous ?

– Vous reste-t-il du temps pour des activités extraprofessionnelles (sport, arts, etc.) ?

– Etes-vous propriétaire ou locataire de votre résidence principale ?
– Dans quelle fourchette de rémunération votre emploi vous place-t-il ?
– Pratiquez-vous une ou plusieurs langues étrangères ?
• Contexte particulier du client au regard des produits/services que vous vendez
– Quel usage faites-vous de votre micro-ordinateur personnel ?
– Sur quels produits financiers votre épargne est-elle investie ?
– *Qu'est-ce qui est important pour vous dans le choix d'un lave-linge ?*
– Quelles raisons vous ont amené à choisir cette marque de téléviseur il y a cinq ans ?
– Qu'est-ce qui vous incite à déménager ?
• Résultats (quantitatifs et qualitatifs) obtenus et conséquences associées :
– *Quel est votre niveau de satisfaction vis-à-vis des conseils de placement que vous a donnés votre conseil en gestion de patrimoine ?*
– *Quel jugement portez-vous sur votre véhicule actuel ?*
– *Sur une échelle de 1 à 10 mesurant le plaisir que vous avez à vivre dans votre maison actuelle, à quel échelon vous situez-vous ? Pourquoi ?*
– *Après trois années de cours de langue intensifs par téléphone, comment jugez-vous votre niveau de conversation ? Les résultats sont-ils à la hauteur de ce que vous espériez il y a trois ans ?*
– *Quel souvenir gardez-vous de cet hôtel-club où vous avez passé vos dernières vacances ? Si c'était à refaire, retourneriez-vous au même endroit ? Pourquoi ?*
• Idéal et vision d'avenir :
– *Comment imaginez-vous votre site Internet ?*
– *Pour vous, qu'est-ce qu'une bonne chaîne hi-fi ?*
– *Quelles qualités attendez-vous de votre future voiture ?*
– *Dans l'idéal, comment aimeriez-vous passer vos prochaines vacances ?*
– *Qu'est-ce qui vous fera dire, dans un an, que vous avez fait le choix du bon appartement ?*

Parfois, avant d'identifier les problèmes, besoins et motivations du prospect, il vous faudra poser un nombre important de questions d'exploration. Ainsi, un vendeur d'élite de voitures (dont l'entreprise m'a demandé de ne pas citer le nom afin de le soustraire aux sollicitations de la concurrence) pose jusqu'à une quarantaine de questions par entretien de vente, alors que les vendeurs de voitures en concession en posent généralement cinq (soit huit fois moins), selon une étude conduite par notre cabinet auprès de 128 vendeurs en concession.

Savoir poser les bonnes questions est une condition impérieuse pour réussir dans la vente. Toutefois, les clients peuvent se montrer réticents à y répondre, en particulier si elles sont posées trop abruptement et en rafale, ne laissant pas à votre interlocuteur le loisir de s'exprimer (questions fermées). Gardez toujours présent à l'esprit que votre technique de questionnement a pour objet la découverte réelle des besoins de vos clients et qu'elle ne doit jamais tourner à l'interrogatoire, écueil auquel n'a pas échappé ce chargé de clientèle de banque qui, en moins de cinq minutes, est capable de poser plus de dix questions à son interlocuteur :

Le chargé de clientèle : Bonjour, asseyez-vous, je vous en prie.

Le client : J'envisage d'ouvrir un compte dans votre établissement.

– Comment vous appelez-vous ?

– Jean Néduflouz !

– Quel âge avez-vous ?

– 34 ans.

– Quelle profession exercez-vous ?

– Je suis ingénieur en électronique.

– Salarié ou à votre compte ?

– Salarié.

– Depuis combien de temps travaillez-vous ?

– Depuis près de dix ans.

– Qu'avez-vous fait comme type d'études ?

– Une école d'ingénieur, Supelec.

– A combien s'élèvent vos revenus annuels ?

– Je gagne 39 000 € bruts.

– Et vous êtes marié ?

– Oui.

– Sous quel régime ?

– La communauté de biens.

– Avez-vous des enfants ?

– J'ai une fille de quatre ans.

– Vous êtes propriétaire ou locataire de votre appartement ?

– Locataire.

– Vous envisagez d'être propriétaire de votre résidence principale, à terme ?

– Oui, tout à fait.

Et ainsi de suite.

Dans cette circonstance, le client n'aura pas le sentiment que le conseiller commercial s'intéresse véritablement à son cas, mais qu'il enregistre des informations le concernant pour remplir les champs de saisie sur son ordinateur !

N'hésitez donc pas à varier le style et la forme de vos questions. Les exemples et modèles de questions qui sont proposés maintenant, regroupés en huit techniques de questionnement, vous aideront à le faire.

Les questions ouvertes

Le but de ces questions consiste à faire parler le prospect. Elles laissent à celui-ci toute liberté de s'exprimer et commencent le plus souvent par : pourquoi, comment, quel, qu'est-ce que…

– Comment envisagez-vous votre développement sur ce marché ?

– Que pensez-vous de l'irruption d'Internet dans votre sphère professionnelle ?

– Pourquoi avez-vous opté pour cette marque de matériel, en son temps ?

– Qu'est-ce qui vous apporte le plus de satisfaction dans la fonction que vous occupez ?

– Quelle est l'activité de votre entreprise ? Comment êtes-vous organisé ?

Les questions fermées

Ces questions appellent, le plus souvent, une réponse par « oui » ou « non ». Il s'agit de questions précises, appelant une réponse précise.

– Avez-vous déjà organisé une manifestation événementielle ?

– Puis-je vous aider ?

– Quelle est la capacité mémoire de votre serveur ?

– Quel budget envisagez-vous de consacrer à ce projet ?

– Aimeriez-vous pouvoir accélérer les cadences de production ?

Les questions alternatives

Elles orientent le choix du prospect vers deux propositions.

– Ce qui vous importe le plus, c'est la maniabilité ou la simplicité d'utilisation ?

– Lorsqu'ils en ont le choix, que préfèrent vos patients : les médicaments en gélules ou sous forme de comprimés ?

– Préférez-vous payer votre appareil moins cher et sacrifier un peu la qualité ou payer le prix juste et disposer d'une qualité irréprochable ?

– Eau plate ou pétillante ?

Les questions miroirs ou ricochets

L'interlocuteur est invité à préciser ou développer ce qu'il vient de dire. On pourra, pour formuler ces questions, reprendre les derniers mots du prospect.

– Pas assez rentable, cette Sicav obligataire ?

– Vous aimeriez un matériel capable de fonctionner en milieu hostile. Qu'entendez-vous par milieu hostile ?

– Qu'entendez-vous par là ? C'est-à-dire ?

– Pourquoi cette question ?

– Qu'est-ce qui vous fait penser cela ?

Les questions de contrôle

Elles sont destinées à valider les propos tenus ou à faire le point. Ces questions clarifient la situation et confirment la bonne progression de l'entretien.

– Si je comprends bien, vous considérez que... C'est bien cela ?

– Ai-je raison de dire que vous aimeriez... ?

– En fait, la solution idéale, pour vous, passe par...

– Donc, ce que vous recherchez, c'est... Est-ce exact ?

Les questions orientées

Ces questions suggèrent la réponse par une formulation interro-négative. Leur maniement est délicat dans la mesure où votre vis-à-vis comprend vite où vous souhaitez le conduire ou ce que vous voulez lui faire dire. On ne posera ces questions qu'en dernière limite.

– Ne pensez-vous pas qu'un nettoyage plus fréquent des cylindres améliorerait le rendu final des documents ?

– Ne croyez-vous pas que vous avez intérêt à choisir un photocopieur numérique plutôt qu'une technologie analogique maintenant dépassée ?

Les questions globales

Elles évitent d'interroger le prospect d'une manière trop personnelle ou trop directe :

– Que pense-t-on, autour de vous, des couleurs de votre nouvelle enseigne ?
– Comment vos clients ont-ils réagi lorsque vous leur avez proposé de passer leur commande par Internet ?

Le silence

« La nature a horreur du vide », c'est bien connu. Au cours de l'entretien de vente, les silences du vendeur agiront sur le prospect comme de véritables invitations à poursuivre son propos. Plutôt que de renchérir ou de relancer l'entretien aussitôt que le prospect s'est tu, réservez-vous quelques silences… Vous ne tarderez pas à en découvrir les vertus exceptionnelles.

Exemple

Le vendeur : Pour vous, qu'est-ce qu'un bon imprimeur ?

L'acheteur : Que voulez-vous que je vous dise… Un bon imprimeur, c'est quelqu'un qui fait bien son travail.

– (Silence)

– Oui, c'est quelqu'un qui vous remet des documents propres, parfaitement imprimés et au meilleur prix. C'est tout !

– (Silence)

– Encore faut-il qu'il tienne ses délais de livraison.

– (Silence)

– Tenez, lors du dernier salon auquel nous avons participé, nous avions confié l'impression d'une plaquette de présentation des nouveaux produits de notre société à l'imprimerie locale. Ses tarifs étaient plus que raisonnables et la qualité de l'impression irréprochable… Mais nous avons reçu le document avec une semaine de retard. C'est-à-dire le dernier jour de l'exposition. Une vraie catastrophe ! D'ailleurs nous avons refusé de payer et nous sommes en contentieux !

- *Les questions de validation*

Souvent, tout heureux d'avoir découvert l'existence d'un problème chez le client, le vendeur se lance aussitôt dans la présentation de ses produits/services en axant son argumentation sur leur faculté à lui apporter une solution. Et là se situe une trappe prompte à s'ouvrir. L'argumentaire rate parfois – souvent – sa cible. Que s'est-il passé ?

En réalité, l'existence d'un problème ne signifie pas que le prospect soit prêt à débourser de l'argent pour le voir disparaître. Argumenter à ce moment revient à partir trop tôt et à prendre le risque d'une grave méprise. C'est pourquoi on veillera à valider le désir du client de voir son problème résolu ou sa situation améliorée en l'interrogeant directement à ce sujet. Ce qui revient le plus souvent à résumer en la reformulant la problématique décelée et à demander au client s'il recherche bien une amélioration de sa situation.

Exemples

– Si je vous ai bien compris, votre fournisseur ne tient pas toujours ses délais de livraison et cela vous amène à livrer vos propres clients avec du retard. Ces derniers sont mécontents et vous voudriez voir cesser cette situation ?

– Pour résumer votre situation, cette machine qui arrive en fin de vie est trop bruyante et consomme de surcroît beaucoup d'électricité. Vous aimeriez un outil de production plus silencieux et moins gourmand en watts. Vous ai-je bien compris ?

– En fait, votre conseil en relations publiques ne vous rapporte que très peu d'articles de presse et vous aimeriez obtenir plus de retombées dans les médias sans qu'il vous en coûte davantage ?

– Si je vous ai bien compris, vous estimez que le cabinet de recrutement qui travaille pour vous est trop cher compte tenu du nombre de candidats de valeur qu'il vous propose et vous aimeriez abaisser le coût du recrutement de vos nouveaux collaborateurs. Ai-je bien résumé la situation ?

– Si je vous ai bien suivi, vous êtes préoccupé par les cambriolages dont vos voisins ont fait l'objet et vous aimeriez être sûr de pouvoir résister aux cambrioleurs au cas où ceux-ci auraient inscrit votre maison dans la liste des villas à visiter cet été ?

- *Les questions d'engagement*

Nous y sommes presque. Le client a reconnu l'existence d'un besoin et manifesté la volonté de le satisfaire. Notre argumentaire, amorcé ici, aurait de sérieuses chances d'aboutir. Mais une dernière étape va nous permettre, une fois de plus, d'optimiser nos chances de succès. Comme son nom l'indique, la question d'engagement va faire en sorte que le client s'engage à acheter nos produits/services contre la réponse à son besoin. C'est une technique d'influence qui vise à créer, chez le client, les conditions psychologiques qui l'obligeront à respecter ses engagements oraux. Techniquement, une question d'engagement se formule toujours ainsi :

– Si je vous propose... (la réponse au besoin), est-ce que nous collaborons ensemble ?

Ou plus prosaïquement :

– Si je vous apporte la solution, est-ce que vous la prenez ?

En répondant « oui », le client signe un contrat moral qu'il lui sera très difficile de dénoncer si vous lui apportez une solution effective.

> Quelques exemples de questions d'engagement :
>
> – Si je vous propose une méthode qui vous permette de vous exprimer correctement dans une langue étrangère de votre choix en moins d'un an, à raison de deux heures de cours par semaine, vous y souscrivez ?
>
> – Si je vous présente une formule qui vous permette de placer vos excédents de trésorerie à 4,5 % hors frais de gestion, de droit d'entrée et hors fiscalité, et ceci sans bloquer votre argent, vous seriez partant pour cette formule ?
>
> – Dans l'hypothèse où je vous propose de diminuer vos coûts de fabrication sans nuire à la qualité et au rendu final des pièces, vous seriez prêt à travailler avec nous ?
>
> – Et s'il existait un système qui permette de diviser par trois la surface au sol nécessaire à l'entreposage des bidons, cela vous rendrait-il service ?
>
> – S'il existait un test de recrutement qui permette d'éprouver l'agilité manuelle et la dextérité, de telle sorte que vous puissiez sélectionner du personnel toujours plus rapide et précis, vous feriez appel à nos services ?
>
> – Si je pouvais vous proposer une machine de production plus fiable et plus rapide, vous seriez intéressé ?

Pour illustrer la phase de découverte des besoins et des motivations au moyen de la méthode EVE, voici un extrait d'entretien de vente entre un vendeur de stands de salons professionnels et un responsable du marketing. On appréciera par ailleurs les différentes techniques de formulation des questions.

Le prospect désignant le fauteuil : Asseyez-vous, je vous en prie.

Le vendeur : Merci. Tout d'abord, je tiens à vous remercier de m'avoir accordé cet entretien. Avant de vous présenter l'objet de ma visite, puis-je vous demander quelle est l'activité précise de votre entreprise ❶ ?

❶ Question d'exploration portant sur le contexte général de l'entreprise

– Nous sommes une entreprise d'assistance juridique aux particuliers. Nous éditons une encyclopédie juridique, nous vendons du conseil par téléphone, par courrier, Minitel ou Internet. L'entreprise existe depuis dix-huit ans maintenant et elle compte 47 personnes pour un chiffre d'affaires de 5,8 millions d'euros.

– Vous êtes, m'aviez-vous dit au téléphone, responsable du marketing. C'est bien cela ? De manière à bien situer votre action, puis-je vous demander en quoi consiste votre mission ❷ ?

❷ Question d'exploration relative aux circuits de décision

– Je m'occupe de tout ce qui touche à la publicité, la promotion et les relations publiques de l'entreprise, mais aussi de la mise au point des plaquettes commerciales, de la formation des vendeurs aux produits de l'entreprise, de l'élaboration de la politique tarifaire, des études de marché et du lancement de nouveaux services. Voilà, tout ceci est sous mon autorité.

– Autrement dit, la décision d'investir sur tel outil publicitaire plutôt que sur tel autre vous appartient totalement, pour ne prendre que cet exemple ❸ !

❸ Question d'exploration relative aux circuits de décision.

– Absolument. Tant que cela reste dans la limite de mon budget, bien sûr.

– Quels outils de communication privilégiez-vous pour la prospection de votre clientèle ❹ ?

❹ Question d'exploration portant sur le contexte particulier du client au regard des produits/services que vous vendez

– Nous envoyons des mailings et nous passons plusieurs publicités dans la presse spécialisée. Par ailleurs, nous disposons d'un petit budget pour les relations publiques. Nous les avons confiées à une attachée de presse free-lance qui s'occupe de nous faire connaître et de nous promouvoir dans la presse grand public.

– Qu'est-ce qui vous a incité à faire le choix de ces techniques de prospection ❺ ?

❺ Question d'exploration portant sur le contexte particulier du client (question de motivation)

– Deux raisons majeures : la traçabilité et l'étroitesse de notre budget.

– La traçabilité ? Qu'entendez-vous par là ❻ ?

❻ Question d'exploration portant sur le contexte particulier du client (question miroir)

– Par traçabilité, j'entends qu'avec le marketing direct nous pouvons mesurer clairement la rentabilité de nos actions. Ce que la publicité dans la presse ne permet pas. Ensuite, les relations publiques sont un moyen bon marché de faire parler de nous et de nous créer une image de sérieux auprès de nos futurs clients.

– Donc, si j'ai bien compris, le choix de vos outils de prospection est essentiellement motivé par le désir de rentabilité et celui de pouvoir mesurer les résultats de vos actions. C'est bien cela ❼ ?

❼ Question de validation (question de contrôle)

– Exactement.

– Avez-vous déjà essayé de participer à des manifestations professionnelles comme les salons, les foires-expositions, etc. ❽ ?

❽ Question d'exploration portant sur le contexte particulier du client

– Non, jamais !

– Puis-je vous demander pour quelles raisons ❾ ?

❾ Question d'exploration portant sur le contexte particulier du client.

– Parce que cela coûte une fortune et que nous ne pouvons pas nous permettre de prendre de tels risques financiers… Si nous participons à ce genre de manifestation, nous allons certainement toucher quelques nouveaux clients, mais cela ne vaudra jamais un bon mailing !

– Etes-vous toujours satisfait des résultats de vos mailings et publicités en termes de retour sur investissement ❿ ?

❿ Question d'exploration portant sur les résultats.

– Oui, le plus souvent. Bien que ces derniers temps, cela pourrait être mieux…

– Cela pourrait être mieux ? C'est-à- dire ⓫ ?

⓫ (Question miroir).

– Habituellement, nous enregistrons une moyenne de 3 % sur nos retours de mailing. Mais le dernier mailing ne nous a crédités que de 1,8 %.

– Avec ce pourcentage de remontées, est-ce encore rentable pour vous ⓬ ?

⓬ Question d'exploration portant sur les conséquences.

– Pas vraiment. En fait, on s'estime heureux à partir de 2,5 % de taux de retour. Chacun de nos mailings comprend 2 000 envois. Donc 2,5 % de retours nous apporte 50 prospects à visiter… C'est tout juste.

– Puis-je vous demander combien vous coûte chaque lettre expédiée ⓭ ?

⓭ Question d'exploration portant sur le contexte particulier du client.

– Quand on additionne les honoraires du concepteur-rédacteur, les frais de fabrication des documents, la location du fichier, l'affranchissement, la mise sous pli et le routage, on atteint 1,80 euro par envoi.

– En fait, obtenir 50 rendez-vous vous coûte 3 600 euros, ce qui fait 72 euros le rendez-vous ! Puis-je en conclure que pour vous, une opération de « recrutement de prospects » se révèle profitable dès lors que le coût du rendez-vous est inférieur à 72 euros ⓮ ?

⓮ Question d'exploration portant sur son idéal et sa vision d'avenir.

– Absolument. Vous pouvez tirer cette conclusion.

– Donc, si je vous résume, actuellement en matière de prospection commerciale, le marketing direct ne vous donne pas entière satisfaction car le coût du « contact utile » est parfois supérieur à 72 euros. En fait, ce que vous recherchez est un outil de prospection qui vous garantisse le rendez-vous pour un coût inférieur à 72 euros. C'est bien cela ⓯ ?

⓯ Question de validation (question de contrôle.)

– Oui, tout à fait !

– Et si je vous proposais un outil de prospection qui vous permette de toucher une clientèle pour moins de 72 euros par contact, vous seriez intéressé (16) ?

(16) Question d'engagement.

– Evidemment !

La suite de cet entretien figure dans la section suivante (l'argumentation de vente).

La technique de découverte des besoins étant la clé de voûte de l'entretien commercial réussi, vous devez en maîtriser tous les tenants et les aboutissants. L'exercice qui suit vous permettra d'en vérifier votre compréhension. Il s'agit d'un extrait d'entretien entre un chargé de clientèle de banque et son prospect. Le rendez-vous fait suite au démarchage téléphonique du vendeur quelques jours plus tôt. Le prospect, M. Machpro, a accepté de recevoir le chargé de clientèle, un soir, à son domicile.

Déterminez la nature des questions posées par le vendeur en cochant les cases suivantes :

[E1] pour les questions d'exploration portant sur le contexte général du client.

[E2] pour les questions d'exploration portant sur le contexte particulier du client au regard des produits/services vendus par le banquier.

[E3] pour les questions d'exploration portant sur les résultats (quantitatifs et qualitatifs) obtenus et leurs conséquences.

[E4] pour les questions d'exploration portant sur l'idéal et la vision d'avenir.

[V] pour les questions de validation.

[E] pour les questions d'engagement.

1. [E1][E2][E3][E4][V][E]

Le vendeur, s'installant sur une chaise : Avant toute chose, je tiens à vous remercier de me recevoir chez vous. Dans un premier temps, je vous propose de faire connaissance. Au cours de notre entretien, je vais être amené à vous poser un certain nombre de questions, afin de pouvoir ensuite vous conseiller au mieux de vos intérêts. Pouvez-vous me parler de votre situation familiale ?

M. Machpro : J'ai 34 ans, je suis marié depuis bientôt sept ans. Mon épouse a 29 ans et nous n'avons pas d'enfants pour le moment.

2. E1 E2 E3 E4 V E

Le vendeur : Sous quel régime matrimonial vous êtes-vous mariés ?

M. Machpro : Sous le régime de la communauté.

3. E1 E2 E3 E4 V E

Le vendeur : Quelle profession exercez-vous ?

M. Machpro : Je suis pianiste et compositeur interprète.

4. E1 E2 E3 E4 V E

Le vendeur (haussant les sourcils) : C'est original ! Et en quoi cela consiste-t-il ?

M. Machpro : C'est très simple… Je travaille essentiellement pour la publicité et le cinéma. Je compose sur demande des musiques adaptées à un scénario ou un story-board. C'est un métier qui nécessite non seulement une excellente connaissance de la musique mais aussi de l'informatique pour les arrangements. Moyennant quoi, j'arrive à composer, en étant seul, des mélodies complexes et d'une grande richesse sonore.

5. E1 E2 E3 E4 V E

Le vendeur : Et que fait votre épouse ?

M. Machpro : Elle est professeur de musique au collège. Nous nous sommes rencontrés au conservatoire.

6. E1 E2 E3 E4 V E

Le vendeur : Je l'aurais parié (*rires*)… A présent, parlons d'argent, si vous le voulez bien. Quels revenus vos activités vous procurent-elles ?

M. Machpro : Ils sont très variables. Si les revenus de ma femme sont assurés, ils sont plus modestes que les miens. Mais pour ce qui me concerne, mon activité est très cyclique. Certains mois, les contrats se bousculent et je n'arrive pas à répondre à la demande, d'autres mois, le carnet de commandes reste vide. Pour répondre à votre question, l'an dernier par exemple, nous avons déclaré 59 000 euros de revenus aux Impôts.

7. E1 E2 E3 E4 V E

Le vendeur : Mis à part ces revenus, avez-vous d'autres rentrées d'argent telles que des revenus de valeurs mobilières, loyers, etc. ?

M. Machpro : Oui. Nous avons un portefeuille boursier constitué d'actions diversifiées. Mais ce qu'il rapporte est plutôt maigre. Certaines de ses valeurs n'ont même pas donné lieu à dividendes cette année. Et nous n'avons pas de très belles plus-values en perspective…

8. | E1 | E2 | E3 | E4 | V | E |

Le vendeur : Ce que vous me dites est intéressant et j'aimerais que nous y revenions dans quelques instants. Autrement, avez-vous des charges d'emprunt, des crédits en cours, des loyers à payer ?

M. Machpro : Bien sûr. Nous sommes locataires de cet appartement, avec un loyer d'environ 700 euros par mois. Mais nous n'envisageons pas de devenir propriétaires car nous apprécions de pouvoir déménager tous les trois ou quatre ans. La location nous procure une certaine liberté... Quant à notre voiture, nous l'avons payée comptant il y a dix-huit mois. Et à raison de 15 000 kilomètres par an au maximum, nous espérons bien la conserver au moins huit ans !...

9. | E1 | E2 | E3 | E4 | V | E |

Le vendeur : Lorsque je parle de l'avenir avec mes clients, bon nombre d'entre eux envisagent de devenir propriétaires de leur résidence principale ou de faire l'acquisition d'une résidence secondaire. D'autres se préoccupent surtout de l'avenir de leurs enfants ou cherchent à s'organiser pour le jour où ils cesseront leur activité professionnelle. Certains même voudraient consacrer plus de temps à une passion. Quant à vous, quels sont les projets qui vous tiennent à cœur ?

M. Machpro : Au risque de vous étonner, nous n'avons pas de projets particuliers. Pas de cheval ni de voiture à acheter. Notre métier nous dévore et notre passion pour la musique est relativement assouvie. Car lorsque nous ne jouons pas, nous écoutons d'autres jouer. Concerts, opéras et disques laser suffisent à notre bonheur. Vous voyez, nous ne sommes pas très angoissés par l'avenir et profitons du moment présent. Cela dit, nous ne sommes pas complètement cigales et avons tout de même un côté fourmi : nous avons quelques économies, sous la forme d'un portefeuille boursier que nous alimentons régulièrement et que j'essaie de faire fructifier. Le jour où nous nous déciderons à acheter un appartement, ou peut-être en prévision de nos vieux jours – nous n'en savons encore trop rien –, nous espérons avoir de quoi faire face.

10. | E1 | E2 | E3 | E4 | V | E |

Le vendeur : Puis-je vous demander, M. Machpro, quelle est la valeur approximative de votre portefeuille bousier ?

M. Machpro : Elle est d'environ 65 000 euros.

11. | E1 | E2 | E3 | E4 | V | E |

Le vendeur : Vous le gérez directement ou quelqu'un vous épaule-t-il pour cela ? »

M. Machpro : Je gère seul le patrimoine familial. Ma femme ne s'intéresse pas du tout aux choses de l'argent…

12. | E1 | E2 | E3 | E4 | V | E |

Le vendeur : Sur quel type de véhicule financier votre portefeuille est-il investi ?

M. Machpro : Sur des valeurs actions du SBF120 exclusivement. Mon portefeuille comporte 15 lignes exactement, pas une de plus.

13. | E1 | E2 | E3 | E4 | V | E |

Le vendeur : De quelle façon vous y prenez-vous pour gérer votre patrimoine et notamment pour décider des valeurs à acheter ou vendre ?

M. Machpro : Je suis abonné à une revue financière. Je lis, je consulte aussi quelques forums de discussions sur Internet, je m'entretiens avec quelques amis et clients qui gèrent également leur portefeuille d'actions et pour finir, je me fie à mon intuition.

14. | E1 | E2 | E3 | E4 | V | E |

Le vendeur : Et qu'attendez-vous des placements et arbitrages divers que vous opérez sur votre compte titres : le maximum de revenus, des plus-values ? Privilégiez-vous le risque ou la sécurité ?

M. Machpro : Je cherche bien sûr à maximiser notre profit, à gagner le maximum en limitant le risque. Mais pour moi, l'essentiel consiste à préserver mon capital. Je privilégie donc la sécurité.

15. | E1 | E2 | E3 | E4 | V | E |

Le vendeur : Cette stratégie porte-t-elle ses fruits ?

M. Machpro : Euh… Disons que les résultats ne sont pas toujours ceux que je souhaiterais.

16. | E1 | E2 | E3 | E4 | V | E |

Le vendeur : C'est-à-dire ? Dois-je comprendre que vous êtes mécontent de vos performances ?

M. Machpro : En somme, oui. La bourse a connu bien des avatars, certes, mais mon portefeuille fait nettement moins bien que le SBF120. Notre patrimoine a littéralement fondu de 19 % cette année. Il est vrai que par le passé, j'ai gagné beaucoup d'argent. Lors de ma meilleure année, notre portefeuille a connu une croissance de 32 %. Malheureusement, aujourd'hui, je suis beaucoup moins enthousiaste.

17. | E1 | E2 | E3 | E4 | V | E |

Le vendeur : Monsieur Machpro, permettez-moi une question : qu'est-ce qui vous a poussé à vous constituer un patrimoine boursier plutôt qu'à acheter des produits financiers plus sûrs ou plus simples à gérer ?

M. Machpro : La nécessité. C'est mon père qui nous a offert, il y sept ans, en cadeau de mariage, un portefeuille boursier d'une valeur de 50 000 euros. Nous étions en période d'euphorie boursière à l'époque. Depuis, j'entretiens et développe notre cadeau de mariage. Car si ce n'est pas moi qui m'en charge, personne ne le fera à ma place.

18. | E1 | E2 | E3 | E4 | V | E |

Le vendeur : Pourquoi votre banque actuelle ne vous conseille-t-elle pas ?

M. Machpro : Je n'ai quasiment aucun contact avec mon conseiller de clientèle qui n'a, du reste, de conseiller que le nom. Je passe donc mes ordres et suis l'évolution de notre compte directement sur le site Internet de ma banque.

19. | E1 | E2 | E3 | E4 | V | E |

Le vendeur : Monsieur Machpro, dans l'idéal, de quelle manière auriez-vous aimé que votre banque vous aide ou vous accompagne dans la gestion de ce patrimoine ?

M. Machpro : À vrai dire, j'aurai beaucoup apprécié d'être conseillé par un vrai spécialiste en qui je puisse avoir totalement confiance. Cela m'aurait sans doute évité un certain nombre d'erreurs. Mais comme je vous l'ai dit, mon banquier n'est guère accessible.

20. | E1 | E2 | E3 | E4 | V | E |

Le vendeur : Ce manque de relations avec un véritable conseiller en gestion de patrimoine vous a-t-il fait perdre beaucoup d'argent ?

M. Machpro : Assurément. J'ai effectué un calcul assez édifiant : si mes avoirs avaient suivi la hausse moyenne du SBF120 depuis sept ans, la valeur de notre portefeuille serait aujourd'hui de 77 000 euros au lieu de 65 000 euros. Nous serions plus riches de 12 000 euros. Il y a de quoi s'énerver, tout de même !

21. | E1 | E2 | E3 | E4 | V | E |

Le vendeur : Si je vous résume, Monsieur Machpro, vous êtes aujourd'hui avec votre épouse à la tête d'un portefeuille boursier d'une valeur de 65 000 euros qui vous a été offert il y a sept ans. L'évolution de sa valeur a connu des fortunes diverses, mais elle ne vous satisfait pas tout à fait. Vous auriez notamment apprécié d'être déchargé de ce travail fastidieux de suivi et notamment de pouvoir en confier la gestion à un homme de confiance, spécialiste véritable des placements boursiers. Vous auriez ainsi gagné davantage et eu plus de temps à consacrer à votre passion, la musique. Cela résume-t-il votre situation ?

M. Machpro : Tout à fait !

22. | E1 | E2 | E3 | E4 | V | E |

Le vendeur : Si je vous proposais un moyen qui vous permette de faire fructifier votre patrimoine boursier en toute sécurité, en vous garantissant au minimum l'évolution de l'indice boursier et sans que vous ayez à vous en occuper, qu'en diriez-vous ?

M. Machpro : Je dirais « formidable », bien sûr. Encore faudrait-il me démontrer qu'une telle formule existe vraiment !...

➤ Les règles de l'argumentation persuasive

L'argumentation est un processus complexe qui dépend d'un grand nombre de variables. Pour convaincre les prospects, il faut naturellement pouvoir leur présenter des produits/services de bonne qualité, œuvrer dans un contexte économique plutôt favorable, avoir une politique de prix cohérente. Il faut aussi développer une personnalité enthousiaste, disposer d'une bonne culture générale, inspirer la sympathie et la confiance, se montrer éloquent, savoir résister aux pressions… L'énumération est loin d'être close. Notre vie est jalonnée d'expériences d'argumentation et de persuasion. Vendre, négocier, faire adhérer à un projet, motiver, mobiliser, obtenir un accord n'est rien d'autre qu'argumenter pour convaincre. Malheureusement, l'école ne nous prépare pas à cet exercice et il existe un décalage profond entre l'art de la dissertation et celui de l'argumentation. C'est pourquoi chacun apprend à argumenter sur le tas, souvent au prix d'erreurs coûteuses, faute de connaître les règles essentielles des techniques d'argumentation. Il en résulte pour nombre de vendeurs, avant qu'ils aient compris les mécanismes de la persuasion – quand toutefois ils y parviennent par leur seule intuition –, la perte de centaines de ventes.

Etudions à présent les différentes règles qui concourent à la persuasion du client.

- *Règle n° 1 : les bénéfices SACOL plutôt que les caractéristiques*

Quel que soit le produit ou le service que vous commercialisez, il n'existe que deux manières de présenter ses arguments. La première, et la plus communément adoptée par les vendeurs, consiste à présenter le produit en le décrivant. Autrement dit, le vendeur explique au client en quoi consiste son produit ou service, puis il en énonce les caractéristiques. Son argumentation est alors centrée sur le produit.

Exemples

– Ce véhicule est équipé d'un moteur injection multipoints avec 6 cylindres en V, essieu arrière autodirectionnel, système de freinage ABS-ESB, double airbag, train avant triangulé et carrosserie à déformation programmée.

– Cette jupe en mousseline de soie et jersey de coton est coupée dans le biais.

– Cette huile est très riche en acide gamma-linolénique et contribue à l'équilibre des prostaglandines.

– Toutes nos constructions sont à base de parpaings en béton cellulaire.

– Cet aspirateur possède un variateur électronique et son moteur est isolé dans un caisson suspendu : il ne dégage que 27 décibels.

Cette forme d'argumentation n'est pas vendeuse car les clients s'intéressent peu aux caractéristiques d'un produit/service. Ce qui leur importe, en vérité, n'est pas la composition du produit mais plutôt ce que ses caractéristiques vont leur apporter et ce qu'ils gagneront à l'acquérir. Ainsi, les gens n'achètent pas des produits ou services mais la satisfaction qu'ils vont en retirer. Soyons plus brutal : les clients n'ont que faire de vos produits et ne vous accordent de l'intérêt que dans la mesure où vous leur apportez quelque chose. Cet intérêt s'exprime en termes de bénéfices SACOL pour le client.

Ce principe est universel, il s'applique même aux relations sociales. Vous désirez que l'on s'intéresse à vous ? A votre produit ? Intéressez-vous d'abord à votre interlocuteur, c'est alors seulement qu'il vous le rendra. Comme l'écrivait Dale Carnegie (auteur du très populaire ouvrage de psychologie pratique *Comment se faire des amis*) :

> « *Vous vous ferez plus d'amis en deux mois en vous intéressant sincèrement aux autres que vous ne pourriez en conquérir en deux ans en vous efforçant d'amener les autres à s'intéresser à vous.* »

Par conséquent, pour intéresser un client à votre produit, vous devez opérer une traduction des caractéristiques de ce produit en bénéfices et autres avantages pour le client. Et retenir cette première règle absolue de la vente, déjà citée mais qu'il n'est pas inutile de répéter, pour vous permettre de bien la mémoriser : les clients n'achètent pas des produits/services mais la satisfaction qu'ils peuvent en retirer. Ce que Jean Chavet, l'un des vendeurs les plus impressionnants que j'aie rencontrés (devenu PDG des chocolats Lindt), résumait par la formule lapidaire suivante :

« *Il ne faut pas vendre la perceuse, il faut vendre le trou !* »

Appliquée aux cinq exemples précédents, la traduction des caractéristiques en bénéfices donnera les arguments suivants :

– Ce véhicule est équipé d'un essieu arrière autodirectionnel, système de freinage ABS-ESB, double airbag, carrosserie à déformation programmée, prétentionneur de ceintures pyrotechnique, train avant triangulé et système. Tous ces systèmes de sécurité, actifs et passifs, triplent vos chances de sortir indemne en cas de choc frontal avec un autre véhicule ou un obstacle quelconque [bénéfice de Sécurité].

– Cette jupe en mousseline de soie et jersey de coton est coupée dans le biais, ce qui donnera à votre démarche une allure vaporeuse, aérienne et un tomber fluide mettant en valeur votre silhouette [bénéfice d'Orgueil].

– Cette huile est très riche en acide gamma-linolénique et contribue à l'équilibre des prostaglandines, ce qui vous permettra de combattre efficacement le vieillissement de la peau et l'apparition de rides [bénéfice Sécurité et Orgueil].

– Toutes nos constructions sont à base de parpaings en béton cellulaire. Il s'agit d'un matériau de construction parmi les plus isolants. Mensuellement, vous ferez une économie de 30 % sur vos factures de chauffage [bénéfice Argent].

– Cet aspirateur est doté d'un variateur électronique qui permet d'adapter la puissance d'aspiration à la nature du sol. Il consomme moins d'électricité sur du carrelage que sur une moquette. Compte tenu de la taille de votre appartement, il vous fera réaliser une économie de près de 60 euros par an. De plus, grâce à son moteur isolé dans un caisson suspendu, il ne dégage que 27 décibels. Ce sera un soulagement pour vos tympans et vous ne perdrez plus d'appels téléphoniques faute d'avoir entendu votre téléphone sonner pendant que vous passiez l'aspirateur [bénéfice Argent et Confort].

- *Règle n° 2 : la force de la preuve*

Un vieux dicton commercial énonce :

« *Le vendeur qui n'est pas cru est cuit.* »

En délivrant un exposé qui fait ressortir les bénéfices SACOL, vous éveillez l'intérêt. Mais pour susciter le désir, il vous faut convaincre le client qu'il ne s'agit pas de simples promesses et que votre produit/service permet effectivement d'obtenir les avantages qu'il en attend. C'est ici que vous jouez votre crédibilité et que votre professionnalisme se manifeste de la manière la plus évidente. La preuve est une explication simple, concise, qui s'appuie sur des faits aussi irréfutables que possible afin de démontrer la vérité de vos assertions. S'il existe des dizaines de façons de prouver une affirmation, les preuves ne possèdent pas toutes le même pouvoir de conviction. Il existe, en effet, une véritable hiérarchie des preuves.

Exemple

Considérons un produit quelconque, une crème de soin pour la peau. La vendeuse en pharmacie pourra, afin de convaincre sa cliente des qualités de son produit, développer plusieurs types de preuve :

– *La preuve sociale* : Cette crème de soin est la plus vendue à l'heure actuelle.

– *La référence* : C'est cette crème qu'utilise Carole Bouquet.

– *L'article de presse* : Cette crème est plébiscitée dans cet article de *Marie-Claire*. Tenez, lisez-le.

– *La presse réputée impartiale (journal de consommateurs)* : Dans ce test comparatif conduit sous l'égide du magazine *Que choisir*, cette crème de soin se place en première position.

– *L'analyse d'un laboratoire indépendant* : Comme le démontrent ces travaux du Laboratoire national d'études cosmétologiques, les effets de la crème X sont plus efficaces et plus durables.

– *La preuve démonstrative* : Voici les photos d'une cliente avant et après quinze jours d'utilisation. C'est efficace, n'est-ce pas ?

– *La démonstration participative* : Voici un échantillon. Essayez donc cette crème et vous verrez !

– *La récompense* : Cette crème a reçu le prix du produit cosmétique de l'année, prix décerné par un jury composé d'esthéticiennes et de dermatologues indépendants.

Il va de soi que toutes ces preuves n'auront pas le même impact sur la cliente. Certaines lui paraîtront relever davantage de l'affirmation gratuite, voire de la manipulation, tandis que d'autres la convaincront définitivement. Dans cet exemple, la preuve démonstrative lui fera peut-être soupçonner un trucage et l'article de presse pourra amener l'objection suivante : « Les journalistes ne sont pas dermatologues et leurs appréciations sont superficielles. » En revanche, ces deux preuves se trouveront nettement consolidées si elles sont assorties, l'une des coordonnées téléphoniques de la cliente pour vérification, et l'autre, de la caution apportée par un professeur de médecine qui aurait collaboré à la rédaction de l'article.

Chaque vendeur ou service marketing/vente prendra soin de rassembler les preuves les plus tangibles possibles de la qualité ou de la performance de ses produits et services, comme le fait l'avocat qui réunit les pièces à conviction destinées à venir au soutien des intérêts de son client et à persuader le tribunal.

Les preuves du vendeur sont autant de pièces à conviction de nature à enlever la décision du client.

Promesse de bénéfice SACOL et preuve sont donc indissociables. Un argument sans preuve est une poignée sans valise, une montre sans aiguilles, un ordinateur sans écran ! A l'heure ou tout le monde prétend vendre des produits et services de qualité, c'est celui dont la preuve est la plus forte qui l'emporte.

Sont considérés comme des preuves ou éléments de preuves (pièces à conviction) :

- les démonstrations, échantillons, maquettes, prototypes ;
- les rapports d'experts, analyses de laboratoires, attestations d'huissiers, statistiques officielles ;
- les prix et récompenses diverses, homologations, agréments et brevets ;
- les engagements contractuels, articles de loi ;
- les articles de presse, références, témoignages de satisfaction ;
- les photographies, plans, graphiques, schémas, films.

Exemple

– L'ouvrage que vous êtes en train de lire contribuera au développement de votre chiffre d'affaires et donc de vos revenus. En outre, il vous facilitera la vie en vous permettant de conclure vos ventes plus rapidement. [bénéfice « Argent » et « Confort »]

> Pourquoi ? Parce que cette méthode de vente s'appuie sur l'expérience et le savoir-faire d'une multitude de vendeurs reconnus comme les meilleurs dans leur catégorie. Ces vendeurs appliquent quotidiennement avec succès les techniques développées dans l'ouvrage. Et des entreprises aussi prestigieuses que General Electric, American Express ou BNP-Paribas en ont fait l'acquisition pour leurs forces de vente. [preuves]

- *Règle n° 3 : structure d'un argumentaire*

Très souvent, pendant leur exposé, les vendeurs développent une série d'arguments. Ceux-ci, dans l'esprit du prospect, forment rapidement un patchwork de caractéristiques, preuves et bénéfices, au détriment de la clarté et de la logique nécessaires à une mémorisation aisée. Le prospect ne retiendra que 10% de l'information, sa mémoire faisant litière des 90% restants. La mémoire, en effet, a besoin de classer les informations dans ses tiroirs virtuels, c'est pourquoi elle est toujours à la recherche d'un rangement pour les informations qu'elle reçoit. Il faut donc prévenir notre interlocuteur du bénéfice SACOL attaché au produit qui lui est présenté avant de développer l'information. A cet effet, l'emploi d'un système de numérotation des arguments facilitera leur réception et leur organisation dans l'esprit et la mémoire du prospect. Jules César n'agissait pas autrement lorsqu'il avait un long discours à prononcer : il faisait déplacer son auditoire dans autant de lieux que son exposé comportait de sujets. Autrement dit, il traitait chaque thème dans une salle différente, d'où l'expression : « en premier lieu, en second lieu… ». Jules César impressionnait ainsi, au sens photographique du terme, la mémoire de ses auditeurs beaucoup plus fortement qu'un discours prononcé d'un seul tenant et faisant se succéder plusieurs sujets, lesquels finissent par se brouiller et se dissoudre dans les mémoires. Pour notre part, nous prendrons soin de détacher, en les numérotant de préférence, les composantes des promesses SACOL et les preuves associées que comporte notre argumentaire.

Deux exposés permettront de vérifier le bien-fondé de cette manière de procéder. L'un n'a fait l'objet d'aucune structuration, contrairement à l'autre. Quel est l'argumentaire le plus fort et le plus assimilable ?

Exposé n° 1 : non structuré

> – Je vous recommande vivement ce canapé, dont la qualité et le design intemporel vous donneront toute satisfaction. L'armature en hêtre massif et la structure sont assemblées par la technique traditionnelle du tenon

mortaise. C'est ce qui se fait de mieux. Les coussins haute résilience sont en polyuréthane et offrent une densité de 30 kg/m3, ils reprennent donc parfaitement leur forme, et cela d'autant plus que le revêtement est d'une qualité exceptionnelle : une vachette pleine fleur pigmentée. D'autre part, le design de ce canapé lui permet de traverser le temps sans se démoder. Vous faites donc en l'achetant l'acquisition d'un véritable meuble de patrimoine. Enfin, je vous rappelle que nous sommes des fabricants avant d'être des distributeurs. Notre maison existe depuis 1917 et conserve toutes les pièces de cuir et les teintes qui nous permettraient de restaurer votre canapé s'il était accidenté.

Exposé n° 2 : structuré

– Je vous recommande vivement ce canapé et ceci pour trois raisons majeures : le confort inégalé de son assise, la qualité de sa fabrication qui vous garantit sa longévité et enfin son design évocateur de modernité.

J'aimerais, si vous le permettez, développer chacun de ces points.

Premièrement, le confort de l'assise. Les mousses sont en polyuréthane et offrent une densité de 30 kg/m3, ce qui signifie qu'elles reprendront toujours parfaitement leur forme, même dans quinze ans. Tenez, voici plusieurs échantillons de mousse. Pressez-les et dites-moi d'instinct laquelle vous paraît la meilleure. (Réponse du client.) Oui, c'est exactement la mousse utilisée pour ce canapé. D'ailleurs, mieux qu'un discours, je vous propose de vous y asseoir tout en m'écoutant, afin d'en apprécier le confort...

Deuxièmement, la qualité de sa fabrication vous garantit que vous conserverez ce canapé pendant de très nombreuses années. Voyez : l'armature est en hêtre massif, alors qu'elle est en pin pour la plupart des canapés qui lui ressemblent. Le hêtre est un bois parmi les plus solides, ce qui explique sa longévité. Les pièces qui composent l'armature ne sont pas clouées ni collées, mais assemblées en tenon mortaise, comme vous pouvez le voir sur ce dessin. Vous évitez ainsi tout grincement ou affaissement de l'armature avec le temps. Enfin, la peausserie choisie pour le revêtement est un cuir vachette pleine fleur pigmenté, sélectionné pour sa résistance. Et s'il vous arrivait de l'érafler ou de l'abîmer, notre maison pourrait remplacer le panneau concerné, parce que nous sommes fabricants et que nous conservons toujours des pièces de cuir et les teintes en stock. Vous garderez ainsi votre meuble aussi longtemps que vous le souhaiterez. C'est un véritable meuble de patrimoine.

Pour terminer, le design de ce canapé, un style épuré et intemporel, renvoie une image affirmée de modernité. D'ailleurs regardez : j'ai ici une photo du

Design Muséum de Chicago où, dans chaque salle, figure un exemplaire de ce canapé, chaque fois dans un coloris différent. Il est superbe, n'est-ce pas ?

En résumé, qualité, confort et modernité, voilà ce qui fait de ce canapé un meuble d'exception que vous pouvez acquérir pour 190 euros par mois. Qu'en dites vous ?

• *Règle n° 4 : les validations intermédiaires*

Lorsqu'est venu le moment d'argumenter, certains vendeurs prennent une profonde inspiration et prononcent leur exposé d'une seule traite, pour découvrir finalement que le client souhaite réfléchir ou n'est pas intéressé !

Un moyen très simple d'augmenter significativement l'adhésion du client à votre argumentaire consiste à introduire des éléments de respiration dans votre exposé, par le biais de validations intermédiaires. Faites donc régulièrement des pauses afin de vérifier que votre interlocuteur vous suit bien et vous approuve. Les questions types de validation intermédiaire ne manquent pas :

– Est-ce que jusqu'ici tout est clair ?

– Est-ce que vous me suivez ?

– Avez-vous des questions, des observations jusqu'à présent ?

– Est-ce que vous percevez clairement l'avantage ?

– Sur ce point nous sommes d'accord ?

Par ces questions, et surtout par les petites acceptations que vous recueillez, votre prospect accomplit sans s'en rendre compte un travail d'autosuggestion. Ce recueil de « oui » participe d'une manœuvre d'influence douce de l'esprit du client. Tous les acquiescements obtenus au fil de l'entretien se transformeront en un « oui » global à la fin de l'argumentaire. Si, au cours du processus, le client n'est pas convaincu, au moins aura-t-il la possibilité d'exprimer son objection… qu'il vous appartiendra de traiter. N'hésitez pas à « sortir les cadavres du placard » en formulant des validations intermédiaires. Seule une objection identifiée peut être réfutée. Le client, s'il n'est pas régulièrement interrogé sur son acceptation ou son intérêt pour l'exposé, peut avoir des objections à opposer. Il ne les manifestera pas sur le moment, mais elles se traduiront, en fin d'argumentaire, par un « il faut que je réfléchisse » ou « ce n'est pas le moment, on en reparlera », autrement dit une fin de non-recevoir. Il sera beaucoup plus difficile au client d'émettre une objection s'il a été invité régulièrement à entériner le bien-fondé des arguments du vendeur !

De surcroît, par-delà la persuasion mécanique que le client s'auto-administre, les validations intermédiaires créent un échange, une interaction. Rien n'est plus à éviter que l'argumentation unilatérale qui s'achève par le verdict du client. C'est pourquoi on lui substituera dans tous les cas une argumentation ponctuée de validations intermédiaires, afin que la décision du client s'inscrive de manière naturelle dans la continuité des petites acceptations qui l'auront précédée.

- *Règle n° 5 : ethos, pathos et logos*

Etre capable de réaliser un exposé motivant (contenant des promesses SACOL), structuré, étayé par des preuves et qui fasse participer le client permet de donner tout son poids à votre argumentation. Mais pour conférer au message une puissance maximum, il est indispensable de mettre en œuvre les trois dimensions de la persuasion que l'on appelle – leur nom vient des rhéteurs de la Grèce antique – l'ethos, le pathos et le logos.

- **L'ethos** est le style que doit adopter le vendeur pour capter l'attention et gagner la confiance de son client afin de se rendre sympathique et crédible. Avoir un « look » conforme à l'image que l'on souhaite véhiculer, une tenue vestimentaire impeccable, une attitude non verbale et une gestuelle harmonieuses relève de l'ethos. Tout en nous, dans notre façon de nous présenter, de parler ou de marcher, est porteur de sens et révèle au monde la façon dont nous voulons qu'il nous regarde. « Ce que vous êtes parle plus fort que ce que vous dites », avait coutume de dire David Ogilvy.
- **Le pathos** s'adresse à la sensibilité des clients (leurs sentiments, émotions, désirs profonds). Le vendeur doit chercher à faire vibrer la corde émotionnelle. Les anecdotes, les petites histoires liées à la création de ses produits, les métaphores, analogies et manières d'envisager l'avenir permettent d'établir un contact véritable et d'émouvoir. C'est au vendeur et à lui seul qu'il revient par ailleurs de transmettre l'émotion par son enthousiasme, en laissant transparaître sa passion pour la vente, son attachement aux produits/services qu'il vend. Redisons-le : « Vendre, c'est allumer un feu et pour allumer un feu, cela va sans dire, il vous faut une flamme. »

- **Le logos** représente la logique, le raisonnement et la manière dont est construite l'argumentation. Les règles vues précédemment (structure de l'entretien, force de la preuve) permettent de marquer les esprits les plus logiques parmi les prospects.

En résumé, plus l'argumentation jouera sur ces trois dimensions et plus elle sera convaincante.

➤ La présentation du produit ou service (l'argumentation proprement dite)

La présentation du produit/service fait suite à la découverte des besoins.

Poursuivons notre stratégie initiale. Le besoin est maintenant identifié. L'argument peut sortir de sa tanière ! Bien entendu, on se montrera précis et l'on utilisera le ou les arguments qui répondent aux besoins identifiés.

Mais passer de l'identification du besoin à l'argument demande une transition. Puisque nous reprenons l'initiative du dialogue, essayons de tenir en haleine le prospect afin qu'il ait envie de nous écouter jusqu'au bout.

Exemples

> – Compte tenu de vos besoins, ce que je vais vous montrer va beaucoup vous intéresser. En effet…
>
> – Puisque vous désirez (énoncez le besoin identifié), vous allez être comblé. En effet…

L'argument ou la démonstration argumentée apparaît logiquement après la transition. Et puisqu'une image vaut mille mots, illustrons par un exemple la procédure à suivre et poursuivons l'entretien de vente de stands de salon :

> – Puisque vous recherchez un outil de prospection fiable et bon marché, j'ai la conviction que ce que je vais vous proposer va vous enchanter. Comme vous le savez, nous sommes les organisateurs du salon Protect qui rassemble chaque année tous les professionnels de la protection des particuliers. Sachez que pour vous, la participation à ce salon représente la formule la plus fiable et la plus économique de rencontrer et toucher de nouveaux clients [promesse « Sécurité » et « Argent »].
>
> Tout d'abord, la formule la plus fiable. Pourquoi ? Parce que, depuis plus de douze ans, cet événement voit croître le nombre de ses visiteurs. L'an dernier, par exemple, nous avons reçu 5 882 visiteurs. Cette année nous en attendons près de 7 000. Du reste, nous avons un indicateur beaucoup plus

fiable encore à vous offrir. J'ai ici un listing : il recense les 4 200 personnes qui nous ont d'ores et déjà adressé un chèque pour obtenir un badge visiteur [preuve]. Sachant qu'en règle générale un nombre égal de visiteurs achètent leur badge au guichet, vous constaterez qu'en misant sur plus de 7 000 visiteurs j'ai une vision plutôt pessimiste des choses !

Jusqu'ici, est-ce que vous me suivez [validation intermédiaire] ?

– Oui, c'est clair.

– Deuxième point : être exposant à ce salon sera pour vous la formule la plus économique pour trouver de nouveaux clients [structuration de l'argumentaire]. Comment puis-je être aussi affirmatif, me demanderez-vous. Grâce à un simple calcul arithmétique. L'année dernière, nous avons sondé tous nos exposants après la manifestation pour connaître les résultats de leur prospection. Cette enquête, dont je vous livre ici le compte rendu [preuve], a révélé que chaque exposant avait enregistré en moyenne 148 contacts utiles, donc 148 visiteurs intéressés. Le prix moyen d'un stand étant de 5 335 euros, le coût d'un rendez-vous client est donc de 36 euros. Cette année, nous estimons avoir 20 % de clients de plus que l'an dernier alors que nos tarifs sont restés les mêmes. J'anticipe donc pour votre société un coût du contact utile inférieur à 30 euros, ce qui le rend deux fois plus rentable qu'un bon mailing, compte tenu des chiffres que vous m'avez fournis.

Sur ce second point, est-ce que vous partagez mon analyse et mes calculs ?

– Soit, cela me semble très intéressant. C'est même trop beau pour être vrai.

– Je comprends votre surprise. Mais veuillez croire que si 88 % des exposants reconduisent leur participation d'une année sur l'autre, c'est précisément parce que la formule se révèle fiable et rentable. Voici la liste de nos exposants de l'an dernier et celle des exposants pour cette année. Vous pouvez le constater, ils se sont pratiquement tous réinscrits [preuve]. Alors, serez-vous des nôtres cette année ?

– Ma foi… C'est possible !

La technique de l'argument est simple et puissante. Vous voyez qu'il n'est pas nécessaire d'en faire trop; un, voire deux arguments utilisés à bon escient suffiront à persuader votre interlocuteur.

Que l'on pardonne mon insistance : il est fondamental de comprendre que l'argumentation qui emportera la vente est celle qui correspond au(x) seul(s) besoin(s) dégagé(s) par la phase de découverte. Tout ceci peut sembler évident et banal au premier abord. Malheureusement, l'observation quotidienne des comportements commerciaux en situation de vente nous démontre souvent le contraire. Combien de fois vous êtes-vous trouvé face à un vendeur qui, pour tenter de vous convaincre, avançait des arguments qui ne correspondaient pas à vos préoccupations ?

Parce qu'il dispose de plusieurs arguments, le vendeur croit souvent – à tort – qu'en les exposant tous il augmentera ses chances de vente. Nous savons combien il est tentant de vider notre carquois en décochant toutes nos flèches et de développer tous nos arguments. Pourtant, mieux vaut s'en abstenir. En effet, la situation que nous allons décrire vous est peut-être déjà arrivée. Vous êtes en présence d'un vendeur qui voudrait vous faire acheter son produit. Au bout de quelques minutes, vous voilà conquis. C'est alors que le commerçant, percevant votre intérêt, redouble d'ardeur démonstrative et assène de nouveaux arguments. Or ces derniers, au lieu d'emporter votre adhésion, instillent en vous le doute, un certain flottement, voire vous font soupçonner un aspect négatif de l'offre qui vous avait échappé. Le charme est rompu. Tandis que le vendeur poursuit son exposé, votre inquiétude grandit et vous voilà bientôt convaincu de renoncer à votre achat, alors que vous auriez sûrement fait l'acquisition du produit si le vendeur avait eu la langue moins bien pendue !

Supposons, par exemple, que vous ayez envie d'apprendre à piloter un avion de tourisme. Dans votre quête du meilleur club, deux mobiles vous tiennent à cœur : la sécurité et le plaisir ! Renseignements pris par téléphone, le responsable du club vous convainc assez facilement de vous inscrire pour le prochain stage. Puis, dans le même élan, il vous précise que le professeur est un ancien pilote de chasse (croyant par là satisfaire un supposé besoin d'orgueil). Mais de votre côté, vous songez aussitôt : « *Je veux simplement prendre du plaisir et m'amuser, moi. Avec un tel professeur, le stage risque d'être intensif et trop technique.* » Enfin lorsque, supposant qu'ainsi il fera s'envoler vos dernières hésitations, votre vendeur vous assènera son argument massue : « *et en plus nous sommes très bon marché* », il perdra définitivement la vente car vous penserez aussitôt qu'une telle tarification doit se faire au détriment de l'entretien du matériel.

N'oubliez donc jamais que les meilleurs arguments sont ceux qui s'appliquent étroitement aux besoins du prospect et à ceux-là uniquement.

Enfin, pour donner davantage de poids à votre argumentation, pensez à faire participer votre prospect en faisant appel à ses perceptions. Donnez-lui les échantillons à toucher, faites-lui sentir ou goûter votre produit si celui-ci le permet.

Présentez-lui des images, des photos et graphiques. Ces recommandations sont tout à fait scientifiques : nous retenons 10 à 20 % de ce que nous entendons, 50 % de ce que nous voyons et entendons, 80 % de ce que nous voyons, touchons et entendons.

Vérifiez-le vous-même. De ces trois publicités pour une marque de jus d'orange, laquelle vous fait le plus d'effet :

- un spot radio, publicité purement auditive?
- une publicité télévisée qui vous montrera la cueillette des oranges en Espagne sur fond de musique classique?
- une publicité sur le lieu de vente avec un vendeur-démonstrateur qui vous mettra une orange dans une main et dans l'autre le jus à siroter?

Un de mes amis conseiller en marketing fut un jour contacté par un fabricant de sorbets qui se désespérait de voir son volume de vente stagner, en dépit de produits d'une qualité exceptionnelle. L'intervention du consultant, qui devait effectuer une étude approfondie sur un mois, s'achevait au bout d'une semaine… Et le doublement du chiffre d'affaires se produisit dans les jours qui suivirent. En accompagnant les représentants dans leurs tournées de prospection chez les restaurateurs, glaciers et autres commerçants, notre consultant put constater que les vendeurs maîtrisaient parfaitement leur argumentaire et que les documents commerciaux étaient d'une qualité rare : les coupes glacières aux fruits exotiques, par exemple, étaient présentées sur fond de plages des Caraïbes… Les produits du catalogue, d'une saveur exquise, réunissaient harmonieusement des parfums inhabituels que cette société était la seule à proposer. Tous les ingrédients commerciaux pour réaliser de belles ventes étaient rassemblés là. Sauf… l'étincelle, c'est-à-dire le produit lui-même, ou des échantillons permettant aux acheteurs de le goûter. Tous les vendeurs furent équipés d'une glacière contenant un échantillon de chaque parfum. Quand les yeux du prospect brillaient en contemplant la photo d'une Brésilienne savourant le sorbet vanille/noix du brésil, le vendeur sortait aussitôt l'échantillon pour dégustation! Les commandes ne tardèrent pas à enregistrer une montée en flèche.

La présentation des prix

La présentation des prix est vécue comme un calvaire par beaucoup de vendeurs. Ils redoutent ce moment, alors qu'il est l'étape la plus

« tranquille » de l'entretien de vente. Je parle bien de présentation et non de négociation des prix (laquelle est plus délicate et fait l'objet d'un sous-chapitre complet). Simplement, la présentation des prix obéit à quelques règles très strictes que le vendeur s'efforcera de respecter chaque fois que son produit ou sa direction le lui permettra.

Tout d'abord, quelques conseils concernant la mise en forme du prix :

- Un prix ne doit jamais être rond! Si vous disposez de quelque latitude dans la fixation des prix, soyez précis, sachez qu'un produit à 1 000, 50 000 ou un million d'euros est suspect. Non seulement il peut traduire une tarification « à la louche », ou pire, au hasard, mais ce qui est plus dangereux encore, un chiffre rond se prête facilement à la négociation. *A contrario*, au vendeur qui annonce que « le prix est de 12 543 euros », nul n'a envie de répondre « vous me le faites à 10 000 euros et je suis preneur ». La précision du chiffre laisse présager que sa mise au point a fait l'objet de calculs rigoureux et qu'il ne peut être discuté.
- Autant que faire se peut, présentez vos tarifs sous la forme d'un document imprimé. Une grille tarifaire à double entrée imprimée, par exemple, dissuadera plus facilement les acheteurs de négocier. En faisant imprimer en offset un document tarifaire, vous institutionnalisez vos prix et leur conférez un caractère quasi définitif et non négociable. Gageons que cela n'empêchera pas certains négociateurs irréductibles de vous réclamer une remise mais, statistiquement, vous aurez moins de négociations à engager si, pour présenter vos prix, vous sortez un document imprimé. D'aucuns appellent cela le « pouvoir de la légitimité ».
- S'il est deux mots du langage courant qu'un vendeur doit absolument effacer de sa mémoire, il s'agit bien des mots « dépense » et « coût ». Ne dites plus « cela vous coûtera… » ou « il vous faudra prévoir une dépense de… ». Préférez à ces formules les mots « investissement » ou « valeur ». « Dépense » et « coût » induisent une notion de débours, d'argent qui disparaît à jamais sans espoir de retour. Pas très motivant. La notion d'investissement, elle, sous-entend celle de… retour sur investissement, tellement plus engageante.

N'est-il pas plus encourageant de s'entendre déclarer : « Il vous faudra prévoir un investissement de 850 euros pour apprendre la lecture rapide », plutôt que : « il vous en coûtera 850 euros pour recevoir notre formation à la lecture accélérée » ?

– Un autre conseil de mise en forme consiste à présenter le prix sous son angle le plus favorable, c'est-à-dire celui qui le fera paraître le plus petit possible, afin qu'à son annonce le prospect voie autre chose qu'un couperet s'abattant sur son portefeuille. Minimiser un prix est chose aisée car il existe de nombreux artifices pour y parvenir.

➤ Fractionner le prix en unités acceptables

Exemple

> « Un panneau publicitaire de dix mètres de long sur un mètre de large vous reviendra à 23 000 euros pour la durée du match. Sachant que la chaîne qui retransmet le match prévoit huit millions de téléspectateurs, votre investissement s'élèvera à 0,2 centime d'euro par personne pour faire connaître votre marque. »

➤ Annoncer un prix en monnaie de singe connue

Exemple

> « 27 euros par mois pour être couvert contre le risque d'incendie. C'est-à-dire que pour le prix d'un déjeuner au restaurant, on vous rembourse de tout en cas de sinistre. »

Vous pouvez également annoncer un prix en paquets de cigarettes, en places de cinéma, etc. Évitez le fer à repasser ou la plaque d'égout, peu de gens connaissent vraiment son prix. Grâce à ce procédé, l'acheteur va mémoriser un petit nombre (1 dans notre exemple, au lieu de 27) associé à une unité qu'il sait financièrement abordable (le repas au restaurant, le cinéma, etc.). Par transitivité, le prix total semblera plus accessible.

➤ Étalez le prix sur la durée de vie présumée du produit

Exemple

> « 483 euros cette literie. Sachant que la durée de vie d'un matelas est d'une dizaine d'années, soit 3 650 nuits, cela vous reviendra à 13 centimes d'euro la nuit pour dormir tranquille en préservant votre dos! »

Autre exemple

> *Le vendeur :* « Pendant combien de temps pensez-vous utiliser votre prochain bureau? »
>
> *L'acheteur :* « 5 ans, cela me paraît suffisant, après j'aurai peut-être envie de changer de mobilier. »

> *Le vendeur :* « Le bureau qui vous plaît en catalogue fait 710 euros, ce qui, rapporté sur 5 ans, fait 38 centimes d'euro par jour. Avouez que ce n'est pas grand chose pour un meuble que vous utiliserez tous les jours. Et si l'on considère qu'au bout de 5 ans vous pourrez le revendre d'occasion, on se situe en dessous de 30 centimes par jour! »

Quand votre produit le permet, tâchez de vous associer les services d'un organisme de crédit, afin de présenter le prix sous forme de mensualités attrayantes. Les vendeurs de voitures, par exemple, se sont fait les champions du financement. Certaines publicités affichent même, en guise d'accroche, le montant des mensualités en caractères géants. Ce qui, dans ce contexte, fait presque penser qu'il s'agit du prix du véhicule!

Ces quelques conseils de forme étant réglés, nous pouvons maintenant examiner la présentation des prix proprement dite.

La majorité des vendeurs ne savent pas vendre leurs prix. Ils se contentent de les annoncer, sans autre commentaire, et s'étonnent de ne pas trouver la réussite au rendez-vous. Malheureusement pour eux, un prix, seul, ne signifie rien, c'est l'avantage qu'il confère qui lui donne sa dimension. Un ordinateur à 1 500 euros, cela ne veut rien dire. Une voiture à 15 000 euros n'a pas plus de signification. Certes, il se vend aujourd'hui des millions de véhicules de par le monde sans qu'il soit besoin de développer des trésors d'argumentation. Cela s'explique par le fait que les gens ont aujourd'hui assimilé les avantages que leur procure la possession d'un véhicule, en termes de confort, d'orgueil, etc. En revanche, essayez de convaincre un artisan d'informatiser son entreprise, quand il travaille depuis vingt ans sans ordinateur. Vous pouvez vous présenter avec les prix les « moins chers du monde », l'acheteur n'en aura cure tant que vous ne lui aurez pas fait prendre conscience des bénéfices qu'il pourra tirer de l'informatique. Songez qu'en leur temps, les inventeurs du téléphone ou du photocopieur ont rencontré les plus grandes difficultés quand il s'est agi de vendre leur découverte : personne n'en voyait l'utilité, donc personne n'en voulait.

Pour toutes ces raisons, le prix doit toujours être accompagné de son frère jumeau l'avantage, avec lequel il forme un binôme indissociable. L'un fait la mèche, l'autre la poudre. L'avantage, pour déployer sa pleine puissance, doit être traduit en termes de gain ou d'économie. Il constituera la réponse aux besoins du prospect... D'où l'importance de la phase de découverte des besoins. Nous le constatons une fois de plus, les phases de la vente s'enchaînent et se recoupent. L'entretien de vente se compose d'une succession d'étapes interdépendantes. Aussi la présentation des prix ne peut-elle être efficace que si les étapes qui la précèdent ont été convenablement menées.

Dans ces conditions, la présentation des prix ou plus exactement du couple avantage/prix peut être amenée de différentes manières (selon votre produit, ses avantages, le contexte dans lequel se déroule l'entretien ou encore votre préférence pour une méthode plutôt qu'une autre). Selon le cas, vous choisirez de :

➤ Noyer le prix dans l'avantage

Exemples

> « Compte tenu des désirs que vous avez exprimés, il faudra prévoir un investissement de 72 824 euros pour devenir propriétaire de ce superbe studio situé à 60 mètres de la plage. »

> « Pour protéger votre véhicule contre le vol, il faut compter 269 euros, et avec ce procédé, vous êtes sûr de faire échec aux voleurs. »

➤ Relativiser la dépense

Un avantage qui peut s'exprimer en termes de gain ou d'économie d'argent permet d'amoindrir considérablement l'importance d'une dépense.

Exemples

> « Vous dites que vous faites estamper environ 10 000 plastiques par mois et que votre sous-traitant vous prend 20 centimes par estampage. En fait, cela vous revient à 24 000 euros par an. Or, notre machine d'embossage coûte 15 000 euros. Si vous la prenez, au bout d'un an, non seulement elle ne vous aura rien coûté, mais en plus vous aurez économisé 9 000 euros! Et l'année d'après, c'est tout bénéfice pour vous. »

> « En moyenne, après l'intervention d'une de nos décoratrices-étalagistes diplômées, le chiffre d'affaires d'une boutique augmente de 15 % pendant les 10 jours qui suivent son passage. Vous me dites que vous faites 1 000 euros de recette par jour en moyenne. Au total, cela vous fera donc 1 500 euros de recette en plus. Sachant que l'intervention d'une décoratrice étalagiste est de 300 euros au forfait, vous y gagnerez largement. »

➤ Argumenter le prix

Lorsque le prix d'un produit/service constitue un avantage réel et qu'il répond à un besoin reconnu du prospect (acheter le moins cher possible dans le cadre d'un budget limité, par exemple), il doit faire l'objet d'une présentation argumentée (selon les règles de mise en forme des arguments étudiées plus haut).

Exemple

> « Ce canapé en cuir à 2 183 euros est une véritable affaire, vous ne trouverez pas moins cher!
>
> – Pourquoi c'est une aubaine?
>
> – Parce que nous réalisons actuellement une opération promotionnelle « Prix coûtant sur tous les canapés en cuir », et celui-là est le dernier qu'il me reste à ce prix dans cette qualité. Tenez, l'ancienne étiquette est encore dessus, elle marque 3 050 euros.
>
> – Donc vous voyez, en prenant ce canapé, vous faires une excellente affaire. »

Attention! Excepté le dernier cas (pour lequel le prix est un argument de vente), il ne faut jamais présenter les prix avant d'avoir mené l'argumentation à son terme et convaincu le client. Ce dernier doit savoir précisément ce qu'il obtiendra en contrepartie du paiement. Sachez que pour un client, l'action de payer est souvent perçue comme un sacrifice. Le prix lui semblera d'autant plus élevé qu'il n'aura pas pris suffisamment conscience de l'intérêt de l'offre qui lui est faite. Il est donc capital, en entretien de vente, de retarder le plus possible la négociation autour du prix, jusqu'à ce que l'intérêt du prospect soit manifeste. Au client qui réclame les prix prématurément, le vendeur répondra : « Permettez-moi de terminer ma présentation, comme cela, lorsque je vous communiquerai les prix, vous saurez exactement à quoi cela correspond. »

Rappelez-vous simplement que le prix est à la vente ce que les dernières minutes d'un film sont au cinéma : le dénouement de l'affaire… Le connaître avant l'heure brise le charme et diminue l'intérêt.

Le traitement des objections

Il était une fois un vendeur extraordinaire, tellement convaincant qu'il décrochait tous les contrats sans qu'aucun acheteur lui oppose la moindre résistance. Si cette histoire débute comme un conte de fées, c'est qu'il s'agit précisément d'un conte de fées. Ce vendeur n'existe pas, sinon dans l'imaginaire de ceux qui croient aux miracles. Il est des légendes tenaces !

Pour avoir côtoyé, interviewé et suivi en rendez-vous la fine fleur des vendeurs, je puis vous affirmer que tous se heurtent, en permanence, au régiment des objections. À ce sujet, je voudrais livrer ici quelques réflexions qui m'ont été confiées par le maître vendeur Jean Saint-Mleux :

« *La résistance à l'acte d'achat est chose normale car acheter signifie payer et, d'instinct, le prospect même convaincu d'emblée se jugerait déconsidéré si, avant de se rendre, il ne livrait pas bataille, pour la forme. C'est un « baroud d'honneur » en quelque sorte, pour satisfaire sa conscience professionnelle.* »

Les vendeurs considèrent en général l'objection comme un obstacle jeté par l'acheteur en travers du chemin de la vente. Les meilleurs vendeurs, eux, la considèrent comme un véritable stimulant, estimant qu'elle est la preuve de l'intérêt du client pour leur offre. D'ailleurs, certaines objections sont tout simplement des signes avant-coureurs de l'acte d'achat (*cf.* : « Quand conclure ? »).

À propos, savez-vous quels prospects les vendeurs expérimentés redoutent le plus ? Ce sont les acheteurs muets, impénétrables, qui laissent parler le vendeur sans jamais manifester la moindre émotion. Comment convaincre quelqu'un qui n'émet aucune remarque, aucune critique, mais qui n'est pas acheteur pour autant ? Autant combattre une armée invisible.

Un obstacle dans l'obscurité est difficile à franchir. Pour le surmonter, il faut le placer en pleine lumière. Cette constatation s'applique parfaitement à la vente : le vendeur doit distinguer précisément les obstacles (les objections) qui encombrent son chemin. Pour les identifier, il n'existe d'autre moyen que de questionner le prospect, en lui demandant une réponse sincère.

La réfutation des objections nécessite de la part du vendeur un respect à toute épreuve du « moi » sensible et susceptible du prospect. Il est atterrant de constater combien de vendeurs enfreignent cette règle d'or du commerce : « le client a toujours raison ». Je suis abasourdi d'entendre certains vendeurs opposer aux objections des « vous avez tort » péremptoires, faisant fi de la plus élémentaire règle de la diplomatie qui consiste à laisser une porte de sortie honorable à son adversaire, lorsque ses torts sont établis. Un individu auquel on administre la démonstration de ses torts résistera d'autant plus violemment qu'il percevra les preuves de son erreur comme un affront à son intelligence. Il réagit ainsi pour sauvegarder sa dignité et son amour-propre.

Mais alors, comment faire entendre raison à un prospect qui se retranche dans l'erreur? En lui expliquant, par exemple, qu'il avait raison jusqu'à ce qu'un élément nouveau, qu'il ne pouvait connaître, vienne modifier les données du problème, ou encore en imputant la cause de l'erreur à ses sources d'information et non à lui-même. La meilleure réfutation est celle qui prendra la forme d'un échange d'idées entre deux personnes intéressées par un même sujet; elle ne devra jamais tourner au débat passionnel, car celui-ci ne tarderait pas à se transformer en dialogue de sourds et de manchots, car le prospect ne prendra certainement pas son stylo pour signer la commande.

Pour toutes ces raisons, il est indispensable que le vendeur apprenne à reconnaître les différents types d'objection, afin de leur opposer la réfutation appropriée. En effet, toutes les objections possibles appartiennent à l'une des trois familles suivantes : les objections « fausse barbe », les objections tactiques et les objections sincères, chaque famille appelant une réfutation spécifique qu'il importe de connaître.

Les objections « fausse barbe »

Ce sont les objections de principe, sans rapport avec la proposition du vendeur. En général brandies en début de visite, avant même que le vendeur prenne la parole, quand ce n'est pas dès la prise de rendez-vous, elles servent de bouclier à un acheteur désireux de se protéger contre les légions de commerciaux qui l'assaillent de leurs offres.

Exemples

- Je n'ai pas de temps à vous accorder.
- Merci, je n'ai besoin de rien.
- Les affaires sont difficiles en ce moment, on n'achète plus rien.
- J'ai déjà un fournisseur, je désire lui rester fidèle.
- Ça ne m'intéresse pas.

Lorsqu'il rencontre une objection de principe, le vendeur doit l'interpréter comme un signal d'alarme : le prospect n'est pas encore intéressé par la proposition du vendeur, qui doit d'abord lui vendre l'envie d'écouter! Dans cette circonstance, le mode de traitement de cette objection ne varie pas et consiste en quelques mots : une phrase contenant une promesse « massue » (un avantage, comme expliqué dans le sous-chapitre sur l'entretien de vente). Quand la règle de la promesse ne peut s'appliquer (par exemple : « j'ai déjà un très bon fournisseur »), on fournit une réponse « prêt-à-réfuter » que l'on aura pris soin de préparer auparavant. Plusieurs exemples types de traitement d'objections « fausse barbe » sont proposés plus loin (*cf.* « Traitement des objections classiques »).

D'une manière générale? il faut savoir qu'une objection « fausse barbe » dissimule souvent le véritable motif du refus. Le vendeur-grossiste qui se voit opposer un « Merci nous n'avons besoin de rien » doit lire en filigrane « Nous ne vous connaissons pas, nous craignons d'acheter des produits qui ne se vendront pas. »

Dans tous les cas, le bon vendeur accueillera l'objection « fausse barbe » comme une invitation à poursuivre son exposé, après avoir déjoué la manœuvre par une réponse appropriée ou une promesse qui donnera envie à son interlocuteur d'en savoir davantage.

Les objections tactiques

On les rencontre fréquemment chez les acheteurs professionnels qui ont appris l'art d'acheter, comme d'autres ont appris celui de vendre. Le rôle de ces objections est double :

– mettre intentionnellement le vendeur en état d'infériorité pour en obtenir des avantages (rabais, remises, conditions de règlement, etc.);
– éprouver ses qualités avant de lui faire confiance.

Les objections tactiques peuvent revêtir des formes très variées.

Exemples

- Mauvaise humeur de l'acheteur, silence persistant, mauvaise foi.
- Repli derrière la décision d'un supérieur.

Certaines sont classiques :

- « Votre concurrent me fait moins cher. »

- « Je vous en propose tant. C'est à prendre ou à laisser. »
- « Vos concurrents m'offrent ceci si je prends cela… »
- « Vos produits, c'est de la camelote. »

La meilleure contre-offensive consistera, le plus souvent, à ignorer ces objections en enchaînant par un discours qui intéressera le client, ou encore à les démonter par une argumentation implacable (*Cf.* « Traitement des objections classiques ».)

Les objections sincères

L'acheteur invoque un obstacle sincère qui s'oppose à l'achat. Le traitement de ce type d'objection requiert toute l'attention du vendeur qui doit émettre une réponse pertinente. Pour ma part, je considère que là se situe le moment le plus passionnant du métier de vendeur, car il lui permet de pratiquer cet art millénaire et subtil qu'est la dialectique.

Pour réfuter une objection sincère, plusieurs règles doivent être scrupuleusement observées.

En premier lieu, écoutez le client jusqu'au bout, sans l'interrompre, même si la plupart du temps vous détenez déjà la réponse. Témoignez un vif intérêt pour ce qu'il dit. Souvenez-vous que pour le prospect, le problème ou l'objection qu'il évoque représente ce qu'il y a de plus important au moment où il l'exprime. Vous le valorisez en manifestant votre intérêt pour ses remarques. Combien de vendeurs, là encore, offusquent inutilement leur interlocuteur en interrompant ses objections par des « je vous arrête tout de suite, je sais ce que vous allez me dire! » ou toute autre remarque malheureuse.

Gardez votre sang-froid, restez calme, évitez les jugements de valeur du type « Vous vous trompez », ou « C'est faux » qui auraient pour effet immédiat de faire se retrancher le prospect dans une position inexpugnable. Préférez toujours les phrases positives : « Je comprends votre point de vue », « Vous évoquez un point important », « Ce que vous dites est très intéressant ». Vous pourrez ensuite vous livrer à une entreprise de démolition de l'objection… Mais cela, toujours en veillant au respect des règles de la diplomatie et de la bienséance.

Toute discussion dans laquelle le vendeur s'efforcerait de tenir tête à son adversaire est vouée à l'échec. L'art de la réfutation impose au vendeur un « doigté dialectique » ; le contradicteur à qui l'on vient de prouver qu'il a tort doit sauver la face.

On a l'habitude de scinder les objections sincères en deux groupes : les objections sincères non fondées (erronées) et les objections sincères fondées. Dans un cas comme dans l'autre, et du point de vue du prospect, l'objection est toujours fondée. Aussi, pour le vendeur, le mode de réfutation sera-t-il toujours le même. Après avoir laissé le client s'exprimer, le vendeur tentera de savoir si l'objection formulée n'en cache pas une autre, et si tous les griefs se sont bien manifestés. Il convient d'insister sur l'importance de cette phase, capitale pour la bonne conduite du processus de réfutation de l'objection sincère.

Se lancer prématurément à l'assaut de l'objection sans s'assurer que toute la teneur de la critique tient dans la formulation qu'en a faite le prospect constituerait une manœuvre hasardeuse. En effet, dans ce cas, le vendeur concentrerait ses efforts sur des leurres tandis que la vraie cible (la véritable objection) demeurerait cachée dans la conscience du client. Tant que le vendeur n'aura pas découvert le mobile véritable du refus, il s'épuisera en vain et ses chances de victoire seront nulles.

➤ Nota

Si les présentes recommandations ne suffisent pas à détecter et mettre au jour l'objection cachée, le coup du berger, expliqué dans les pages qui vont suivre, constituera la parade absolue contre les non-dits volontaires ou involontaires du prospect.

Exemple

Une vente ratée par le fait d'un vendeur d'ordinateurs trop pressé (et arrogant de surcroît).

L'acheteur : « Les ordinateurs Alpha ne sont pas solides! »

Le vendeur : « Vous plaisantez, ils sont garantis 2 ans pièces et main-d'œuvre. Notre SAV n'a rien à faire de la journée tant les problèmes sont rares. »

L'acheteur : « Peut-être bien, mais je vais réfléchir. »

Dans ce cas, cela sous-entend : « Je ne suis pas convaincu, qu'est-ce qui me prouve que ce vendeur dit la vérité? De toute façon, je n'ai pas envie de donner mon argent à un vendeur condescendant qui me prend pour un plaisantin. »

Exemple

La même vente, réussie par le fait d'un vendeur attentif, courtois et professionnel.

L'acheteur : « Je ne peux pas me permettre d'acheter votre ordinateur, votre marque n'a pas une réputation de solidité. »

Le vendeur : « Qu'est-ce qui vous fait dire cela? »

L'acheteur : « Eh bien, mon associé en avait un dans son bureau et il n'arrêtait pas de s'en plaindre : quand l'écran ne tombait pas en panne, c'était l'alimentation qui chauffait, etc. Aujourd'hui, l'informatique a pris une trop grande place dans mon travail pour que je vive dépendant d'un service après-vente. »

Le vendeur : « Je comprends tout à fait, monsieur Duracuir. Cependant, pouvez-vous me dire à quand remonte l'achat de cet ordinateur Alpha par votre associé? »

L'acheteur : « Il l'a acheté il y a trois ans, et je peux vous assurer qu'il en a changé depuis. »

Le vendeur : « Ah! Je comprends mieux maintenant. C'est vrai qu'à l'époque, les ordinateurs Alpha avaient des problèmes. Jusqu'à ce que la société Epsilon, que vous connaissez certainement de réputation, rachète Alpha. C'était il y a 2 ans. Depuis, toutes les usines Alpha ont été transformées et équipées avec les chaînes de montage et les processus de fabrication Epsilon, dont l'obsession est le « zéro défaut ». Aujourd'hui, les ordinateurs alpha sont d'une très haute fiabilité. Tenez, pour vous le prouver, voici un document interne transmis par notre service après-vente qui révèle les statistiques de pannes de machines au cours des 4 dernières années. Vous voyez, le nombre de machines retournées en atelier de réparation a été divisé par 4 alors que le parc de machines installées est 3 fois supérieur à celui d'il y a 4 ans. En fait, depuis 2 ans, lorsque vous achetez un ordinateur Alpha, vous achetez un Epsilon mais en le payant 25 % moins cher parce qu'il ne porte pas le logo Epsilon. Êtes-vous rassuré à présent quant à la qualité de nos ordinateurs? »

Les objections sincères sont toujours spécifiques et elles appellent une réponse également spécifique. Il n'existe donc pas de réponse « standard » pour ces objections qui seront toujours différentes selon le produit/service vendu. Néanmoins, le simple respect des règles énoncées plus haut conditionne largement la réussite finale. Le second paramètre déterminant dans la parfaite réfutation de l'objection fondée est la maîtrise du produit, voire du marché (d'où l'importance de la culture générale et de la formation du vendeur).

Permettez-moi de vous faire, à l'appui de ce dernier conseil, le récit d'une vente menée avec maestria par Gabriel Bulik, un vendeur exceptionnel que j'ai suivi plusieurs jours durant, et qui illustre on ne peut mieux l'importance de la maîtrise du produit et des composantes du marché dans la réussite des réfutations d'objections sincères. En démarchage direct, sans rendez-vous, nous entrons chez un détaillant qui était manifestement occupé à déballer des cartons; nous le saluons et la conversation s'engage :

> *l'acheteur :* « Désolé, je n'ai pas le temps de vous recevoir. Comme vous pouvez le constater, je viens de recevoir une livraison et je dois déballer la marchandise. »
>
> *Le vendeur :* « Je vois cela, vous devez être débordé. Écoutez, je me suis permis de vous rendre visite sans prendre de rendez-vous parce que je voudrais vous présenter un produit d'une qualité exceptionnelle que vous allez vendre comme du « petit-lait ». [*Sourd à la fausse barbe, le vendeur fit une promesse forte à laquelle le commerçant pouvait difficilement résister.*] Mais comme je vois que vous avez effectivement du pain sur la planche, cela me ferait plaisir de vous donner un coup de main, comme cela vous serez plus détendu pour discuter. » (Refus de faire la vente entre deux cartons.)
>
> *L'acheteur :* « Non merci, c'est gentil, je m'en occuperai plus tard. Passons à l'arrière-boutique, on sera plus à l'aise dans mon bureau. »

Il s'en est suivi une série de questions/réponses faisant apparaître que le client, bien achalandé, n'avait pas de besoins particuliers, si ce n'est celui de tous les commerçants : trouver des produits nouveaux qui se vendraient encore mieux et des fournisseurs qui consentiraient des marges toujours plus importantes… Or, Gabriel Bulik ne vendait qu'une seule gamme de produits à base de Spiruline (une micro-algue alimentaire aux vertus thérapeutiques exceptionnelles, très prisée des amateurs de produits diététiques), donc peu originaux, et les marges qu'il concédait au détaillant étaient des plus « classiques ». Lors de la présentation du produit, le visage du commerçant commença à s'assombrir. On pouvait presque l'entendre penser :

> « Pour l'instant, il n'y a pas de quoi grimper aux rideaux! De la spiruline, j'en ai des stocks pleins. J'espère qu'il va au moins m'annoncer un prix à tomber à la renverse. »
>
> *Le vendeur :* « Voilà, la boîte de 80 gélules, vous la touchez à 5,80 euros. »

C'était effectivement un prix à tomber à la renverse… tant il était supérieur à tous les produits équivalents de la concurrence… On sentit nettement l'air se raréfier, tandis que les sourcils de notre interlocuteur se rejoignaient au-dessus de ses yeux devenus tout petits.

L'acheteur : « Vous rigolez, j'espère! C'est pour me raconter ça que vous vous êtes dérangé? Il ne fallait pas vous donner cette peine. La boîte de Spiruline, je la paie 4,20 euros, et en plus, c'est une boîte qui contient 100 gélules. »

C'est ici que, généralement, le vendeur moyen déclare forfait. Le vendeur hors-pair, lui, ne désarme pas, au contraire, il redouble de professionnalisme. Jugez plutôt.

Le vendeur : « Monsieur Duracuir, pouvez-vous me confier une boîte de gélules de votre Spiruline? »

L'acheteur : « C'est pas difficile, j'en ai des cartons pleins, tenez. »

Le vendeur : « Vous avez raison, il y a 100 gélules. Mais elles sont dosées à 250 mg alors que les nôtres font 500 mg. Si nous avions dosé nos gélules à 250 mg, notre boîte contiendrait 160 gélules et non 80. Nous sommes donc moins chers. Mais vous ne pouviez pas savoir et avec tout le travail que vous avez par ailleurs, vous ne devez pas avoir le temps de comparer tous les prix au kilo. »

L'acheteur : « Effectivement, mais c'est toujours bon à savoir. »

Le vendeur : « D'autre part, et c'est ce qu'il y a de plus important, la Spiruline que vous avez est une variété cultivée au Mexique et qui se nomme *Spirulina Maxima*. La nôtre, la *Spirulina Platensis*, est cultivée dans le désert de Californie, à 200 mètres au-dessous du niveau de la mer, dans des conditions de température et d'hygiène naturelle incomparables, alors que la mexicaine est cultivée à 80 km de Mexico et que la pollution de cette ville se répand au-delà même des bassins de cultures de Spiruline. Résultat, la Spiruline californienne est infiniment plus pure que sa petite sœur mexicaine. Tenez, jugez vous-même ». (Il ouvre une gélule de Spiruline du prospect et répand son contenu sur une feuille blanche, puis il fait de même avec les siennes…) « La différence est frappante, la mexicaine est vert foncé alors que la couleur de la californienne est d'un vert clair éclatant. La clarté de cette Spiruline s'explique par l'absence de métaux lourds, de pesticides et d'agents polluants, que l'autre Spiruline emmagasine dans ses cellules du fait de sa proximité avec le bassin de Mexico. »

Vous constatez qu'à aucun moment le vendeur ne met en accusation le prospect. Il ne dit jamais « Votre Spiruline est mauvaise, par contre, la nôtre… », ce qui aurait pour effet de vexer mortellement le prospect. Au contraire, il en parle avec distance, et sa contre-argumentation ressemble davantage à une simple explication qu'à une réfutation musclée.

Voici la suite :

> *Le vendeur :* « Tenez, j'ai ici les résultats d'une étude effectuée par la très sévère Food & Drugs Administration sur les propriétés de 5 variétés de Spiruline : vous voyez, si vous comparez la *Platensis* à la *Maxima,* vous constatez par exemple que la californienne contient 2 fois plus de chlorophylle, 80 fois plus de beta-carotène, et 2 fois plus de protéines.
>
> D'un autre côté, pour ce qui est des toxiques, la mexicaine contient 5 fois plus d'arsenic, 4 fois plus de plomb et 20 fois plus de mercure. Les biochimistes considèrent généralement que la Spiruline de Californie est 6 fois plus riche en éléments essentiels que la mexicaine. 6 fois 160 gélules cela fait 960. Donc une boîte de 80 gélules de *Spirulina Platensis* équivaut à 9 boîtes de spiruline mexicaine… Calculs à l'appui, elle revient 7,5 fois moins cher. Pour combattre le stress, les carences alimentaires, la fatigue chronique ou pour donner un coup de fouet, il n'existe aucun produit naturel qui fasse plus d'effet que la *Spirulina Platensis.* Vos clients vont en raffoler.
>
> Ah, j'oubliais, je ne suis pas venu les mains vides, j'ai un petit cadeau pour vous. C'est un livre qui retrace l'histoire et toutes les recherches qui ont été menées de par le monde sur la *Spirulina Platensis.* C'est passionnant! »

Les sourcils désormais défroncés, le prospect saisit le livret que lui tendait G. Bulik et se mit à le feuilleter… À ce moment de l'entretien, il était évident qu'il n'avait plus en face de lui un vendeur ordinaire. Gabriel Bulik, qui s'était progressivement transformé en vendeur-conseil, était finalement devenu un vendeur-partenaire. La commande fut importante!

Analysons très rapidement les facteurs de succès :

- excellente préparation (connaissance parfaite du produit, de la concurrence, arguments forts, livret-cadeau, etc.);
- sang-foid, opiniâtreté (résistance aux fausses barbes…);
- réfutation parfaite de l'objection sincère grâce au respect des règles précitées;
- connaissance des grands principes de la vente (règle de l'avantage, valorisation de l'interlocuteur, découverte des besoins, etc.).

Ce n'est pas un « truc » qui a permis la réussite de cette vente, mais une accumulation de facteurs positifs et la réunion d'un grand nombre de compétences du vendeur. Cela ne signifie pas pour autant qu'il faille réunir toute les qualités pour réaliser de « grandes » ventes. Cependant, plus on accumule de compétences, plus importantes sont les chances de succès. À toutes fins utiles, sachez que tous les vendeurs étoiles que j'ai rencontrés n'éprouvent aucune affection pour la chance et le hasard. Ils leur concèdent très peu de place dans leur métier de vendeur.

Traitement des objections classiques

Voici, à titre d'exemple, quelques réfutations « passe-partout » relatives aux objections fausse barbe et tactiques. Le vendeur pourra à loisir les mettre en œuvre telles qu'elles ou les adapter à sa personnalité ou à son métier.

➤ Remarque

Un sous-chapitre entier est consacré à la négociation et à la réfutation d'objections concernant les prix.

Exemples

> *L'acheteur :* « **Merci, mais je ne suis pas intéressé.** »
>
> *Le vendeur :* « Ah? Pour quelles raisons n'êtes-vous pas intéressé? »

Le client sera obligé de formuler une véritable objection que le vendeur pourra traiter avec plus de facilité. Ces questions d'information sont très utiles pour démasquer les « fausses objections ».

> *L'acheteur :* « **Laissez-moi votre documentation, je l'étudierai.** »
>
> *Le vendeur :* « Ce serait avec plaisir, mais malheureusement ces documents sont complémentaires à ma visite. Je vous les remettrai à la fin de notre entretien. Et puis vous savez bien qu'une documentation ne développe pas forcément les points qui vous intéressent. »

> *L'acheteur :* « **Les affaires sont dures, on n'investit plus.** »
>
> *Le vendeur :* « Justement, c'est la raison pour laquelle je voudrais vous montrer un produit qui va vous permettre de développer vos affaires (de faire des économies, de conquérir une nouvelle clientèle, etc.). Pouvez-vous

m'accorder 12 minutes de votre temps, je suis sûr que cela va vous intéresser. »

Ce procédé piquera la curiosité de votre prospect, qui ne pourra s'empêcher de penser : « Et si ce vendeur disait vrai? » Beaucoup de prospects se plaignent et invoquent les difficultés conjoncturelles, la concurrence acharnée et autres plaies du commerce. Quand vous les connaissez, vous constatez que ce sont d'éternels insatisfaits... Affichez un optimisme serein et exprimez-leur votre confiance dans l'amélioration de leur situation... grâce à l'intervention de vos produits.

L'acheteur : **« J'ai déjà un fournisseur. »**

Le vendeur : « Je n'en doute pas [*sourire courtois*], je n'imaginais pas que vous attendiez ma visite pour vous approvisionner [*sourire*]. Si je me suis permis de vous rendre visite, c'est que je voudrais vous présenter un nouveau produit qui va vous permettre de... [*énoncer une promesse en tenant compte de la méthode SACOL*] ».

Autre éventualité, lorsque l'acheteur est apparemment très lié à son fournisseur (qui peut être un ami, un parent ou un fournisseur de longue date).

Le vendeur : « Un jour ou l'autre, vous pourriez avoir besoin d'un second fournisseur. Une grève, une rupture de stock, un problème de fabrication ou autre peut survenir à tout moment chez votre fournisseur habituel. À ce moment, vous serez certainement content de disposer d'une roue de secours, et nous serons ravis de pouvoir vous aider. De plus, je suis sûr que les prix que nous pratiquons (ou la qualité de nos produits) vous donneront entière satisfaction. »

Immanquablement, le vendeur éveillera l'intérêt du client. Ensuite, selon la réceptivité du prospect, le vendeur pourra enchaîner de la façon suivante :

Le vendeur : « Je désire commencer avec de petites quantités. Jouer le rôle de second me ferait déjà très plaisir » [*le vendeur joue sur l'orgueil de l'acheteur qui, flatté, pourra se montrer moins enclin à décliner son offre*].

L'acheteur : **« Je n'ai pas d'argent en ce moment. »**

Objection sincère ou objection tactique? Nul ne le sait! Certains prospects brandissent cette objection pour renvoyer les vendeurs car ils savent qu'il n'y a rien qui les effraie davantage qu'un client « sans le sou ». Ce n'est que lorsque vous ferez face au prospect que vous pourrez vous faire une opinion. Il est des signes extérieurs de richesse qui ne trompent pas… Un immeuble cossu, du matériel de bureau dernier cri, etc. Et quand bien même l'objection du prospect serait fondée, une trésorerie vit, évolue. Un budget se reconduit, et le crédit apporte quelques facilités.

Le vendeur : « Effectivement, c'est une bonne raison. Toutefois, j'aimerais vivement vous présenter ce nouveau produit [*ou toute phrase exploitant un avantage SACOL*]. Ainsi, le jour où vous serez en mesure d'investir, vous pourrez faire le meilleur choix au mieux de vos intérêts.

Lorsque le produit ou service du vendeur le permet, une réfutation intéressante consiste à dire : « Et si je vous proposais d'en gagner, qu'en diriez-vous? ». Si la démonstration est bien menée et que le prospect témoigne de l'intérêt, le vendeur essaiera de conclure la vente normalement. Mais si le premier invoque à nouveau le manque de fonds, le vendeur pourra alors négocier des facilités de paiement ou un report de livraison.

Concernant la contre-argumentation de cette objection, voici la technique de Gilles Chapeau (commercial en chaussures à la société Asco Eegim Shoes qui vend à lui seul quelques centaines de milliers de paires par an) : « *Que vous n'ayez pas d'argent n'a pas d'importance. Pour ma part, je suis un homme de principe et j'accorde plus d'importance à votre parole qu'à n'importe quelle signature au bas d'un contrat.* » Imparable. Refuser reviendrait à avouer sa malhonnêteté. En outre, le prospect qui s'engagera à acheter à échéance n'osera même plus se rétracter de crainte de passer pour un parjure. Enfin, cette démarche aura pour effet de rassurer le prospect quant à la probité du vendeur. Tous les vendeurs savent combien il est capital d'inspirer confiance!

L'acheteur : « **J'ai besoin de réfléchir.** »

Voilà l'exemple type d'une tendance à la procrastination. Il s'agit d'une objection difficile à relever car le vendeur, en insistant, a le sentiment d'importuner le prospect. Que l'on ne se berce pas d'illusions : 90 % des prospects qui disent vouloir réfléchir ne sont pas intéressés par l'offre et cherchent ainsi à congédier courtoisement le vendeur.

Pour parer cette objection, le vendeur s'efforcera de découvrir ce que cache cette fausse barbe.

Le vendeur : « Pouvons-nous profiter de ma présence et de mon expertise sur le sujet pour réfléchir ensemble? Qu'est-ce qui vous préoccupe exactement? »

Ou encore :

Sur quel point allez-vous faire porter votre réflexion?

Si ces questions ne parviennent pas à élucider les raisons du blocage, il convient d'aborder le problème de front :

« Pardonnez-moi d'insister, Monsieur Machpro, mais je sais d'expérience qu'un client qui déclare vouloir réfléchir n'est pas intéressé. Y a-t-il dans ma proposition quelque chose qui vous fasse hésiter et que vous n'osez pas évoquer? Si vous le voulez bien, j'aimerais m'assurer avec vous qu'il ne subsiste aucune zone d'ombre. Car je suis vraiment convaincu que ce produit/service vous donnera une totale satisfaction.

➤ Réfutation des objections spécifiques à votre produit/service

Lorsqu'une objection sincère et spécifique à votre produit/service revient souvent dans la bouche d'un prospect, la procédure à suivre est simple : concernant la forme, il suffit d'appliquer les directives sur le traitement des objections sincères. Sur le fond, comme il s'agit d'objections courantes, vous devez impérativement préparer une réponse « toute faite ». L'élaboration de cette réponse pourra s'inspirer du modèle de l'argument (exemple 1), ou encore respecter le schéma de réfutation suivant :

- accepter, valider l'objection;
- réfuter l'objection;
- envoyer un accusé de réception (ai-je répondu à votre question? Êtes-vous rassuré maintenant?) ou une relance d'intérêt (exemple 2).

Exemple 1 (vendeur d'espaces publicitaires face à l'annonceur)

L'acheteur : « Je veux bien passer une publicité dans votre revue, mais comment serai-je sûr que vous tirez à 50 000 exemplaires et que je ne vais pas surpayer l'espace publicitaire? »

Le vendeur : « Vous avez raison, c'est important. Vous voulez avoir la preuve que nous tirons vraiment à 50 000 exemplaires? C'est bien simple, le tirage est contrôlé et visé par l'Office de justification de la diffusion qui est un organisme d'État indépendant, et le seul qui soit habilité à délivrer un visa officiel. D'ailleurs, il constitue le principal repère des agences de publicité.

Tenez, voici une photocopie de ce document que vous pouvez garder. Vous pouvez donc le constater, le tirage moyen de 50 000 exemplaires est certifié. Êtes-vous rassuré sur ce point? »

Exemple 2 (vendeur de produits d'assurance/prévoyance)

Le prospect : « Avant de souscrire quoi que ce soit, je vais demander conseil à un ami qui s'y connaît. »

Le vendeur : « Vous avez raison, lorsqu'il s'agit de prévoyance, il vaut mieux ne pas s'engager à la légère. [*Validation de l'objection.*] « Cependant, vous savez bien que les conseilleurs ne sont pas les payeurs. Si votre ami vous conseille de souscrire cette police d'assurance, ce n'est pas lui qui paiera la prime à votre place. Mais là n'est pas le problème, monsieur Machpro. Imaginons maintenant que votre ami vous déconseille de souscrire cette police et que, demain, vous veniez à disparaître. Pensez-vous que votre ami subviendra aux besoins financiers de votre famille? Est-ce votre ami qui paiera leurs études à vos enfants, qui réglera les droits de succession ou financera les frais d'obsèques? Non, définitivement non. C'est donc à vous, et à vous seul, qu'il appartient de prendre la décision de souscrire ou non ce contrat de prévoyance. » [*Réfutation de l'objection.*] « Tenez, si demain vous veniez à disparaître, de quelle somme votre épouse aurait-elle besoin pour pouvoir se retourner? » [*Relance d'intérêt.*]

Avantages de la réfutation « toute faite » par rapport à l'improvisation

- Le vendeur n'a pas à chercher ses mots, il évite ainsi toute méprise, confusion ou redite;
- La mise en forme de la réfutation, le choix des preuves rendent possible une bonne compréhension et partant, une bonne assimilation des arguments par le prospect;
- La clarté, l'éloquence et la qualité de l'argumentation préparée confèrent une image de professionnalisme au vendeur, et de sérieux à l'entreprise qu'il représente. Le prospect se sent en confiance.

Le coup du berger

Il s'appelle Henri Cohen, et il est négociateur de haute volée au sein de la société Bull. C'est à lui que nous devons cette méthode remarquable de traitement des objections sincères.

Tant qu'une objection demeure vivace dans l'esprit du prospect, celui-ci n'achète pas. Comme nous l'avons démontré précédemment, le vendeur doit dissiper toutes les objections qui lui sont opposées pour avoir une chance d'aboutir. Mais comment s'assurer que le prospect a bien « vidé son sac » ? C'est précisément la vocation de cette technique, dont l'originalité en fait une arme à deux tranchants :

- d'un côté, elle va provoquer l'aveu de toutes les objections cachées du prospect,
- de l'autre, elle prépare et facilite la conclusion qui logiquement lui fait suite.

Entrons dans le détail. Cette méthode se décompose en trois étapes.

➤ 1. Valider l'objection

C'est l'attitude classique du vendeur qui écoute l'objection jusqu'au bout, montre qu'elle l'intéresse et pose toutes les questions lui permettant de s'assurer qu'elle n'en cache pas d'autres. Le vendeur, au moyen de ces questions, va conduire son interlocuteur à reformuler l'objection et à la rendre plus explicite, de manière à en saisir tous les aspects.

➤ 2. Isoler l'objection

C'est encore une question qui va faire progresser la démarche du vendeur. Elle aura pour but d'identifier clairement l'objection et de provoquer l'énonciation des objections cachées (si toutefois elles existent).

- « À part ce problème, est-ce que tout est clair? »
- « Y a-t-il un autre point qui vous gêne? »

➤ 3. Pré-conclure

Après avoir identifié le(s) motif(s) de son tourment et reconnu son intérêt conditionnel pour le produit (conditionnel, tant que le problème subsiste), le prospect doit maintenant s'engager davantage et promettre d'acheter si la difficulté reçoit une solution.

Exemples

- « Dans la mesure où je peux répondre, vous êtes d'accord? »
- « Si ce point n'existait pas, vous seriez d'accord? »
- « Si je peux vous répondre favorablement, vous êtes d'accord pour… » [*vous équiper, en acheter, commander, ou tout autre terme appelant à un engagement sans équivoque*].

Lors de cette dernière question, le prospect peut tout à coup révéler une objection cachée, car il comprend bien à ce moment que s'il répond positivement, il ne pourra plus se rétracter.

En effet, le client se trouve mis au pied du mur. S'il accepte, il ne peut plus faire machine arrière. Parfois, la réponse revêt la forme d'un :

« Oui, mais il faudrait aussi que… »

Faisant apparaître une nouvelle objection. Le vendeur, faussement contrarié, répliquera :

« Écoutez, je ne comprends pas, tout à l'heure vous n'évoquiez que le problème de… Maintenant vous dites qu'il y a aussi… [*nouvelle objection*]. Est-ce qu'il y a encore autre chose? Parce que je veux être sûr de bien comprendre tous vos besoins. »

Et le vendeur réitérera la troisième phase : « Donc, dans l'hypothèse où je peux répondre aux deux points que vous venez de soulever, vous êtes d'accord? »

À l'instar du jeu d'échecs, le coup du berger met l'adversaire « échec et mat » en trois coups. Comme dans l'exemple suivant :

Le coup du berger par l'exemple

Vendeur de systèmes électroniques.

L'acheteur : « Votre carte n'est pas capable de recevoir le volume de données nécessaire à notre utilisation. Nos applications peuvent demander jusqu'à 45 Mo et votre carte plafonne à 32 Mo. »

Le vendeur : « Je comprends bien votre position. Pourtant vous êtes d'accord pour reconnaître la puissance et la convivialité de notre système? »

L'acheteur : « J'en conviens. Mais ce problème d'espace mémoire est rédhibitoire. »

Le vendeur : « Très bien. Et à part ce point, y a-t-il quelque chose qui vous gêne? ».

L'acheteur : « Non, c'est vraiment le seul aspect négatif. Parce qu'avec 115 000 bauds, la vitesse de communication est remarquable et 80 Mhz de fréquence de traitement de CPU, c'est parfait. »

Le vendeur : « Et si l'on pouvait résoudre ce problème d'espace mémoire, vous seriez intéressé? »

L'acheteur : « Assurément. Mais je ne vois pas comment vous pourriez satisfaire mes exigences. Vous ne pouvez pas concevoir une nouvelle carte pour me faire plaisir. »

Le vendeur : « Ce ne sera pas nécessaire car nous avions prévu ce cas. Notre carte a été conçue pour recevoir une extension de mémoire sur demande. Effectivement, en standard c'est 32 Mo, mais vous pouvez rajouter jusqu'à 512 Mo de mémoire sans modifier les performances du système. »

L'art de conclure

Le taux d'adrénaline grimpe dans l'attente du verdict... Nous voici enfin au stade de la conclusion de la vente, ce moment tant attendu qui signe la consécration ou l'échec de la rencontre.

La peur de conclure

En pratique, la conclusion est une phase que redoutent à la fois l'acheteur et le vendeur. L'acheteur hésite entre son désir d'acheter et sa peur de commettre une erreur, risque d'autant plus grand pour lui que sa décision aura des conséquences plus ou moins importantes sur sa fortune ou sa situation personnelle. Pourtant, les acheteurs passent à l'acte d'achat assez rapidement, pour peu qu'ils se sentent guidés et rassurés.

De son côté, le vendeur a peur de conclure parce qu'il appréhende une réponse négative à sa proposition. Il hésite donc, tergiverse, ne parvenant pas à déceler chez son interlocuteur l'indice qui trahit le désir d'acheter. Selon les études d'un cabinet d'audit commercial, 63 % des vendeurs n'ont pas le courage de demander à leur client de s'engager. Certains vendeurs redoutent tellement le verdict de l'acheteur qu'ils argumentent encore et encore, jusqu'à semer le doute dans l'esprit du client pourtant décidé à acheter. Eh oui! La peur est contagieuse, et le client finira par penser que « cette insistance cache quelque chose, il doit y avoir quelque vice caché ». Combien de ventes se sont noyées dans un flot de paroles inutiles, d'atermoiements et de considérations superfétatoires de la part de vendeurs littéralement « bloqués » ! N'oubliez jamais ceci : le prospect n'endossera pas l'habit du vendeur. Il n'achètera pas si ce dernier ne le lui propose pas.

Le commercial qui n'ose pas conclure dénonce son manque de confiance en sa capacité à apporter une solution aux besoins du prospect. Il s'agit là d'un banal problème de motivation déficiente, mais très regrettable, car la motivation en tant qu'arme commerciale est un facteur de réussite tout aussi essentiel que la maîtrise de la technique (c'est la raison pour laquelle nous lui avons consacré une partie importante du chapitre consacré à la psychologie du vendeur).

Pour l'heure, revenons au problème qui nous préoccupe, à savoir la volubilité excessive du vendeur. Fort heureusement, la « surexcitation verbale » et autres « phobies de la conclusion » se guérissent facilement, au moyen d'un traitement préventif en deux temps exigeant de la part du vendeur qu'il :

– apprenne à reconnaître les signaux d'achat provenant du prospect (lesquels signifient qu'il devra interrompre son argumentation et conclure) ;
– s'initie aux différentes techniques de conclusion.

Quand faut-il conclure?

La conclusion ne peut être envisagée qu'à deux conditions :

– que les objections fondamentales aient été traitées,
– que le client soit suffisamment convaincu par l'offre du vendeur.

Mais, me direz-vous, à quoi reconnaît-on un prospect convaincu? Pour une fois, c'est le prospect lui-même qui fournit la réponse, en émettant des signaux d'achat. Le vendeur aux aguets les détectera aisément tant leur forme est caractéristique : manipulation de l'échantillon et lecture de la notice, silence prolongé à la fin de l'argumentaire du vendeur accompagné d'un hochement de tête... Plus généralement, les signaux d'achat prendront la forme d'une réflexion ou d'une question au travers de laquelle le prospect parle du produit comme s'il en était déjà propriétaire :

- « Il n'y a plus de place dans ces bureaux. Où voulez-vous que j'installe cette table traçante? »
- « En ce qui concerne les règlements, sachez que tous nos fournisseurs sont payés à 60 jours. »
- « Quels sont les délais de livraison? »
- « Comment cela se passe en cas de panne? »
- « Si je vous passe commande, est-ce que...? »

Certains signaux sont beaucoup plus délicats à interpréter, mais trahissent tout autant l'intérêt du prospect pour la proposition commerciale. Ainsi, lorsque soudainement le prospect appelle un collègue de travail pour lui demander d'assister à la démonstration ou qu'il sollicite l'avis d'une autre personne, le message est clair, il signifie : « Ça m'intéresse, mais j'ai peur de m'engager… J'aimerais qu'on me rassure encore. »

Enfin, le signal le plus fréquemment émis par les acheteurs professionnels, et aussi le plus dangereux, prend la forme d'une demande supplémentaire : l'acheteur est décidé à traiter aux conditions du vendeur, mais comme il n'a pas dévoilé son intention d'achat, il essaie tout simplement de négocier des avantages supplémentaires. L'un pensera : « c'est toujours ça de gagné », un autre raisonnera : « voyons ce que ce vendeur a dans le ventre, je vais essayer d'en obtenir le maximum ».

- « Si vous offrez l'installation et la formation sur site, je vous commande le système. »
- « Je veux bien vous passer commande, mais il faudra m'accorder une remise plus importante. »
- « Quand on commande par 10, vous offrez le onzième? »

Si l'avantage qui vous est réclamé est acceptable, concédez-le… Mais attention, **jamais** sans contrepartie (*cf.* chapitre 3). Autrement dit, vous devez en profiter pour obtenir, à votre tour, quelque chose du client en échange de votre bonne volonté : par exemple, un engagement immédiat ou une commande supérieure. Toutefois, si l'avantage qui vous est demandé est trop important, vous allez devoir négocier avec professionnalisme. Le chapitre 3 se chargera de vous enseigner le maniement des armes de la négociation.

En résumé, dès que vous repérez le moindre signe d'agrément (signal d'achat), cessez toute argumentation. Concluez!

Comment conclure?

Les techniques de conclusion ont déjà fait couler beaucoup d'encre. Tout a été écrit sur le sujet, le meilleur et le pire. Chaque maître à penser de la vente s'est évertué à découvrir et mettre au point la technique infaillible, d'application universelle! Aussi je tiens à vous l'annoncer d'emblée : il n'existe aucune technique pour faire signer le prospect à coup sûr. Dans ce cas, comment font alors les meilleurs vendeurs pour engranger plus de commandes que tous les autres? Peut-être serez-vous surpris, mais la plupart des vendeurs d'élite n'emploient aucune technique particulière si ce n'est la plus simple et la plus naturelle : la proposition directe. En d'autres termes, ils proposent directement au client de passer commande (méthode développée ci-après).

Comme nous l'avons vu, les techniques de conclusion pratiquées habituellement sont nombreuses et variées. Certaines relèvent de l'hérésie pure, d'autres ne peuvent s'appliquer que dans un contexte particulier; enfin, presque toutes utilisent des procédés dilatoires pour arriver à formuler une simple demande d'engagement. Pourquoi faire simple quand on peut faire compliqué! En outre, user d'un biais quelconque en guise de conclusion risque de raviver la méfiance du client et de lui donner le sentiment qu'une manigance s'opère à son détriment.

Dans cet ouvrage ne seront exposées que les techniques utilisées par les meilleurs vendeurs, à l'exclusion de toute autre. Car en matière de conclusion, les mécanismes imparables et les rues de Sioux ne sont que des pièces de musée, flambant neuves pour n'avoir jamais servi. Toutefois, pour satisfaire votre curiosité, nous en examinerons une un peu plus loin. En remerciant le musée de la naïveté commerciale de nous l'avoir prêtée!

➤ La proposition directe

Elle constitue la formule la plus usitée. En fait, la proposition directe n'est pas une technique à proprement parler mais plutôt l'aboutissement naturel de l'entretien de vente. Rappelons que cette étape intervient après que le prospect a reconnu que le produit répond à ses besoins, et après que toutes les objections de fond ont été traitées. Dans ces conditions, la conclusion est tout à fait naturelle. Le client l'attend.

Si les portes de sortie ont été convenablement verrouillées (par la mise en œuvre du coup du berger, par exemple), la conclusion se fera sans effort de votre part tant elle apparaîtra évidente. Plus généralement, la proposition directe consistera à demander simplement au client de s'engager. Peut-être trouverez-vous cette méthode trop brutale? Si tel est le cas, il faudra alors vous faire violence car aucun procédé ne produira plus d'effet! Je vous l'avoue, j'ai moi-même longtemps cherché à découvrir la tactique absolue, la formule miracle de la conclusion. Au cours de mes rendez-vous professionnels, j'ai testé tous les stratagèmes, employé toutes sortes de ruses élaborées... Pour finalement revenir à la case départ : la proposition directe, porte-drapeau de la franchise et du naturel.

Bien entendu, le vendeur prendra soin de présenter sa requête avec doigté et gentillesse… Le prospect convenablement mis en condition y répondra le plus simplement du monde, avec plaisir. Et même avec un double plaisir : celui de faire l'acquisition d'un produit ou service dont vous lui avez donné l'envie, et celui de vous confier sa commande. L'être humain, c'est bien connu, éprouve souvent plus de plaisir à donner qu'à recevoir.

Attention! La proposition directe ne consiste pas à demander tout à trac : « Voulez vous remplir le bon de commande? ». Ce serait une insigne maladresse; le prospect pourrait se « braquer ». Fort heureusement, la langue française est assez riche et nuancée pour permettre une formulation plus douce.

Exemples

> « Si je résume, vous désirez un appareil autofocus avec un flash incorporé pour moins de 500 euros. Le Canolta Y52 répond exactement à votre demande… C'est bon? Vous le prenez? »

Toute formule équivalente fera aussi bien l'affaire :

> « On y va? On vous l'installe cette semaine? »
>
> « C'est OK? Je vous en livre une palette? », etc.

Vous pouvez également conclure la vente par la phrase passe-partout suivante :

> « … Eh bien, je vous propose de concrétiser tout ce que nous venons de voir en établissant les documents habituels. »

Cette formulation s'avérera préférable à la désormais classique « je vous propose de passer à la signature du contrat ». En effet, les termes « établir » et « documents » paraissent moins comminatoires que « signer » et « contrat ».

➤ La fausse alternative

Bien que déjà très ancienne, cette technique est toujours d'actualité car son efficacité est remarquable. Nous l'avons déjà étudiée en marketing téléphonique (*cf.* chapitre 1), mais il s'agit cette fois de l'appliquer à la conclusion de l'entretien de vente. Rappelons son principe : généralement, en fin d'entretien, le vendeur fait choisir l'acheteur entre l'acceptation et le refus de l'offre. Dans la technique dite de la fausse alternative, l'acheteur est également mis en situation de choisir, mais cette fois les dés sont pipés et le vendeur sort toujours gagnant de l'épreuve. Ce n'est pas un miracle puisque ce dernier ne propose que des choix qui lui sont favorables.

Exemples

• Vendeur d'espaces publicitaires :
« Compte tenu de votre budget, vous préférez la page en noir et blanc ou la demi-page couleur ? »

• Vendeur-grossiste :
« Que préférez-vous, 10 cartons au tarif normal ou 20 cartons avec 5 % de remise en plus ? »

• Vendeur automobile :
« Alors, on part sur le modèle de base ou sur celui avec GPS et climatisation ? »

• Agent immobilier :
« Entre le petit pavillon en bord de mer et celui au milieu des pins avec piscine, lequel vous attire le plus ? »

• Fausse alternative humoristique :
« On signe maintenant ou tout de suite ? »

➤ La vente présumée

Alors que la proposition directe laissait au prospect le choix entre oui et non et que la fausse alternative offrait un choix entre oui et oui, la vente présumée, quant à elle, ne laisse plus aucune alternative. Elle considère que la vente est acquise. Le vendeur en situation de conclure évoquera l'après-signature de l'engagement, et ce tout en remplissant son bon de commande.

Exemples

• Vendeur de matériel de radiologie médicale :
« … Et quand on vous installera ce système de radiologie, par où souhaitez-vous que l'on fasse passer la câblerie ? Par le sol, le faux-plafond, les plinthes ? »

• Vendeur de produits financiers :
« De quel montant voulez-vous être prélevé chaque mois, pour développer ce compte d'épargne-retraite ? »

- Vendeur d'aliments de bétail :
« Quand on vous livrera, à quel endroit désirez-vous que l'on dépose le roc salé de 250 kg? »

Attention

La technique de la vente présumée, plus qu'une autre, exige pour sa parfaite efficacité, l'obtention préalable et certaine d'un signal d'achat.

➤ La technique interdite

Chose promise, chose due. J'ai maintenant le regret de vous présenter une méthode de conclusion supposée géniale, et que je qualifierai pour ma part de technique scabreuse. Elle émanerait d'un soi-disant roi de la vente dont je tairai le nom par respect de l'éthique. Cette technique, dite du complexe, est présentée comme étant « d'une extraordinaire efficacité »… Je voudrais ajouter : pour qui veut échouer à coup sûr. Elle repose sur l'utilisation de l'orgueil fondamental de l'être humain. Son auteur part du principe que les gens recherchent de préférence ce qu'ils ne peuvent pas s'offrir. Aussi la stratégie du vendeur consistera-t-elle à mettre implicitement l'acheteur au défi de se montrer digne du produit. Il ne s'agit plus de demander au client s'il « veut acheter », mais s'il « peut acheter ». Ainsi provoqué, le client oublie sa crainte d'acheter et veut prouver son aptitude à mériter le produit en s'en portant acquéreur.

Enfin, pour étayer son principe, l'auteur cite l'exemple d'un vendeur de voitures : « *Je vais être franc avec vous, Jack, dit le vendeur, je vous conseille le modèle XYZ dans le milieu de gamme, car je ne crois pas que vous ayez les moyens de vous payer le haut de gamme.* »

Je ne peux que vous déconseiller de vous essayer à ce jeu. Vous en sortiriez rapidement disqualifié. Un acheteur humilié ne récompensera certainement pas celui qui l'a offensé en lui offrant sa commande. Et quand bien même le principe de cette méthode fonctionnerait, l'acheteur prendrait un malin plaisir à passer sa commande… à la concurrence. Cela, pour se venger de l'affront qui lui a été infligé. Il y a même fort à parier que certains acheteurs retourneraient à leur premier vendeur pour lui dire : « Vous m'avez pris pour un minable? Mordez-vous-en les doigts, car je viens de passer une belle commande à votre concurrent! » C'est en professant ce genre d'ineptie que de pseudo-vendeurs détériorent l'image d'un beau métier.

➤ Silence, on vend!

Pour donner plus de relief à la règle d'or qui va suivre, et que certains vendeurs considèrent comme l'un des piliers de la vente, je voudrais emprunter une citation à Maurice Maeterlink, tiré de son œuvre *Le trésor des humbles* : « Le silence est l'élément dans lequel se forment les grandes choses, pour qu'enfin elles puisent émerger ». Vous l'avez deviné, après avoir demandé l'engagement du client, plus un mot... « pour qu'enfin la décision puisse émerger ». L'orthodoxie commerciale impose même de ne plus parler et ce, tant que le prospect n'a pas lui-même rompu le silence! À bon entendeur...

Secrets de vendeurs d'élite

Certaines vendeurs recourent parfois à l'usage de trucs et de ficelles pour faciliter la négociation ou accroître leur capacité de conviction. Voici donc révélées quelques-unes des astuces de vendeurs parmi les plus intéressantes. Qu'il me soit permis de remercier ici tous les vendeurs qui ont accepté de dévoiler leurs secrets.

Attention! Les astuces ne sont pas une panacée. En aucun cas elles ne permettent à elles seules de remporter la commande. Elles n'ont pas non plus pour vocation de flouer l'acheteur. Mais elles peuvent effectivement constituer une carte décisive, à condition que le vendeur ait déjà un bon jeu. Découvrons-les.

Le canard boiteux

L'écrasante majorité des prospects n'est pas constituée de naïfs, mais de personnes qui savent que le vendeur est payé pour vendre et que sa mission le destine à repartir avec un bon de commande signé. C'est donc rarement sans méfiance que le prospect accueille le discours commercial du vendeur. *A priori* soupçonneux vis-à-vis d'un nouveau vendeur, le prospect doit être rassuré. Comment gagner la confiance de l'acheteur suspicieux ? En lui démontrant votre bonne foi par l'entremise d'un « canard boiteux ».

Le « canard boiteux » est un produit obsolète, dépassé ou peu recommandable, que le vendeur va présenter en dénonçant ses inconvénients.

Quel gage d'honnêteté pour le client! En effet, ce vendeur qu'il soupçonnait de vouloir lui en « coller » un maximum se révèle soudain un véritable conseiller. L'acheteur ne tarde pas à penser : « Ce commercial défend vraiment mes intérêts comme il le prétend, puisqu'il me déconseille d'acheter ce produit. Il joue contre son camp pour ne pas me léser. Je peux lui faire confiance. »

Bien entendu, le canard boiteux sera un leurre, un produit sans importance commerciale. Quant à la critique qu'en fait le vendeur, elle devra être suffisamment habile pour ne pas porter préjudice à son entreprise.

Exemples

• **Vendeur/grossiste en accessoires de mode** (le canard boiteux est un produit démodé glissé volontairement dans les échantillons présentés à l'acheteur) :
« Ce modèle de foulard se vend très bien, vous pouvez y aller. Par contre, je vous déconseille ce modèle-là (désignant le canard), il est de la saison passée, vous auriez du mal à l'écouler. »

• **Vendeur de produits financiers :**
« Je préfère encore que vous gardiez votre argent plutôt que de vous voir acheter des actions de la société Bank Rout. Je vous conseille plutôt d'investir dans l'entreprise hollandaise Van Hampoup ».

• **Antiquaire** (pour mettre en valeur une collection de statuettes, l'antiquaire glisse un canard boiteux, bibelot insignifiant qui trône à côté d'objets spectaculaires) :
« Dans le style 1930, je peux vous montrer quelques statuettes de femme en bronze que voici… Je ne vous ferai pas l'affront de vous présenter celle-là, j'ai été obligé de la prendre parce qu'elle faisait partie d'un lot indivisible, dans lequel figuraient par contre ces magnifiques statuettes. »

Le mauvais vendeur

Aujourd'hui, dans un milieu très concurrentiel, toute la différence tient dans l'agressivité commerciale. L'entreprise, les associés, les banquiers, les tiers ont une soif inextinguible de chiffre d'affaires. Vendre plus, toujours plus! Les journaux affichent les millions de bénéfice de celui-ci, les milliards de chiffre d'affaires de celui-là. Et le nerf de cette guerre, c'est toujours la vente. Et c'est à celui qui vendra le plus… Prime sur chiffre d'affaires, voyages ou voitures offertes, tout est bon pour inciter le vendeur à toujours vendre davantage. Encore une fois, les acheteurs le savent et certains le vivent très mal... Ils ont le sentiment (parfois à juste titre malheureusement) de ne représenter qu'un chèque aux yeux du vendeur. Résultat : ces acheteurs témoignent une grande méfiance à l'égard des vendeurs. Il ont la hantise du « super-vendeur » sortant triomphant de chez eux, la commande en poche, et courant aussitôt à l'assaut de sa prochaine victime. C'est le syndrome du « vendeur-prédateur » (je ne prétends certes pas que tous les vendeurs soient de blanches brebis; à l'instar des autres professions, la vente possède son contingent de brebis galeuses).

Une fois de plus, le maître mot sera : **rassurer**. Pour y parvenir, le vendeur doit casser cette image de « super-commercial irrésistible », rompre avec le mythe du « pourfendeur d'acheteurs ». Le meilleur moyen de rassurer le prospect suspicieux consiste à faire preuve d'humilité : amoindrir son rôle, ses compétences pour faire ressortir les qualités du produit.

Alain Toutain, meilleur vendeur d'aspirateurs en porte à porte chez Lux France, a même une formule : « Lorsqu'un vendeur sent trop le vendeur, la vente est perdue. » Il ne faut jamais montrer qu'on a besoin de vendre, mais qu'on en a envie.

Exemple

L'acheteur : « Vous êtes un vendeur, vous êtes payé pour essayer de m'avoir. »

Le vendeur : « De ce point de vue-là, vous pouvez être tranquille, je suis bien incapable de forcer la vente. Vous savez, je désire établir une relation de confiance avec vous, pour une collaboration à long terme. Je n'aurais pas une chance sur cent d'y parvenir si j'essayais de vous léser. Sincèrement, vous pourrez le vérifier quand nous travaillerons ensemble, nous attachons une importance capitale au respect de la déontologie. Entre nous, je peux vous le dire, si j'enregistre une certaine réussite dans la vente, je ne la dois pas à mes piètres talents de vendeur. Ce sont les produits que nous offrons qui plaisent beaucoup... Ils se vendent tout seuls. »

Vous serez surpris de l'efficacité de cette formule. Elle provient d'un vendeur d'élite, Michel Sabbah, vingt-cinq ans d'expérience en vente directe. Il m'a même avoué utiliser systématiquement les trois dernières phrases pour rassurer ses clients.

N'ayez pas peur de vous dévaloriser, vous ne passerez pas pour un incompétent, au contraire, on louera votre modestie. En agissant ainsi, vous pourrez orienter favorablement la perception qu'a le prospect de vous-même; transformer un sentiment négatif du type « *Ce vendeur se croit très fort, je ne me laisserai pas prendre à ses arguments fallacieux* », en opinion salutaire qui pourra s'exprimer ainsi : « *Enfin un vendeur qui ne se croit pas sorti de la cuisse de Jupiter... Apparemment, aux yeux de ce commercial, je représente autre chose qu'un pourcentage de commission. Voilà qui fait plaisir.* »

La crise de sincérité

Lorsque votre prospect se montre hésitant vis-à-vis de votre offre, il existe une technique remarquable pour orienter son choix à votre profit : c'est la crise de sincérité. Cette technique consiste tout simplement à faire vibrer la corde humaine et sensible de l'acheteur, en le prenant par les sentiments. Elle se révèle être un catalyseur d'une efficacité étonnante. Au demeurant, elle rapproche les acteurs de la négociation, qui délaissent la relation formelle et distante acheteur/vendeur, pour communiquer sur une fréquence plus courte, d'homme à homme.

Exemples

L'acheteur : « Je ne sais pas, j'hésite encore. »

Le vendeur : « Écoutez, ce n'est un secret pour personne, j'ai très envie de faire affaire avec vous. Je serais vraiment très heureux, si l'on pouvait parvenir à un accord. »

L'acheteur [soupir] : « J'ai du mal à me décider... »

Le vendeur : « Sincèrement, monsieur Duracuir, je sais que cela peut paraître suspect parce que je suis commercial, mais s'il vous plaît, faites-moi confiance, je suis absolument certain que vous en serez très content. »

N'ayez pas peur de prendre l'acheteur par les sentiments, ne craignez pas de lui avouer qu'il est important pour vous. Soyez naturel, allez-y sans fausse honte : laissez parler votre cœur et oubliez votre orgueil. Les résultats de cette approche ne sont plus à démontrer. La franchise, « cela paie » !

Attention! La crise de sincérité n'a aucun effet sur une objection sincère.

Je suis au fixe

Comme constaté plus haut, les acheteurs sont *a priori* méfiants à l'égard du vendeur. Ils savent que ce dernier est commissionné sur ses ventes (l'écrasante majorité des vendeurs le sont). Le client sait que lorsqu'il achète, il influence directement la fiche de paie de son vendeur; c'est pourquoi l'acheteur reçoit avec appréhension le discours commercial dont il redoute qu'il ne soit motivé que par des intérêts pécuniaires. Pour dissiper les craintes du client, le vendeur pourra user d'un artifice en prétendant n'être rémunéré qu'« au fixe ». Si je vous livre cette astuce, c'est qu'elle m'a été chaudement recommandée par un talentueux vendeur, car pour ma part, je déplore toujours l'usage de quelque mensonge que ce soit. Malheureusement, certains acheteurs hermétiques, il est vrai, ne consentent à s'ouvrir qu'en entendant ce genre de « formule-sésame ».

Attention! qu'on ne me fasse pas dire que cette astuce est le cheval de Troie. Il s'agit pour moi d'une simple ficelle dont l'usage n'est à recommander que dans le cas extrême d'acheteurs « ultra-méfiants », qu'aucun discours rationnel ne parvient à émouvoir (à la vérité, je pense qu'une argumentation logique et méthodique sera toujours préférable).

Exemple

l'acheteur prenant connaissance des tarifs : « Eh bien, on peut dire que vous ne vous embêtez pas, vous devez bien manger! »

Remarque tout à fait désobligeante qui s'entend encore de nos jours. Par cette allusion, l'acheteur entend manifester sa crainte de surpayer le produit et d'enrichir le vendeur plus qu'il ne le mérite. Diable! les acheteurs n'ont pas l'obligation d'acheter aux vendeurs qui les sollicitent, la concurrence existe! Une entreprise qui surcharge exagérément ses tarifs ne fait généralement pas long feu, à moins que ses coûts soient vraiment justifiés par une qualité de service supérieure incluse dans le prix... Mais de grâce, que l'on en finisse avec ces remarques désobligeantes qui laissent présager que le vendeur est un escroc.

Réponse du vendeur : « Monsieur Duracuir, je serais très heureux de devenir votre partenaire, mais ce n'est certainement pas pour m'enrichir à vos dépens. D'abord, parce que c'est contraire à mes principes. Ensuite, parce que je suis payé au fixe, je n'ai donc aucune rétribution supplémentaire à espérer (*sourire*). »

La liste des clients avec téléphone

Cette astuce s'appuie sur un phénomène psychologique bien connu : le mimétisme. La plupart des gens, par un sentiment bien naturel, ont peur d'essuyer les plâtres, peur de servir de cobayes à un nouveau produit.

Aujourd'hui les décideurs, dans les entreprises, ont de plus en plus tendance à s'entourer de conseillers en tout genre. La peur de prendre la mauvaise décision les inhibe… Il faut avouer que l'erreur de stratégie peut se payer très cher! On préférera donc prendre exemple ou calquer l'attitude à adopter sur un modèle existant, plutôt que s'aventurer en territoire inconnu. Ainsi, la propension de l'homme à emboîter le pas de son prochain et sa préoccupation de sécurité (rappelez-vous le S de SACOL) vous permettent d'envisager le succès dans toute tentative de séduction par l'évocation de vos références. Votre interlocuteur se sentira tranquillisé de savoir qu'il emprunte un chemin sûr, puisque d'autres l'ont déjà suivi sans encombres.

Si vous pouvez vous prévaloir d'une étude de marché réalisée pour Nestlé, d'un séminaire vendu à IBM ou d'un logiciel conçu spécifiquement pour General Motors, ne vous en privez surtout pas, votre impact ne sera que plus grand. D'aucuns penseront : « IBM, ce sont des gens sérieux qui ne doivent pas s'engager avec le premier venu. Je peux y aller à mon tour, c'est sans danger ». D'autres se diront : « En traitant avec eux, je pourrai dire que j'ai le même cabinet d'étude que Nestlé ». Enlevez leurs noms à Publicis, Louis Vuitton ou Mac Kinsey et remplacez leurs raisons sociales par Jean Martin. Que croyez-vous qu'il adviendra de ces trois entreprises? Elles disparaîtront, tout simplement, car elles n'auront pas le temps de se bâtir une nouvelle réputation et de reconstituer leur fonds de commerce : leurs références.

Tel directeur général commandera un audit à stratégique à Mac Kinsey que les entreprises prestigieuses recourent à lui. Certains produits haut de gamme, par exemple, ne doivent leur existence qu'au seul phénomène de mimétisme; le message qu'ils communiquent est le suivant : « Vous pensez faire partie de l'élite? Prouvez-le en m'achetant, comme l'on fait untel et untel qui, eux, sont reconnus comme faisant partie de l'élite. »

À votre tour, allez-y carrément, usez et abusez de vos références, produisez lettres de remerciement, mots de félicitation, revues de presse élogieuses. Bref, tout ce qui atteste le sérieux ou la qualité de vos produits. Pour ma part, dans mon entreprise de formation, j'utilise un document très précieux : la liste de mes clients. Il s'agit d'un listing de tous mes clients, avec leurs coordonnées complètes y compris leur numéro de téléphone. Ce document est remis à tous mes prospects afin qu'ils puissent contacter directement mes clients par téléphone et les interroger sur la qualité de nos produits/services. Aucun prospect ne l'a jamais fait, mais tous se montrent sensibles à cette démarche. Le but de l'opération ? Prouver ma bonne foi quant à la véracité de mes affirmations sur la qualité de nos prestations, et mettre ainsi le prospect en confiance. Croyez-moi, visualiser 100 références sur 20 pages fait plus d'effet que d'entendre « une centaine de clients nous font déjà confiance ».

L'engagement conditionnel

Comment surmonter les objections du type : « Je dois en référer à mon associé, à ma femme, à mon patron, etc. » Comment emporter la décision de votre vis-à-vis lorsque celui-ci n'est pas le seul décideur ? Bien sûr, il est toujours possible d'essayer de provoquer la réunion de toutes les parties prenantes à la décision d'achat. Mais que faire si l'épouse ne veut pas vous rencontrer, si l'associé ne peut pas vous recevoir ou si les supérieurs concernés par la décision sont intouchables ou indisponibles pour écouter votre exposé ? Réfléchissez quelques instants avant de découvrir la solution qui suit…

À l'avenir, pensez à utiliser cette véritable technique d'influence qu'est « l'engagement conditionnel ». Cette ficelle consiste à vous approprier l'assentiment de votre interlocuteur pour l'offre que vous lui avez soumise et ce, juste avant de lui rendre sa liberté. Il suffit de lui poser la question suivante : « Soit, vous devez en référer à votre associé. Je m'incline ! Mais, Monsieur Machpro, permettez-moi juste une question avant de partir : si la décision n'appartenait qu'à vous, est-ce que vous achèteriez ce produit ? » Vous pouvez être assuré que, si votre prospect vous répond : « Oui, si cela ne tenait qu'à moi, je vous passerais commande, mais vous comprenez bien que je ne peux pas m'engager sans avoir l'accord de mon associé », il fera tout ce qui est en son pouvoir pour convaincre l'autre décideur d'acheter, se faisant ainsi le défenseur zélé de vos produits et services. En effet, un échec équivaudrait à la reconnaissance implicite de sa subordination à la décision de l'autre. Son amour-propre et son orgueil en pâtiraient sérieusement.

Rappelez quelques jours plus tard, ou mieux, reprenez rendez-vous avec votre prospect pour vous enquérir de la décision finale, et vous réaliserez que, dans la majorité des cas, cette décision vous sera favorable.

Lorsque vous vous trouvez confronté au type d'objection évoqué ci-dessus, l'engagement conditionnel « si vous étiez seul, achèteriez-vous? » multiplie par deux vos chances d'enlever la vente!

Le langage du partenaire

Lequel de ces deux vendeurs saura-t-il convaincre l'acheteur de lui passer commande : le commercial indifférent qui récite son discours et dissimule mal son empressement à conclure ou celui qui s'implique pour la cause du client et lui témoigne un intérêt sincère? L'acheteur voudra confier ses intérêts à qui les défendra au mieux, bien sûr.

Le vendeur, s'il veut remporter la palme, doit se montrer concerné par les problèmes que l'acheteur évoque. Mieux, il doit pouvoir donner l'impression de défendre d'abord les intérêts de l'acheteur. Ce dernier aura finalement le sentiment que le vendeur et lui-même travaillent ensemble à l'obtention d'un même résultat, en véritables partenaires. Pour cela, le vendeur utilisera une finesse du langage commercial : le « on ».

Exemple

> *L'acheteur :* « Je n'ai pas envie de prendre ce photocopieur, les mensualités du crédit-bail sont trop lourdes et puis cette machine est trop perfectionnée pour l'usage que j'en ferais. »
>
> *Le vendeur :* « Je comprends. Dans ce cas, **on** pourrait commencer avec ce modèle là qui est un peu moins puissant, mais mieux adapté à vos besoins et surtout moins cher. Comme cela, **on** va pouvoir économiser sur les mensualités du leasing. »

L'utilisation judicieuse du « **on** » donnera au prospect le sentiment que le vendeur partage ses préoccupations et que la résolution de ses problèmes lui tient à cœur. Pour se montrer efficace, cette méthode doit être appliquée avec sincérité. La simulation est tout à fait déconseillée, tout la trahit : les gestes, les yeux, la voix. Mieux vaut donc s'abstenir que simuler.

Attention! L'usage du **on** doit être ponctuel, trois ou quatre utilisations tout au plus. En effet, un usage abusif pourrait aller à l'encontre de l'effet recherché en discréditant le vendeur (les acheteurs ne sont pas naïfs au point de croire à la philanthropie commerciale).

La perception contrastée

Vous avez certainement déjà expérimenté le phénomène de perception contrastée. Vous soulevez un sac de vingt kilos pendant une minute, puis un autre qui n'en pèse que dix. Ce dernier vous paraît presque léger au regard de la première charge. Vous le portez presque sans effort. Mais si vous n'aviez pas fourni l'effort initial de soulever le premier sac, cette charge de dix kilos vous aurait paru très lourde. Voilà comment, par contraste, rendre légère une charge lourde. Ce mois-ci, votre salaire s'est vu augmenter d'une prime de 1 500 €, ce qui est très appréciable. Vous vous réjouissez déjà de l'affectation de cette somme : cadeaux, vacances… ? Mais quelle valeur psychologique auriez-vous accordé à cette prime si vous aviez gagné la veille au Loto une somme de 10 millions d'euros ? Votre prime de 1 500 € aurait perdu tout son attrait… Phénomène de perception contrastée.

En matière commerciale, l'exploitation de ce phénomène facilite bien des choses. Un agent immobilier, par exemple, pour rendre plus éclatant l'appartement un peu terne dont on lui a confié la vente, fera auparavant visiter à ses clients deux appartements franchement peu attrayants.

La perception du prix obéit également à cette logique. Notre agent immobilier pourra faire visiter à des prospects des biens immobiliers assortis par leurs propriétaires trop gourmands de prix largement dissuasifs. Il sait qu'il ne les vendra pas mais ces appartements feront office de repoussoirs. Il pourra ensuite proposer un appartement objectivement un peu cher mais dont le prix, par comparaison, apparaîtra bon marché au client. Illusion d'optique…

Un ami chez lequel je dînais me raconta qu'il avait « craqué » dans une boutique de prêt-à-porter et renouvelé complètement sa garde-robe. « J'ai dépensé 3 000 € », m'avoua-t-il. Il m'invita à le suivre dans son dressing et me présenta ses achats : « Regarde ce costume, je l'ai acheté 900 €, et celui-là 600 €. Cette chemise, 150 € Et cette ceinture en cuir 100 €. »

Puis il déplia deux tee-shirts blancs parfaitement banals, mais qui portaient la griffe d'un grand couturier : « J'en ai profité, conclut-il, pour m'acheter ces deux tee-shirts. Je les ai payés 120 € les deux. »

Rien ne distinguait ces deux tee-shirts de couturier de tee-shirts achetés sur les marchés 5 € pièce, si ce n'était l'étiquette cousue à l'intérieur du col. Mais pour mon ami qui venait de dépenser 3 000 €, que représentaient ces 120 €? Pris dans le tourbillon de ses achats, il en avait perdu de vue la valeur réelle des choses. L'intelligence du vendeur a consisté à proposer les tee-shirts à la fin des achats, alors que son client, ayant déjà beaucoup dépensé, n'en était plus à 120 € près. Mais comment aurait réagi ce dernier si le vendeur lui avait proposé d'emblée des tee-shirts à 60 € pièce? Il l'aurait probablement dissuadé d'acheter quoi que ce soit. Malheureusement pour mon ami, le vendeur a exploité la perception contrastée, et la capacité de son client à juger de la justesse d'un prix s'en est trouvée affectée.

La vente perdue

Lorsque la vente est perdue, que le client vous a signifié une fin de non-recevoir, il reste une dernière lueur d'espoir. Il s'agit de la technique de la vente perdue. (Je dois cette technique à Max Phlepin, vendeur d'élite de produits financiers). Elle consiste à plier ses affaires comme pour prendre congé, à se lever et, sur le point de quitter son interlocuteur, à lui présenter cette requête :

> « Avant de partir, Monsieur Machpro, j'aimerais vous demander un petit service. Je suis appelé dans mon travail à rencontrer des personnes telles que vous et je cherche toujours à m'améliorer. Voudriez-vous avoir la gentillesse de me dire ce qui, au cours de notre entretien, vous a conduit à repousser ma proposition? Surtout, n'hésitez pas à me le dire franchement, car cela me permettra de mieux satisfaire mes prochains clients.

À ce stade, le plus souvent, le client vous renverra une autre objection : « Ce n'était pas le moment », ou encore : « Notre budget ne nous permet pas de… » et dans ce cas, vous pourrez parfois sauver la vente par une réponse appropriée à la nouvelle objection. Il arrive aussi que le client y réponde lui-même :

> *Le prospect* : « Si vous m'aviez rassuré sur tel point, cela m'aurait peut-être décidé. Mais vous ne m'avez pas convaincu. »
>
> *Le vendeur* : « Merci de votre franchise. Grâce à vous, je me rends compte que je n'ai pas été suffisamment clair dans mon propos. Mais ce que vous me dites m'invite à reprendre mon argumentation en essayant de mieux me faire comprendre, car mes produits/services offrent effectivement les garanties que vous recherchez. Me permettez-vous de vous présenter ma proposition sous un nouvel angle? »

Vous reprendrez alors votre argumentation dans cette optique.

Des statistiques ont établi que 15% de ventes considérées comme perdues pouvaient être sauvées par le biais de cette technique.

Respecter la déontologie pour vendre plus

« *Trompeurs, c'est à vous que j'écris, attendez-vous à la pareille* » (La Fontaine).

Si vous ne deviez retenir qu'une seule règle de ce livre, ce serait celle-ci : respectez la déontologie de la vente. Les maîtres-vendeurs, répétons-le, ne « filoutent » pas, ne « baratinent » pas. Quand on leur demande « Quelles sont, selon vous, les qualités qui font un vendeur exceptionnel? », l'honnêteté ressort comme la vertu la plus souvent citée!

Trop de vendeurs ont tendance à n'attacher d'importance qu'à la vente immédiate, la vente à tout prix, occultant l'intérêt majeur qui consiste à satisfaire la clientèle pour la fidéliser. Qu'importe la vente s'il n'y a pas de revente? Comment une entreprise peut-elle se développer avec une clientèle éphémère? La seule règle valable pour fidéliser une clientèle est de bien la servir, sans jamais la léser. Ne vous est-il jamais arrivé, dans un magasin de prêt-à-porter, d'enfiler un vêtement trop large ou trop étroit pour recevoir aussitôt les déclarations trompeuses d'un vendeur hypocrite (« Ça vous va **très** bien ») ou encore d'être poussé à la consommation sans avoir été questionné le moins du monde sur vos goûts ou votre budget : « Tenez, essayez-moi ce petit gilet, ça va vous plaire. » En général, vous en ressortez énervé et bien décidé à ne plus jamais remettre les pieds dans cette boutique. Voilà comment, en voulant forcer la vente, un vendeur perd à la fois la vente et le client.

Cependant, ceux qui causent le plus grand préjudice à leurs fonctions, ainsi qu'à l'entreprise qu'ils représentent, ce sont les marchands de fausses promesses. Fausses promesses sur la qualité, les performances, les délais de livraison… Dans ce domaine, il y en a pour tous les « dégoûts ». Que penser, par exemple, du vendeur-grossiste qui convainc le détaillant d'acheter des quantités considérables d'un « rossignol » (produit invendable dans le jargon des commerçants) qu'il a présenté comme un produit que les clients vont s'arracher? J'appelle cela de la vente-suicide. Certes, le vendeur va pouvoir savourer sa victoire… Mais celle-ci sera de courte durée et lui laissera un goût amer. En effet, le client abusé dispose d'un arsenal de moyens pour faire payer au vendeur retors le prix de sa félonie : tout d'abord il le privera de toute nouvelle commande, laquelle filera droit dans l'escarcelle du concurrent direct. Ensuite, il ne manquera pas de lui faire une mauvaise publicité. En fin, selon l'importance du préjudice causé, une pléiade d'ennuis pourra s'abattre sur l'entreprise du vendeur : refus de régler la marchandise, assignation en justice pour manipulations dolosives, etc. Assurément, le vendeur-suicide est le meilleur outil de promotion… des entreprises concurrentes.

Qu'est-ce donc que la déontologie en matière de vente? Durant l'entretien de vente, c'est la loyauté de l'argumentation, la sincérité des promesses, la prise en considération des intérêts véritables du client. Une fois la vente conclue, elle consiste dans le respect des engagements, la défense des intérêts du client (et du fournisseur).

Enfin, à mi-chemin entre la déontologie et le « savoir-vivre commercial », le vendeur saura sortir du cadre formel de sa fonction pour rendre à ses clients, chaque fois qu'il le pourra, quelques services à titre gracieux, personnels ou professionnels, n'appelant pas de contrepartie patente. Cela dit, de l'aveu même des vendeurs d'élite, ces « cadeaux », qu'ils soient gratuits ou qu'ils masquent une attitude intéressée, constituent un ciment particulièrement puissant de la relation acheteur/vendeur. Leur pouvoir de fidélisation est remarquable. Voici à titre d'exemple, quelques attentions parmi les plus efficaces :

– Envoyez des clients à vos clients.

– Adressez à vos clients des documents, des informations, des articles de presse relatifs à leur marché, leurs préoccupations, voire leurs passions.
– Ne manquez pas, à l'occasion de la nouvelle année, d'offrir un cadeau personnalisé qui se démarque de l'éternel stylo-plume aux couleurs de la maison (ce qui implique que vous ayez abordé des sujets extra-professionnels avec votre client et relevé quelques-uns de ses centres d'intérêt personnels). Le philatéliste se verra ainsi offrir un beau timbre de collection, l'amoureux des voyages un ouvrage sur les îles lointaines, le mélomane deux places d'opéra, etc.
– Félicitez votre client à l'occasion d'un événement qui fait parler de lui.
– Donnez à votre client l'occasion de satisfaire une passion.
– Trouvez un stage rémunéré aux enfants étudiants de vos clients, ou trouvez-leur un « job » d'été.

Le vendeur étoile est celui qui, tout en respectant les principes de la déontologie, élabore avec ses clients une véritable relation de partenaires. Bien entendu, il serait illusoire de penser que ce type de rapport privilégié puisse se forger sur une première visite. Plusieurs mois sont souvent nécessaires avant que ne s'instaure une relation durable, empreinte de respect mutuel, voire d'affection réciproque. Mais lorsque le vendeur y parvient, lorsque acheteur et vendeur sont en phases, il est quasiment impossible, pour un concurrent, de déloger le vendeur « installé ».

Voici un exemple probant de succès commercial imputable en grande partie au respect de l'éthique. Tous les spécialistes de la fonction commerciale, pourtant si prompts à s'individualiser, sont unanimes : la vente de produits d'assurance-vie est l'une des pus formatrices pour qui désire s'initier aux techniques de vente.

Contact pris avec le Groupe Axa, je me rends à Nancy pour suivre Thierry d'Halluin, meilleur vendeur d'Alpha Assurances (entité Assurance-vie du Groupe Axa)... Croyez-vous que j'y aie rencontré un vendeur manipulateur, hâbleur ou beau parleur? Non! Le meilleur vendeur d'Alpha Assurances (600 commerciaux) n'a rien en commun avec l'image caricaturale qu'on se faisait autrefois du vendeur. Thierry d'Halluin se définit d'ailleurs comme un conseil en gestion de patrimoine : « *Je ne vends pas des produits, je préconise des solutions qui correspondent à un besoin donné* », aime-t-il à dire. « *Le vendeur d'assurance-vie qui « place » une police d'assurance sans s'assurer des attentes du client est comparable à celui qui place une bombe. Tôt ou tard, elle peut lui exploser au visage.* »

En fait, Thierry d'Halluin attribue sa réussite à son respect inconditionnel des règles de la déontologie. C'est en considération de ces dernières qu'il s'est fait le champion de la gestion de patrimoine, combinant les compétences du banquier, du conseiller juridique, du fiscaliste et de l'assureur : pour conseiller ses clients au mieux de leurs intérêts.

> « *Tout d'abord, lorsqu'un prospect vient me trouver, sur la recommandation d'un client, je dresse avec lui le bilan social et patrimonial de sa situation personnelle. Il s'agit de mettre en balance son patrimoine personnel (valeurs mobilières, immobilières, disponibilités, allocations familiales, vieillesse, etc.) avec ses desiderata immédiats ou futurs (par exemple s'assurer la retraite la plus confortable possible; assurer la couverture de ses droits de succession en cas de décès ainsi qu'une rente d'éducation à ses enfants, etc.), afin de mettre en exergue – avec l'aide d'un logiciel spécifique – les zones à problème ou les découverts de sa situation.* »
>
> « *Cette première étape réalisée, vient ensuite l'étude des solutions. Celle-ci, que j'effectue seul, représente une charge importante de travail. Enfin, lorsque le client revient, je lui expose différentes solutions, en attirant son attention sur celle qui me paraît être la plus avantageuse pour lui. Je veille à ce que chacune de mes recommandations soit solidement motivée, de façon à prouver au client que j'ai parfaitement compris son problème et que je respecte ses volontés.* »
>
> « *Mon commissionnement immédiat importe peu*, déclare Thierry d'Halluin, *seul l'aspect qualitatif de mes prestations m'intéresse. Ma rémunération, mon profit, si mon travail est bien fait, suit automatiquement. Car mes clients se rendent bien compte du sérieux que j'apporte à la gestion de leur dossier, à la défense de leurs intérêts, et cela de plusieurs manières :*
>
> *– en les informant toujours avec précision et complètement, quitte à leur vendre un produit moins rentable pour moi; mais dans ce cas, je n'oublie jamais de leur faire connaître le sacrifice financier que je consens pour leur satisfaction;*
>
> *– en n'hésitant pas à rendre service, à titre gratuit. Il m'arrive aussi d'organiser de temps à autre, à l'intention de mes clients, des tables rondes sur un thème susceptible de les intéresser, par exemple "comment payer moins d'impôts en toute légalité", et je fais venir un spécialiste de la question, tel un fiscaliste, pour animer la réunion et répondre aux questions;*
>
> *– en ne manquant jamais de les remercier pour la confiance qu'ils me témoignent en investissant chez moi.*

> *Leur confiance gagnée, c'est alors qu'ils me récompensent :*
> *– en augmentant le patrimoine dont ils me confient la gestion (en achetant plus);*
> *– en restant fidèles à mon cabinet. À cet égard, je suis fier de préciser que plus de 90 % de ma clientèle est fidélisée;*
> *– en recommandant mes services à leurs amis, collègues ou membres de leur famille. Car ma meilleure publicité, c'est ma clientèle qui me "l'assure". À telle enseigne que je ne travaille plus, aujourd'hui, que par relations...*
> *"C'est pour moi une certitude, on a tout à gagner à bien servir ses clients, à les défendre et les respecter!" »*

Avant de clore ce chapitre, je voudrais vous transmettre cette ultime loi de la vente, qui s'inscrit dans la continuité du respect de la déontologie : **aimez vos clients**. Entre nous, vous leur devez bien ça. Ne vous honorent-ils pas en vous confiant leur bien matériel le plus précieux : leur argent? Aimer son client, c'est lui adresser des louanges sincères, ménager son amour-propre, l'appeler par son nom, l'écouter réellement, vouloir son bien, partager ses joies, ses soucis, lui faire sentir son importance, être capable d'attentions gratuites, connaître ses passions, avoir de l'estime pour lui, en songeant qu'il la mérite... Et tout cela sans renoncer à votre personnalité car les « béni oui-oui » ne font jamais de bons vendeurs.

Vous pouvez me croire, le vendeur d'élite aime vraiment ses clients, et ceux-ci le lui rendent... Par des achats réguliers!

CHAPITRE 3

La psychologie au service de la vente

LA MAÎTRISE des techniques de vente est indispensable au vendeur performant; vous venez de l'acquérir. Toutefois, l'apprentissage de la seule technique s'avère insuffisant dans l'optique de forger un vendeur complet; d'autres qualités doivent s'ajouter à son portefeuille de compétences. En effet, bon nombre d'entreprises dispensent à leurs commerciaux des formations aux techniques de vente : celles-ci ont pour effet indéniable d'élever le niveau de compétence et de performance des équipes commerciales dans leur ensemble. Mais on constate que sur le terrain, il ne se produit pas de nivellement des résultats : des disparités demeurent, et ce sont quelques vendeurs, toujours les mêmes, qui tiennent le haut du pavé. Quelles que soient les circonstances, ces derniers vendent toujours plus que leurs collègues.

De quelle manière le vendeur étoile se distingue-t-il donc des autres vendeurs? Quels sont les autres facteurs clés du succès? Cette fois, la réponse est du ressort de la psychologie au sens large du terme. En fait, deux éléments distincts concourent à la réussite :

- les qualités de psychologue du vendeur, indispensables pour mener à bien un entretien de vente, en particulier lorsque celui-ci évolue vers une négociation;

– les qualités psychiques du vendeur, spécifiques à la vente, qui forment la communication non verbale et qui agissent sur le prospect comme autant de stimulateurs d'achat, par l'entremise de la séduction, de l'enthousiasme communicatif, etc.

En matière de formation commerciale, l'aspect psychologique de la vente est souvent laissé dans l'ombre. Pourtant, il mériterait autant d'égards (sinon plus) que sa consœur, la technique de vente. Pourquoi un tel manque d'intérêt? Parce que la majorité des personnes considère que la psychologie de la négociation/vente ne peut pas faire l'objet d'un enseignement; celui-ci requerrait des mois, voire des années d'un apprentissage que seule l'expérience *in vivo* permettrait véritablement! Quant aux facultés psychiques de chacun, elles feraient partie du patrimoine cérébral qui nous est dévolu à la naissance et qui constituerait les traits du caractère et de la personnalité de chacun. Que de savants clichés, qui mériteraient d'aller rejoindre le grenier des idées fausses et des contrevérités obstinées. Bien entendu, certains sont naturellement pourvus du don de la vente; séducteurs nés, techniciens intuitifs, ils appliquent d'instinct les règles fondamentales de la vente. Mais que les autres, qui n'ont pas reçu de don particulier de la fée du commerce, se rassurent : ils peuvent aussi devenir d'excellents vendeurs. La psychologie s'enseigne à l'université, et les possibilités de développement des facultés psychiques propres à chacun sont maintenant une réalité scientifique. Ainsi, le présent chapitre s'articulera sur deux plans.

Psychologie de la vente, tout d'abord. En premier lieu, nous étudierons les pièges et stratagèmes psychologiques dont usent les acheteurs pour déstabiliser le vendeur. Puis nous évaluerons les limites et les faiblesses de ces techniques d'achat, pour développer enfin la stratégie de riposte du vendeur. En second lieu, nous exposerons, en les expliquant, les règles essentielles de la négociation commerciale, et plus particulièrement celles de la négociation des prix, phase tant redoutée des vendeurs (que vous aborderez avec une réelle sérénité à l'issue de ce chapitre).

Psychologie du vendeur, ensuite. Nous analyserons chez le vendeur les qualités psychiques propres à favoriser la réalisation de la vente : motivation, enthousiasme, volonté seront passés au crible. En fin de chapitre, nous percerons les mystères de la séduction et du charme commercial.

N'en déplaise aux « vendeurs-nés » qui défendent jalousement le privilège de « leur sens inné et intransmissible de la vente », les techniques et conseils développés sont simples, efficaces et applicables par tous! L'ensemble de cet enseignement est le reflet du « terrain », il émane de négociateurs/vendeurs confirmés, considérés comme les meilleurs de leur entreprise. Et bien que les produits vendus soient de nature totalement différente (ordinateurs, immeubles, chaussures ou sous-marins), c'est la similitude des techniques employées, la symétrie des conseils enregistrés ou la corrélation entre les diverses méthodes utilisées par tous ces vendeurs qui garantit la parfaite adaptabilité de cet enseignement à votre produit.

En ce qui concerne l'analyse des qualités psychologiques et psychiques du vendeur performant, ce sont dix-huit mois d'observations et d'interviews qui ont permis la réalisation du portrait-robot psychologique idéal. Néanmoins, en ce qui concerne le développement de ces facultés, nous avons fait appel à quelques intervenants extérieurs au monde de la vente mais faisant autorité dans le domaine du développement personnel. Leurs avis et recommandations ont été soumis au jugement critique des vendeurs et seules les idées jugées compatibles avec la réalité de ces derniers et ayant rallié la majorité du « jury » ont été admises à figurer dans ce chapitre.

➤ Remarque

Dans ce chapitre, l'empreinte des meilleurs vendeurs apparaîtra moins visiblement qu'au cours des chapitres précédents, car un certain nombre de leurs employeurs ont tenu à conserver l'anonymat, afin de ne pas révéler leurs méthodes de négociation aux clients et prospects avec lesquels ils sont (ou pourraient être) amenés à traiter.

Déjouer les pièges des acheteurs

Comment les acheteurs manipulent les vendeurs (les techniques d'achat démasquées)

> « *Écoutez c'est fantastique, c'est exactement le produit que je cherchais et le prix est vraiment très attractif. Vous avez un stylo pour que je signe votre bon de commande?* »

Allez, on ne rêve plus! Les acheteurs, même les plus dociles, vous donneront du fil à retordre et vous devrez mériter votre salaire, car ils ne lâcheront pas leur argent avant d'avoir été rassurés sur la valeur de sa contrepartie. Jusqu'ici, pas d'inquiétude, vous connaissez vos produits, leurs caractéristiques, vous savez les traduire en bénéfices pour le client et vous êtes convaincu d'en donner au prospect pour son argent! Mais lui ne l'entend pas forcément de cette oreille et peut vous opposer une fin de non-recevoir ou encore vous manifester son dissentiment.

Machination ou réalité, vous voilà déstabilisé. Désormais, la psychologie doit se substituer à la technique. Nul ne saurait en vouloir à l'acheteur de défendre ses intérêts en voulant acheter à moindre coût un produit/service qui l'intéresse. Aucune loi n'impose à l'acheteur de subir le jeu du vendeur ou ne lui interdit d'utiliser lui aussi des techniques visant à évaluer les qualités de son éventuel futur fournisseur. À plus forte raison, lorsque le prospect est un acheteur de métier, il n'y a alors plus d'ambiguïté, c'est sa fonction qui lui impose ces manipulations tactiques…

Voilà donc la joute psychologique qui s'engage. Et comme dans toute confrontation où la psychologie constitue l'arme suprême des combattants, celui qui connaît ou devine le jeu de la partie adverse accomplit un pas décisif vers la victoire. Par chance, les stratégies de la vente sont moins variées que celles du jeu d'échecs. Passons donc en revue les plus usitées des techniques d'achat susceptibles de désorienter le vendeur.

➤ La carotte et le bâton

Que vous soyez ou non dans la fonction commerciale, vous avez forcément été victime de cette manipulation « géniale » qui, à l'instar des autres techniques d'achat, peut aussi être employée instinctivement par des acheteurs non professionnels.

Supposons, par exemple, que vous soyez un vendeur de solarium en rendez-vous dans un institut de beauté. Découverte des besoins bien orchestrée, présentation du produit rondement menée, objections réfutées, annonce du prix (2 500 euros). À ce moment, ô joie! le verdict du prospect tombe : « *Ça me plaît beaucoup, c'est exactement ce qu'il nous faut* ». Il s'agit de la carotte. « *Mais je suis embarrassé, car je ne dispose que de 2 000 euros et pas un centime de plus* ». Voilà le bâton.

Ce type de situation comporte un grand nombre de variantes. La plus célèbre d'entre elles, celle qu'affrontent tous les vendeurs en business to business (d'entreprise à entreprise), c'est le budget : « *Votre journal est de grande qualité et correspond tout à fait à notre cœur de cible* » s'entendra dire le chef de publicité (vendeur d'espaces publicitaires), « *malheureusement, notre budget publicité est quasiment épuisé et ne nous permet pas de commander un emplacement* ».

Ou encore : « *56 000 euros pour la réalisation de cette maquette d'étude, cela me semble correct compte tenu du travail à effectuer* », commentera le directeur technique en découvrant le devis de l'ingénieur commercial, « *seulement, ma direction financière ne m'a alloué qu'un budget maximum de 50 000 euros pour ce projet!* »

En fait, l'usage de la « carotte » et du « bâton » peut s'interpréter de trois façons différentes.

- Timide, l'acheteur n'ose pas avouer au vendeur son manque d'intérêt pour le produit. Il se trouve un pseudo-coupable, invisible et inattaquable (une direction financière avare, une trésorerie défaillante, etc.) auquel il fera porter la responsabilité du refus de l'offre.
- Habile, l'acheteur entend obtenir une remise substantielle; pour se mettre à l'abri d'une négociation laborieuse, il évoque son intérêt pour le produit et déclare ne disposer en tout et pour tout que d'une somme équivalent au prix du produit diminué de la remise espérée.
- Sincère, l'acheteur souhaiterait véritablement se porter acquéreur du produit. Malheureusement, ses ressources financières réellement insuffisantes l'empêchent de réaliser la transaction.

➤ L'ultimatum déguisé

Dans cette formule, l'acheteur ne masque plus son désir d'obtenir davantage de la part du vendeur. Mais l'astuce consiste pour lui à ne pas dévoiler de manière précise ses revendications. L'ultimatum déguisé prendra la forme d'un « *il faudrait faire mieux* » insinuant que l'accord est sur le point de se réaliser… à condition de baisser le prix. Dans quelles proportions? « À votre bon cœur, monsieur le vendeur! ».

Dans le cadre de cette manœuvre, le raisonnement de l'acheteur est le suivant : « 5 % de remise me satisferaient. Mais en usant d'un ultimatum déguisé, j'aurai peut-être la bonne surprise de me voir offrir une remise de 10 %, tandis que si je réclame 5 % de remise et qu'ils me sont concédés, je passe peut-être sans le savoir à côté d'une remise supérieure. »

➤ L'ultimatum

C'est le procédé le plus éprouvant pour le moral du vendeur qui se voit infliger en guise de contre-offre, un véritable ultimatum : « *2 300 euros, ce télécopieur! Je vous en offre 2 000 euros et pas un centime de plus. C'est à prendre ou à laisser* ». Dans quelques secteurs fortement concurrentiels, ce procédé pourra exercer une forte pression sur le vendeur, surtout si celui-ci n'apporte que peu de valeur ajoutée au produit (cas des sociétés purement commerciales).

Exemple

> « Votre produit, je le connais, vos concurrents me proposent exactement le même. Tous m'accordent au moins 25% de remise pour que je passe commande. Alors voilà, je vais être honnête avec vous, je ne veux pas vous faire perdre votre temps; je n'accepterai de traiter avec vous que si vous descendez à 30% de remise et pas moins. »

➤ Le coup du « rabioteur »

Vous le connaissez certainement, vous l'avez sans doute utilisé en quelques occasions de votre vie. Il consiste à réclamer une ultime faveur avant de rendre les armes. Pour l'acheteur, c'est l'occasion d'obtenir un bonus sans débourser le moindre sou. En réalité, il ne s'agit là que d'une finasserie d'acheteur qui essaie de convaincre le vendeur que son achat est subordonné à l'obtention d'un bonus ou d'un cadeau supplémentaire.

Exemple

> • Cette lithographie me plaît bien. Je vous l'achète si vous m'offrez l'encadrement.
>
> • D'accord pour vous prendre ce logiciel, si vous me faites cadeau de la souris.
>
> • Ok pour cette voiture, si vous m'offrez l'auto-radio.

Nouvelle épreuve psychologique pour le vendeur qui présumait la vente acquise et qui voit surgir un ultime obstacle en travers de son chemin commercial. Saura-t-il le franchir?

➤ La descente aux enchères

Certains acheteurs emploient cette tactique diabolique pour obtenir une remise maximale. Elle consiste à confronter ouvertement deux entreprises concurrentes et à faire descendre les enchères.

Exemple

Le vendeur : « [...] Je veux bien vous accorder 8 % de remise sur ce synthétiseur Yakatapé, mais je ne peux pas faire mieux. »

L'acheteur : « Ah bon? Je ne comprends pas, la société Prélude m'accorde 10 % de remise sur le même produit. Vous savez, comme j'ai définitivement arrêté mon choix sur ce modèle, c'est avec celui qui m'offrira le meilleur prix que je ferai affaire. »

Le vendeur : « Attendez, je vais en parler à ma direction... [*Quelques minutes plus tard.*] Bon écoutez, à titre exceptionnel, ma direction vous accorde 12 % de remise. »

L'acheteur : « J'en prends acte. Je vous donne ma réponse rapidement... » « Allô, la société Prélude? Vous m'avez proposé 8 % sur un synthétiseur Yakatapé, je viens de consulter la société Kasstimpan qui m'a accordé 12 % de remise. Si vous m'offrez mieux, je le prends chez vous! »

L'acheteur peut aussi confronter le vendeur à un concurrent imaginaire, inventé de toutes pièces et qui consentirait des remises toujours supérieures à celle du vrai vendeur. Lorsque le vendeur authentique ne peut plus surenchérir sur son rival fantôme, c'est qu'il a atteint sa remise maximale. C'est à ce moment que l'acheteur passe sa commande.

➤ Le miroir aux alouettes

Cette tactique consiste à faire miroiter au vendeur la perspective d'une commande future, plus importante, pour légitimer une demande de remise.

Exemples

• *L'acheteur :* « Vous savez, si votre produit satisfait notre service marketing, ce sont les 47 agences du groupe qui vous l'achèteront. Alors vous pouvez nous faire un prix sur cette première commande. »

• *L'acheteur :* « Minimisez au maximum le prix de réalisation de la maquette, comme cela, c'est vous que la direction technique retiendra. Et vous savez qu'ensuite, celui qui aura conçu la maquette sera le mieux placé pour décrocher la manne du budget global que représente ce projet. »

En fait, deux catégories d'acheteurs se partagent l'usage de cette technique.

- Minoritaires, les acheteurs sincères disposent d'un réel pouvoir d'achat, qu'ils destinent véritablement au vendeur. Pour en bénéficier, ce dernier devra réussir son examen de passage : fournir un produit/service de qualité, et s'acquitter d'un droit d'entrée : la remise.
- Majoritaires : les « manipulacheteurs ». Qu'il soit réel ou illusoire, le pouvoir d'achat de ces derniers n'est que poudre jetée aux yeux du vendeur, dans le seul but de le mystifier. Compression des prix, amputation des marges du vendeur, la vente se conclura au seul bénéfice de l'acheteur, qui jamais ne récompensera le sacrifice du vendeur.

➤ Le faux sous-fifre

Il est à 100 % un décideur, mais se garde bien de le dévoiler. Généralement, cet acheteur se fait passer pour un intermédiaire entre sa direction et le vendeur, ses supérieurs étant présentés comme les véritables acheteurs. S'il est frustrant pour le vendeur de négocier avec un porte-parole dénué de tout pouvoir de décision, le faux sous-fifre, en revanche, jouit d'une situation tout à fait confortable.

- Il peut retarder sa décision aussi longtemps qu'il le désire, en prétextant que « *la direction n'a pas encore étudié l'offre* » ou qu'« *elle attend d'autres propositions pour arrêter son choix* ».
- Il peut réclamer au vendeur une diminution de ses prix, sans autre souci d'explication, puisque « *la direction trouve le prix trop élevé, de meilleures offres lui ont été soumises* ».

Souvent, considérant son vis-à-vis comme un intermédiaire sans réel pouvoir, le vendeur ne juge pas utile de développer ses arguments et ne s'en tient qu'à l'objection concernant le prix que lui a opposée la direction fantôme. Dès lors, le vendeur ne croira trouver son salut que dans sa seule capacité à consentir une remise supplémentaire.

- Enfin, il peut décliner l'offre sans en assumer personnellement la responsabilité ni subir la pression du vendeur. En effet, « *La direction a retenu un autre dossier. Moi, j'étais favorable au vôtre, mais malheureusement ce n'est pas moi qui décide* ». Diplomatie ou hypocrisie?

Stratégie de riposte du vendeur psychologue

« *L'art d'être tantôt très audacieux, tantôt très prudent est l'art de réussir.* » (Napoléon Bonaparte).

Au kendo, art martial japonais par excellence, un combattant peut s'avouer vaincu sans même avoir combattu s'il juge son adversaire psychologiquement supérieur. À n'en point douter, la psychologie constitue une arme redoutable et l'acheteur qui fait usage des techniques exposées plus haut nous a démontré son habileté à la manier.

À ce stade de la négociation, bon nombre de vendeurs, tels le kendoka, déclarent forfait et, sans même croiser le fer, concèdent des remises et font des concessions. Mais le négociateur/vendeur d'élite ne désarme pas, il se défend pied à pied en usant de toutes les armes à sa disposition, tant et si bien qu'au bout du compte, il réalise un plus grand nombre de ventes, sauvegarde ses marges et parvient à satisfaire ses clients (mieux que ne le font les marchands de ristourne). Pour vous permettre d'en faire autant, analysons en profondeur la nature de cette défense. Dans un souci de clarté, nous avons décomposé la stratégie de riposte du vendeur en trois étapes.

➤ Connaissance de l'acheteur et de ses techniques

« *De toute façon, le dicton "connais-toi toi-même" n'est pas bien dit. Il eût été plus juste de dire "connais autrui".* » Ménandre, *Thrasyléon*.

Le vendeur de talent ne se laisse pas abuser par les manipulations dolosives et déstabilisatrices des acheteurs. Il connaît les techniques d'achat (*cf.* « Comment les acheteurs manipulent les vendeurs ») et, par conséquent, il est à même d'identifier les pièges qui lui sont tendus. Cependant, pour pouvoir contourner les chausse-trapes et lancer une véritable contre-offensive, le vendeur se doit de maîtriser une autre variable : la personnalité de l'acheteur lui-même. La tâche est plus aisée qu'il n'y paraît.

Quels que soient ses pouvoirs, son caractère, sa personnalité de façade, l'acheteur n'est jamais qu'un *Homo sapiens*! Son appartenance à l'espèce humaine lui attribue *de facto* la vulnérabilité commune à tous les hommes.

- *L'acheteur a besoin d'être apprécié, reconnu, aimé*

On ne le répétera jamais assez : tout ce qui vous permet de valoriser votre prospect, de lui donner l'impression qu'il suscite l'affection sera profitable à votre carnet de commandes.

- *L'acheteur a besoin d'être reconnu dans ses compétences professionnelles*

Mériter son salaire, être reconduit dans ses fonctions, faire bonne impression sur ses employeurs, voilà ce qui préoccupe également l'acheteur salarié qui tient à conserver son emploi et à voir augmenter ses responsabilités, comme tout employé avisé. Si votre produit lui permet d'obtenir la reconnaissance de ses pairs et d'atteindre ses objectifs, si votre prestation est un facteur de succès pour son entreprise, le prix n'aura qu'une importance secondaire.

- *L'acheteur ne veut pas travailler plus qu'il n'est nécessaire*

Laxisme? Non, pragmatisme! Vous avez les moyens de simplifier la vie de vos clients? N'hésitez pas! Chaque goutte de sueur économisée jouera en votre faveur.

Exemples

> • La société Éric France vend des solutions informatiques globales comprenant matériel, logiciels, maintenance, formation et financement. Certes, l'acheteur ferait certainement quelques économies en se procurant lui-même le matériel, en contractant un service de maintenance avec une société tierce et en négociant auprès de son banquier un taux de crédit avantageux. Mais a-t-il seulement le temps de s'en occuper? N'est-il pas plus simple, pour lui, de n'avoir qu'un seul interlocuteur, un seul responsable? Et dans ce cas, le supplément de prix n'est-il pas justifié?

- *L'acheteur ne veut pas d'ennuis*

« *Pfff! Les clients sont tous les mêmes, quand ils achètent, ils veulent ce qu'il y a de moins cher, et quand ils ont payé, ils veulent de la qualité!* » Ce constat en forme de complainte revient fréquemment dans la bouche de certains vendeurs. Pour ma part, je pense qu'il n'y a pas lieu de s'alarmer de cet état de choses. Il y a à cela deux raisons : tout d'abord, si les acheteurs étaient disposés à payer le prix fort, sans négocier, n'importe quel produit sous prétexte que le vendeur le leur propose, notre beau métier de commercial n'aurait plus lieu d'être; nous serions inévitablement remplacés par des catalogues et des distributeurs automatiques... Cette réflexion démontre ensuite que l'acheteur est attaché à la notion de qualité : il attend de son achat le minimum d'ennuis et le maximum de satisfaction. Qu'il essaie d'obtenir de meilleures conditions est tout à fait naturel, sinon de bonne guerre. Il revient au vendeur d'exercer son métier, d'argumenter, de justifier, et de défendre ses prix en prouvant leur légitimité (*cf.* « La riposte du vendeur »). Quoi qu'il en soit, sachez que les composantes qualité et « zéro problème » pèseront lourdement dans le choix de l'acheteur. Pour vous en convaincre, voici quelques sentiments courants rencontrés chez les acheteurs que la perspective du problème survenant après l'achat inhibera, et ce, en dépit de leur intérêt manifeste pour le produit. Une fois de plus, le prix est relégué au second plan.

- Cette voiture étrangère est merveilleusement dessinée, elle correspond exactement au type de voiture que je recherche. Malheureusement, cette firme n'est pas bien implantée en France. En cas de problème, il faudra importer les pièces détachées, ce qui signifie 15 jours d'immobilisation du véhicule. Je ne peux pas envisager un tel risque.
- Ce logiciel de base de données est vraiment performant. C'est à croire qu'il a été développé pour nous. Malheureusement, cet éditeur de logiciel n'a pas l'air très solide, s'il venait à disparaître, nous n'aurions pus de service après-vente, plus de nouvelles versions, et comment faire évoluer notre système ensuite? Cela, nous ne pouvons pas nous le permettre.
- Ce chemiser est magnifique et il me va comme un gant. Seulement, la matière a l'air fragile. S'il doit s'abîmer dès le premier lavage en machine, ce n'est pas la peine.

- *L'acheteur ne sait pas tout, il a souvent besoin d'aide*

Nous autres vendeurs, avons parfois la naïveté de penser que l'acheteur sait toujours ce qu'il veut. La réalité est parfois plus complexe. Ainsi, pour ne pas apparaître démuni face au vendeur, l'acheteur affiche des certitudes qui ne sont en vérité que des boucliers destinés à le protéger de la pression de son interlocuteur. Plus fréquemment, l'acheteur semble persuadé de la pertinence de ses désirs, alors qu'il ne s'agit que de sentiments fugaces.

Les agents immobiliers sont coutumiers de ce type d'acheteurs; combien de prospects voient-ils entrer en portefeuille, annonçant par exemple, comme critère absolu de recherche, un appartement neuf de quatre pièces, exposé plein sud, dans le quartier A, et qu'ils retrouvent quelque temps plus tard propriétaires d'un trois pièces exposé plein nord dans un immeuble ancien du quartier Z!

Derrière son masque de certitude, l'acheteur est en proie au doute. Et plus l'achat revêt de valeur à ses yeux, plus le doute est grand. Plusieurs craintes l'assaillent.

- Vais-je faire une bonne affaire?
- Comment cela se passera-t-il réellement en cas de problème?
- Ne puis-je pas trouver mieux ailleurs?
- Ne va-t-on pas me reprocher cet investissement?
- Je ne connais rien dans ce domaine, ce vendeur est-il sincère? Il avait l'air hésitant au sujet du service après-vente.

À vous de le rassurer, de l'aider à prendre la bonne décision... c'est-à-dire acheter votre produit. L'acheteur vous sera reconnaissant de lui fournir des explications solides, des preuves tangibles, de lui donner des éléments de comparaison probants. Un visage hermétique, un esprit méfiant, sont les marques du client qui a besoin d'aide. Une fois de plus, le professionnalisme (argumentation cohérente, aide à la décision, preuves irréfutables, etc.) et le sérieux prendront le pas sur le prix.

➤ Avant de livrer bataille

Le débat est engagé, le client réclame un rabais, une remise ou toute autre faveur commerciale n'entrant pas dans le cadre initial de l'offre du vendeur. Comment réagir? Avant de lancer toutes ses ressources dans la négociation, voici quelques réflexions et conseils tactiques de maîtres-vendeurs destinés à vous permettre d'aborder cette étape avec les meilleures chances de succès.

Simon Ormerod, négociation hors pair au sein de la société Datacard, donne le “la” : « *En négociation, la qualité première du bon vendeur est... de savoir dire* **non***!* ». Le ton est donné : **oui** à la négociation, mais sans jamais s'écarter d'un cadre de référence. En d'autres termes, avant d'entamer une quelconque discussion, et en fonction de l'enjeu commercial, définissez les limites précises de la négociation en dehors desquelles vous renoncerez à la vente. Bien évidemment, à l'intérieur de ce cadre, il s'agira de préserver le mieux possible les instruments de la négociation (marges, délais, etc.).

Exemple

« Compte tenu du potentiel que représente ce client, en cas de négociation serrée, j'accorderai jusqu'à 6 % de remise pour toute commande de 500 pièces et 8 % pour 1 000 unités. Je m'interdis catégoriquement d'accepter toute remise supérieure à celles-ci, étant entendu que j'essaierai de défendre jusqu'au bout le prix initial sans remise. »

Pourquoi cette contrainte de départ est-elle fondamentale ? Parce que si vous la négligez, l'acheteur ne tardera pas à vous attirer hors des limites du jeu, sans même que vous y preniez garde, tant le désir de conclure l'affaire risque de vous aveugler. Tous les vendeurs expérimentés le savent, il est des ventes auxquelles il faut savoir renoncer (qui coûtent plus qu'elles ne rapportent), voire des clients qu'il vaut mieux envoyer chez le concurrent.

De même, la vérité de l'acheteur n'a pas valeur universelle. Tous les a priori, les jugements et considérations négatives à l'encontre de votre produit et/ou société sont susceptibles de se modifier. « *La paroles dites au matin n'ont pas au soir même destin* », dit le proverbe. Ne vous est-il jamais arrivé d'acheter un produit que vous aviez décrié quelque temps plus tôt ? Or, c'est précisément le métier du vendeur que de convertir un prospect suspicieux ou détracteur en un client convaincu et prosélyte. Face aux objections, tant sur la qualité que sur le prix, ne vous avouez jamais vaincu d'office, au prétexte que le client a toujours raison. Expliquez, argumentez, persévérez, mais de grâce, n'abandonnez **jamais** au premier coup de semonce. Car il ne s'agit souvent que d'une intimidation ! Voyez le « rabioteur », par exemple. Vous souvenez-vous ? L'acheteur qui réclame un petit cadeau pour s'engager. Certes, il est d'usage, dans certaines circonstances, d'accorder une faveur, et je n'exclus pas que les clients fidèles ou d'un grand poids commercial aient droit à quelques gestes commerciaux. Mais pensez-vous qu'un prospect renoncerait à la voiture de ses rêves parce que le vendeur refuse de lui offrir un autoradio ? Définitivement, non ! Le coup du rabioteur, dans tous les cas, n'est qu'un épouvantail. Les vendeurs qui s'y laissent prendre n'y « gagnent » qu'un effritement supplémentaire de leurs marges.

Autre conseil. Il arrive que le vendeur détienne de réels pouvoirs (pouvoir de mener l'entretien à sa guise), dont il n'a pas conscience ; et bien qu'il soit en position de force, il continue de subir le diktat de l'acheteur! Il est grand temps de renverser cette situation.

Par exemple, lorsque l'acheteur sollicite spontanément le vendeur, il se trouve en position de demandeur, dont d'infériorité. Et si par mégarde il commet l'imprudence de dévoiler qu'il recherche désespérément le produit Y ou la prestation Z, que le vendeur est en mesure de fournir, il ne sera bien sûr pas question d'accorder la moindre remise!

Les impairs de l'acheteur qui placent le vendeur en position dominante sont plus fréquents qu'il n'y paraît. En prenant un peu de recul vis-à-vis de la discussion commerciale, et vous saurez les déceler sans peine.

QUELQUES « PERLES » COURANTES

« Pouvez-vous m'envoyer un devis très rapidement, nous sommes pressés... »

Dès que l'acheteur manifeste un sentiment d'urgence, le vendeur dispose de l'avantage. Le prospect n'a plus le temps d'étudier les offres, de comparer les prix et par conséquent de les négocier. Pour cet acheteur, le facteur délai (de livraison, d'installation, d'intervention...) prime largement l'élément prix.

« On ne veut plus avoir de problèmes! »

En règle générale, l'acheteur qui a souffert ne se laisse plus émouvoir que par un seul argument : la qualité. Le désir de se prémunir contre tout nouveau souci constituera désormais son mobile principal. Et le prix dans tout cela? Même s'il s'en défend, notre acheteur sera prêt à payer le prix fort... pourvu que sa tranquillité soit garantie.

La riposte du vendeur

Avant d'examiner les ripostes spécifiques aux techniques d'achat évoquées plus haut, attachons-nous d'abord à l'étude du cas général, fil conducteur de toute réfutation de prix.

➤ Riposte au cas général

Attaque classique de l'acheteur : « *Vous êtes trop cher!* » Dans tous les cas de figure, le vendeur n'opposera qu'une seule et même réplique à ce type d'assertion : « *Trop cher? Mais à quel point de vue?* », « ou : « *Par rapport à quoi?* ». Cette réplique aura un effet déstabilisant pour le prospect, en introduisant un premier doute dans son esprit. Il sera en effet contraint de sortir de sa réserve et de préciser sa pensée. La plupart du temps, les explications qu'il improvisera se révéleront bien pauvres, se limitant à une comparaison du produit/service avec celui supposé équivalent de la concurrence. Or, ce produit concurrent, le vendeur le connaît sur le bout des doigts, et notamment ses défauts et points d'infériorité par rapport à ses propres produits. Dès lors, il peut se défendre efficacement et justifier ses prix. Car c'est en cela que consiste la riposte du vendeur : justifier ses prix. Il faut savoir qu'aucun produit, aucun service ne possède d'exact équivalent; il en résulte que chaque prix peut se justifier de manière spécifique. Soit, j'en conviens, rien ne ressemble plus à une tablette de chocolat Scrountch vendue 2 euros en supermarché, qu'une autre tablette de Scrountch à 2,5 euros chez l'épicier du coin... Avec cette différence que la clientèle de ce dernier bénéficie d'un service de proximité, d'horaires d'ouverture plus souples et d'un contact humain plus chaleureux (qu'on ne saurait trouver dans l'univers aseptisé des labyrinthes glacés des supermarchés). Cela ne justifie-t-il pas un supplément de prix?

Quel que soit votre produit ou votre prestation, tôt ou tard, un acheteur vous demandera de justifier votre prix (ou vous engagera à le défendre); c'est pourquoi le vendeur averti doit préparer, méditer sa parade, tant il est vrai que la justification du prix ne souffre pas l'amateurisme. Car, lorsqu'il est question de son argent, le degré de vigilance et de perspicacité de l'acheteur atteint des sommets. Une explication confuse, une démonstration hasardeuse peuvent suffire à disqualifier le vendeur et son produit.

En marge de mon métier de vendeur, ma fonction de dirigeant de PME m'amène à recevoir un grand nombre de commerciaux qui viennent me proposer toutes sortes de produits et services. Chaque fois, je ne puis m'empêcher de tester leur professionnalisme, et notamment leur aptitude à justifier leurs tarifs. Résultat : pour leur défense, la grande majorité des vendeurs se contente d'arguments improvisés et d'affirmations gratuites, trahissant par là-même toutes les lacunes de leur formation.

Témoin de l'incapacité de certains vendeurs à mener à bien la négociation du prix, l'exemple suivant : il y a quelque temps, lorsque la moquette de nos locaux donna quelques signes de fatigue, il fut question de la remplacer par un parquet en bois. Noblesse et esthétique du matériau, facilité d'entretien et résistance à l'usure, de solides arguments plaidaient en faveur du bois. Seule difficulté pour le vendeur : justifier un prix élevé. Trois vendeurs se sont succédé, trois parodies de justifications se sont enchaînées. Certaines plaidoiries faisaient parfois peine à entendre. Voici le texte type (commenté et corrigé) de cette confrontation acheteur/vendeur sur la question du prix.

Le prospect : « Effectivement, un parquet en chêne, ça a de l'allure! Combien est-ce que ça coûte? »

Le vendeur : « Il faut compter 57 euros le mètre carré, pose comprise. »

Le prospect : « 57 euros? C'est cher! »

Le vendeur : « Oui, mais il faut voir la qualité ».

L'offensive du prospect ne méritait qu'une seule réponse : « *Par rapport à quoi?* ». En effet, est-ce trop cher par rapport au carrelage, à la moquette, à une autre essence de bois ou par rapport à un produit similaire de la concurrence? Quant à la réplique insipide du vendeur, elle ne démontre rien.

Le prospect : « D'accord, mais une belle moquette d'entreprise, cela coûte deux fois moins cher! »

Le vendeur : « Oui, mais là, vous avez du bois, ce n'est pas du tout la même chose. »

Justement, quels sont les avantages du parquet par rapport à la moquette? Qu'est-ce qui justifie un investissement plus lourd?

Le prospect : « Vos concurrents m'ont proposé un parquet à 50 euros le mètre carré! »

Le vendeur : « C'est normal, ce n'est pas la même qualité. Moi, je peux vous le dire, je connais bien les produits concurrents; aucun ne supporte la comparaison avec les nôtres. Là-dessus, je suis tranquille. »

Succession d'affirmations gratuites, sans intérêt pour l'acheteur, d'autant que tous les vendeurs tiennent le même discours. Il est à noter que le prospect, en cette fin d'entretien de vente, ne dispose toujours d'aucun élément de comparaison tangible.

Justifier, c'est argumenter. Or, nous le savons, une argumentation de choc se médite avant de se construire. De même, pour être efficace, la justification du prix doit faire l'objet d'une véritable préparation, celle-ci consistant à élaborer avec soin et méthode (méthode de l'avantage) des arguments aptes à répondre à des exigences de clarté, d'authenticité et de pertinence! Tout ceci n'est que bon sens, me direz-vous. Certes!

Mais faut-il encore en faire usage, car la réalité telle qu'on peut l'observer sur le terrain démontre formellement que la plupart des vendeurs négligent toujours ce travail fondamental de préparation.

Si seulement notre vendeur de parquet avait mis en application les quelques principes exposés ci-dessus, le bon de commande signé se trouverait certainement en sa possession, car l'entretien se serait, selon toute vraisemblance, déroulé comme suit :

Le prospect : «… Effectivement, un parquet en chêne, ça a de l'allure. Combien cela coûte-t-il ? »

Le vendeur : « Il faut compter 57 euros le mètre carré, pose comprise. »

Le prospect : « 57 euros ? C'est cher ! »

Le vendeur : « Cher ? Par rapport à quoi ? »

Le prospect : « Eh bien, par rapport à une moquette d'entreprise, c'est deux fois plus cher. »

Le vendeur : « Vous avez raison, un parquet en bois coûte plus cher en valeur absolue, mais pas en valeur relative : une belle moquette d'entreprise vous reviendra à 29 euros le mètre carré et vous la garderez cinq ans au maximum. Un parquet en bois, quant à lui, a une durée de vie de l'ordre du siècle, son degré d'usure étant d'un millimètre tous les vingt ans ! Ainsi, rapporté à sa durée de vie, le mètre carré de parquet vous coûtera 0,57 euros par an contre 5,8 euros pour la moquette ! Le bois coûte donc dix fois moins cher ! Et en plus, il donnera à vos bureaux un caractère prestigieux que le bois seul peut offrir. Vous m'avez dit, tout à l'heure, que dans votre métier, l'image de marque comptait beaucoup.

On peut mettre encore dans la balance le fait qu'un parquet réclame moins d'entretien, qu'il embellit avec l'âge, etc. »

Le prospect : « C'est vrai, nous avons tout avantage à mettre du bois au sol. Toutefois, je dois vous dire que vos concurrents sont moins chers que vous, ils nous ont fait une offre à 50 euros le mètre carré ! »

Le vendeur : « C'est possible, car il existe différentes essences de bois, y compris de chêne. Quel type de bois vous ont proposé vos confrères ? »

Le prospect : « Il s'agissait de chêne naturel. »

Le vendeur : « Je comprends mieux maintenant. Nous aussi pouvons vous proposer du chêne naturel à ce prix-là. Cependant, c'est vous qui, en feuilletant notre catalogue, avez choisi cette variété de chêne, plus rare, donc plus chère, en l'occurrence du chêne royal de premier choix. les deux matières se valent en qualité, elles ne diffèrent que par leur couleur et par leur prix, le chêne royal étant plus précieux.

Maintenant que vous disposez de tous ces éléments, penchez-vous toujours pour le chêne royal, ou désirez-vous revenir à un chêne plus traditionnel de type naturel ? » [*Fausse alternative.*]

L'acheteur : « Je préfère quand même le chêne royal. »

Le vendeur : « Il nous en reste suffisamment en stock pour pouvoir vous livrer et vous l'installer dès la semaine prochaine. Voulez-vous que l'on convienne d'une date dès à présent ? »

En réalité, la véritable question n'est pas de savoir si l'on est cher ou bon marché, mais si le prix est en adéquation avec la valeur exacte du produit. C'est cette notion de valeur exacte qu'il convient d'expliciter. Généralement, le prix est considéré comme étant le résultat d'opérations mathématiques consistant à cumuler les différentes charges afférentes au produit : matières premières, salaires, amortissement des machines, publicité, taxes, etc., auxquelles vient s'ajouter en dernier lieu le bénéfice escompté par la direction. On estime ensuite que le prix définitif s'obtient au moyen d'un ajustement tenant compte des courbes sécantes de l'offre et de la demande.

Ce mode de calcul rigoureux était en vigueur chez la plupart des hommes de gestion, jusqu'à ce que le marketing y intègre une nouvelle donnée : l'aspect psychologique du prix. En effet, lorsqu'un acheteur décide de répondre à une offre, il paye le produit lui-même, mais il achète avec lui les autres éléments, de nature psychologique, dont il est assorti : une image de marque, un statut social, un rêve, un imaginaire... Autant de données difficiles à chiffrer, mais qu'il convient d'inclure dans la fixation du prix. En outre, c'est à partir de cette observation que le marketing a introduit la notion de prix psychologique optimum (appelé encore prix d'acceptabilité), allant à l'encontre du principe qui veut que la demande soit une fonction décroissante du prix.

Le consommateur associant prix et qualité, on constate en effet que jusqu'à un certain prix, la demande s'accroît, car la qualité perçue par le consommateur augmente. Au-delà de ce seuil, la règle habituelle reprend ses droits : la demande diminue à mesure que le prix augmente.

Exemple

> Avant le lancement d'un micro-ordinateur, les services marketing de la société I... avaient proposé un prix de 1 750 euros. Une étude de prix d'acceptabilité montra que les client jugeaient ce prix trop bas (au regard de

la qualité du produit). Il fut donc lancé à un prix supérieur, ce qui entraîna deux avantages pour la firme : plus de ventes, plus de marge.

Plus étonnant, la réciproque est également vérifiable, à savoir qu'une baisse de prix peut entraîner une diminution des ventes, car le contenu symbolique du produit est parfois lié au prix. Il est à noter cependant que ce constat concerne quasi exclusivement les produits haut-de-gamme, ou considérés comme prestigieux.

En résumé, pour justifier ses tarifs et défendre ses prix avec efficacité, le vendeur doit :

- démontrer ou redémontrer les qualités de ses produits et une fois de plus les transformer en avantages pour le client;
- persuader l'acheteur de la supériorité de son produit/service par rapport à ceux des concurrents, et ce, au moyen de preuves irréfutables (sachant que tous les produits ont une supériorité à faire valoir ou une spécificité à revendiquer). Le vendeur à l'écoute des besoins du client transformera aussitôt ces spécificités en avantages pour celui-ci.

En outre, le vendeur « cher » devra se souvenir de la notion de prix psychologique optimum qui conduit tout acheteur à s'imaginer que « ce qui et cher est de bonne qualité » (et de ce que l'acheteur, hormis lorsque de véritables contraintes budgétaires lui sont imposées, attache plus d'importance à la qualité qu'au prix).

Pour le vendeur formé, préparé et motivé, un prix élevé n'est plus un handicap. La preuve : la majorité des vendeurs des sociétés IBM, Caterpillar, Cartier, Matra Communication, etc. (sociétés réputées vendre cher, voire beaucoup pus cher que leurs concurrents, et néanmoins moins leaders sur leur marché) atteignent leurs objectifs de vente, et les meilleurs d'entre eux accomplissent de véritables prouesses commerciales. Comment s'y prennent-ils réellement? Ils appliquent à la lettre les règles énoncées plus haut, comme le démontrent les deux exemples suivants :

Premier exemple

> Voici Gérard Kœstel, vendeur d'élite chez Matra Communication, justifiant les quelque 7 700 euros d'écart entre ses tarifs et ceux de son principal rival.

Le vendeur : « Vous êtes d'accord avec moi pour dire que ce matériel correspond à vos besoins ? »

L'acheteur : « Oui, certes. Mais il coûte 7 700 euros de plus. C'est considérable ! »

Le vendeur : « Si vous le voulez bien, voyons ensemble ce que cela représente. [*Il sort un papier et un crayon.*] Vous amortissez votre matériel sur 5 ans. La différence de prix est donc de 1 540 euros par an. Ces 1 540 euros viennent en déduction des bénéfices. L'impôt sur les bénéfices étant de 34 %, la différence de prix n'est donc en réalité que de 1 016 € par an ; c'est-à-dire de 84 € par mois soit 4 € par jour ouvrable.

À combien estimez-vous la perte financière que causerait à votre société une journée sans téléphone ? »

L'acheteur : « Ce serait catastrophique ! Nous ne travaillons que par téléphone ; nos clients ne pouvant joindre notre société, cela représenterait un dommage considérable. »

Le vendeur : « Il vous faut donc une installation téléphonique fiable réalisée dans les règles de l'art, afin de minimiser les risques et un installateur capable de fournir les moyens et les hommes, afin de réagir très vite en cas de besoin. Qu'en pensez-vous ? »

L'acheteur : « C'est tout à fait cela, il m'est indispensable de pouvoir rester en permanence relié avec l'ensemble de mes clients. »

Le vendeur : « Monsieur, Matra Communication Paris-Île-de-France, c'est 500 personnes constamment à votre service, dont plus de 300 techniciens formés régulièrement dans nos usines de production, afin d'assurer la maintenance de votre installation, car pour nous, la qualité de service est notre raison d'être ! C'est pourquoi nous investissons énormément dans les hommes et les moyens mis à leur disposition, afin de vous assurer un service de qualité. À titre indicatif, voici le baromètre de satisfaction de nos clients que nous éditons trimestriellement. Voyez les paramètres : accueil client, rapidité et qualité d'intervention, satisfaction générale… Comme vous pouvez le constater, les notes que nous attribuent nos clients témoignent on ne peut mieux de la qualité extrême de nos produits et services. D'ailleurs, si vous le désirez, vous pouvez appeler et interroger directement un ou plusieurs de nos clients…

Vous voyez, Monsieur Dufil, voilà comment, pour 4 euros par jour, la sécurité totale de votre installation téléphonique est assurée. Qu'en pensez-vous ? »

L'acheteur : « Effectivement, je préfère investir un peu plus et avoir l'esprit tranquille. »

Second exemple

Marc Lesage (société Lesage Représentation), vendeur émérite, commercialise des produits sportifs (pour le golf). Son distributeur de balles de golf est sans conteste le plus cher du marché. En moyenne, ses prix de vente sont supérieurs de 60 % à ceux de ses concurrents. Écoutons-le défendre ses prix.

L'acheteur : « 8 300 € votre distributeur de balles? C'est insensé, la société X m'en propose à 5 000 €! »

Le vendeur : « Monsieur Swing, si mon produit était identique à celui de mes confrères, je serais plutôt effronté de me présenter à vous avec un tel prix. »

L'acheteur : « Voyons monsieur Lesage, on ne demande pas à un distributeur de balles d'accomplir des miracles, mais de remplir un seau de balles chaque fois que l'on insère dans le monnayeur le montant approprié... Et ça, tous les distributeurs de balles savent le faire! »

Le vendeur : « Vous avez raison. Cela dit, il y a œuf et œuf, voiture et voiture. Entre mon produit et celui de mes concurrents, il y autant de différences qu'entre une Mercédès et une Daewoo. Permettez-moi seulement de vous exposer tous les avantages que vous pourrez tirer de notre appareil et vous réalisez ensuite à quel point son prix est justifié, voire économique ».

L'acheteur : « Bon, allez-y, je vous écoute. »

Le vendeur : « Côté joueur tout d'abord. Avec cet appareil, vos membres connaîtront le plaisir de jouer avec des balles d'une parfaite propreté [*promesse de confort et de nouveauté*]. Grâce à son dispositif de lavage multiplan, les balles sont lavées et nettoyées dans tous les sens. Or tous les produits concurrents n'offrent qu'un système de brossage horizontal, si bien qu'à l'issue du nettoyage, la moitié de la balle n'est pas débarrassée de sa terre et de ses impuretés. Habituellement, dans ce cas, c'est le joueur lui-même qui achève le travail en essuyant la balle dans ses mains. Par ailleurs, avec notre distributeur, fini les attentes interminables pendant que les balles se déversent dans le seau : le remplissage s'exécute en moins d'une seconde [*nouvelle promesse de confort*], et cela grâce à un système exclusif de distribution.

Pour vous, gestionnaire de golf, cet appareil offre bien d'autres avantages. Par exemple, celui des nombreuses possibilités monétiques du produit. Avec les autres distributeurs, vous définissez une fois pour toutes le prix du seau de balles. Dès lors, il est le même pour tous les joueurs, et comme ces appareils ne disposent que de monnayeurs à pièces, vous devez gérer de grandes quantités de pièces de monnaie. Avec notre distributeur de balles, vous disposez de plusieurs modes de paiement : les pièces bien sûr, mais aussi les cartes à pistes magnétiques, à mémoire, ce qui vous simplifie la vie... et la trésorerie [*promesse de confort et d'argent*]. Une électronique très simple permet de reconnaître le type de carte inséré dans le monnayeur; ainsi, les membres occasionnels pourront payer plus cher que les membres permanents, qui eux-mêmes paieront plus cher que les actionnaires. Et puisque les cartes sont pré-payées, vous disposez d'une avance de trésorerie; votre gestion s'en trouvera facilitée, et d'autre part vous n'aurez plus à gérer uniquement des pièces, mais aussi des billets et des chèques; le prix d'une carte pourra être l'équivalent de 5, 10 ou 20 seaux de balles.

Je dois vous dire également, et c'est peut-être là le plus important, que les matériaux utilisés dans la fabrication de ce distributeur sont beaucoup plus résistant, et les tôles plus épaisses, que ceux de mes concurrents. La preuve en est que son poids est supérieur de 100 kilos à la moyenne de tous les appareils du marché. Il en découle une meilleure résistance aux intempéries, à l'usure et aux chocs [*promesse de sécurité*]. Cet avantage à lui seul justifie l'écart de prix entre notre produit et ceux de la concurrence. J'en suis tellement persuadé, que je vous invite à interroger monsieur Grinefi, du Golf Méditerranée, qui s'est équipé il y a quelques années de deux distributeurs en même temps. Le premier acheté chez nous, l'autre chez un confrère. Aujourd'hui, le nôtre est toujours en parfait état de fonctionnement, tandis que celui du concurrent doit être remplacé!

À propos, monsieur Swing, vous est-il arrivé d'avoir un de vos distributeurs en panne? »

L'acheteur : « Oui, c'est arrivé. »

Le vendeur : « Comment avez-vous fait pour distribuer les balles? Qui s'est occupé de la réparation? »

L'acheteur : « Eh bien, le service après-vente est venu nous dépanner quelques jours plus tard. En attendant, le remplissage des seaux s'est fait à la main. Ce fut franchement pénible »!

Le vendeur : « Comme je vous comprends. De notre côté, en cas d'incident, nos techniciens interviennent en moins de 48 heures. La maintenance sur site est gratuite la première année [*promesse de sécurité*].

Par ailleurs, dans tous les distributeurs du marché, le chargement des balles dans la machine se fait par le haut de l'appareil, et la personne chargée de cette tâche ingrate doit soulever quelque 40 kilos de balles au-dessus de sa tête pour « nourrir » le distributeur. Avec notre appareil, plus de tours de reins [*promesse de confort*], le chargement se fait par le côté, à hauteur de ceinture d'homme!

Pour terminer, je ne crois pas me tromper en disant que votre club, par son emplacement, son parcours, sa clientèle, se situe dans la catégorie des golfs haut-de-gamme; aussi notre distributeur a-t-il un « look » qui correspond à son image, et qui le fait ressembler à autre chose qu'une caisse de métal

> posée sur le gazon. D'ailleurs, nous sommes aussi les seuls à pouvoir vous proposer plusieurs coloris (le vendeur jour sur l'orgueil de l'acheteur). Tenez, voici le nuancier. Quelle couleur préférez-vous? »
> *l'acheteur :* « La rouge, ce serait sympa! »

Riposte aux cas particuliers

➤ Contre la « carotte » et le « bâton »

Les meilleurs vendeurs sont unanimes : confronté à la « carotte » et au « bâton », le vendeur ne dispose que d'un seul moyen pour savoir si l'acheteur est sincère et si les contraintes financières qu'il invoque sont réelles. Ce moyen : « se battre », défendre ses prix, argumenter encore et encore, et ne concéder de remise qu'en dernière limite (si toutefois ses marges l'y autorisent).

Premier instrument de réplique du vendeur : la justification, l'inévitable justification du prix, pour convaincre le prospect, si besoin était, de la justesse de ses tarifs et/ou pour administrer la preuve irréfutable de la qualité du produit, du sérieux de la prestation, du retour sur investissement et autres avantages. Si malgré tout l'acheteur reste inflexible, alors le vendeur pourra recourir à la seconde arme que constitue la subtile technique du consensus : on utilisera alors des solutions de financement et des « accélérateurs de décision ».

Au palmarès de l'efficacité, les solutions de financement occupent une place de premier choix. Dans bien des cas, un leasing, un crédit ou une simple facilité de paiement peut venir à bout du plus irréductible des acheteurs.

Les accélérateurs de décision peuvent aussi contribuer puissamment à décider le prospect. Ce sont tous ces avantages privilégiés, ces faveurs commerciales accordées avec solennité, « à titre exceptionnel », destinés à emporter son adhésion définitive. En réalité, il en s'agit que de concessions mineures, mais qui donnent à l'acheteur (par leur caractère « personnalisé ») le sentiment de bénéficier d'un privilège.

Un accélérateur de décision, ce peut être :

– la garantie de « satisfaction ou remboursement »,
– x semaines d'essai à titre gratuit,
– x% de produit en prime,
– x heures de conseils non facturées, etc.

➤ Remarque

Vous l'avez sans doute constaté, dans les deux derniers exemples, l'accélérateur de décision peut être assimilé à une remise. Cependant, l'acheteur ne le percevra que rarement.

Dans tous les cas, l'accélérateur de décision sera préféré à la remise commerciale. Cette recommandation repose sur deux constatations.

- Un acheteur se montre plus sensible à une faveur commerciale (dont il croit être le seul bénéficiaire) qu'à une remise. Il est effectivement plus gratifiant pour lui de se voir offrir, à titre exceptionnel, une cravate assortie à un costume payé 600 €, que de bénéficier d'une remise de 3% sur le prix de vente dudit costume, ce qui pourtant revient au même.
- Accorder une « faveur exceptionnelle » n'équivaut pas à consentir une remise. En cas de renouvellement de commande par l'acheteur, la base de négociation du prix reste inchangée : c'est le tarif normal qui s'applique. Une remise consentie sur la vente d'un produit – tous les vendeurs expérimentés le savent – est considérée par l'acheteur comme un droit acquis pour ses prochaines commandes. En somme, l'accélérateur de décision ne donne pas de mauvaises habitudes aux clients.

En cas d'échec des précédents « outils de négociations », Christian Le Bas, vendeur d'élite de la société Jeumont Schneider Industrie, préconise dans le cadre du consensus, une dernière arme : le devis à options (ou proposition commerciale faisant ressortir les différentes options négociables). En cas de conflit, le vendeur ne se sentira pas obligé de concéder une remise pour faire concorder son offre avec la demande de son prospect; il lui suffira alors d'ôter du devis toute option jugée secondaire par celui-ci et d'établir un nouveau devis, compatible cette fois avec le budget de l'acheteur.

Pour illustrer la mise en œuvre de ces techniques, voici un scénario d'entretien, mettant aux prises Martine Lejot (vendeuse de stages de formation) à Monsieur Machpro, acheteur (adepte de la carotte et du bâton).

> *L'acheteur :* « Ce stage de formation consacré à la gestion du stress nous intéresse au plus haut point. Malheureusement, nous avons sept personnes à former avec un budget total de 6 860 €, alors que votre prix de vente est de 1 100 € par stagiaire, soit 7 700 € ! »

Le vendeur : « comme je vous l'ai expliqué, le responsable de ce stage n'est pas un amateur, mais Steve Hopkins, docteur en psychologie d'entreprise, diplômé de l'université de Harvard, dont les travaux sur la gestion du stress sont à l'origine même de cette méthode de développement personnel. Or, les émoluments de Monsieur Hopkins, vous l'imaginez, sont à la mesure de sa compétence... Et comme nos tarifs sont étudiés avec beaucoup de soin, une diminution de ceux-ci affecterait sérieusement la rentabilité de cette opération... Je ne vous surprendrai pas en vous disant que nous n'avons pas vocation à perdre de l'argent » [*sourire*].

L'acheteur : « Il n'empêche que mon problème reste le même : nous ne disposons que de 6 860 €, et vous me demandez 7 700 €. »

Le vendeur : « Monsieur Machpro, vous désirez organiser ce stage, et moi j'aimerais traiter avec vous, tant j'ai la certitude que cette formation répond à vos attentes. Il nous faut absolument trouver un terrain d'entente... Pour vous prouver ma bonne volonté, je suis prête à vous accorder un paiement échelonné sur 3 mois. »

L'acheteur : « Vous êtes très aimable, madame, mais cela ne résoudra pas le problème. Même avec un paiement étalé, il me faudra débourser 7 700 € alors que le budget plafond alloué par ma direction pour cette formation est de 6 860 €. »

Le vendeur : « Alors il nous reste une solution, qui je pense va vous satisfaire : nous n'avons qu'à retirer l'option hôtel-restaurant Le Palace et organiser le stage en toute simplicité, dans nos locaux. Cela nous permettre d'économiser 170 € par personne, donc de ramener l'enveloppe globale à 6 510 € et de dispenser cette formation à vos sept collaborateurs. »

➤ Contre les ultimatums

Dans sa quête de la remise, l'acheteur est-il déterminé ou n'objecte-t-il que pour la forme? Le vendeur qui capitule d'emblée, ne le saura jamais! Pour déceler le véritable mobile de l'acheteur qui brandit l'ultimatum, il convient d'appliquer la riposte précédente (justification, recherche du consensus sans remise, etc.).

Dans le cadre de l'ultimatum déguisé, Frédéric Romanet du Caillaud (Vendeur d'élite à la grande distribution) recommande l'envoi d'une « sonde », c'est-à-dire la concession d'une très faible remise, afin d'éprouver les réactions du prospect. Celui qui s'en contente révèle le caractère inconsistant de son objection. En revanche, si le léger avantage proposé soulève de sa part une contestation, dans la plupart des cas, il renseigne le vendeur sur ses attentes véritables.

Exemple

> *L'acheteur :* « 8,20 € la pièce?! Ça ne va pas aller. Il faut faire mieux! » [*Ultimatum déguisé.*]
>
> *Le vendeur :* « Pour vous faire plaisir, je veux bien descendre à 8,10 €. » [*Sonde*].
>
> *L'acheteur :* « C'est encore trop cher! La société X me les vend 7,50 €. » [*Désormais, notre vendeur sait à quelle remise s'en tenir.*]

➤ Contre le rabioteur

Vous pouvez, si vous le désirez, choisir une attitude de fermeté inébranlable (mais néanmoins courtoises). Il est peu probable que la vente vous échappe… à condition d'entourer votre refus de quelques formes, en fournissant de simples explications de principe.

Exemple

> Le vendeur représente une société de communication événementielle spécialisée dans l'animation de soirées d'entreprises.
>
> *L'acheteur :* « Je suis d'accord pour vous choisir, à condition que vous nous fassiez cadeau du champagne. »
>
> *Le vendeur :* « Monsieur Lafête, j'aimerais sincèrement vous faire plaisir, mais croyez-moi, nos tarifs ont été étudiés au plus juste, pour nous permettre de couvrir nos charges en matériel, le salaire des animateurs, etc. J'aurais pu, comme le font certains de nos concurrents, gonfler mes prix artificiellement de 5%, et vous offrir ensuite un cadeau d'une valeur équivalente, seulement, ces pratiques ne sont pas les nôtres. Dans votre intérêt et par honnêteté, nous nous efforçons d'appliquer les prix les plus justes. »

➤ Contre le miroir aux alouettes

Méfiance, méfiance! Il est très facile, pour un acheteur disposant d'un fort pouvoir d'achat, d'abuser un vendeur et d'obtenir de substantielles remises en lui faisant miroiter le « contrat du siècle ». Plus tard, lorsque le premier aura acquis le produit (à des conditions très préférentielles), il lui sera tout aussi facile d'abandonner l'idée de récompenser le généreux vendeur, sous mille prétextes.

Ne vous laissez donc jamais griser par la perspective d'une prochaine commande « miraculeuse ». Gardez la tête froide et concentrez-vous sur l'objet immédiat de la négociation. Sachez qu'un acheteur qui, sur une « commande-test », essaie déjà de soutirer une remise au vendeur en invoquant une future « grosse commande », est un acheteur qui, le jour venu de la fameuse commande, tentera d'en obtenir davantage!

Une riposte particulièrement efficace consiste à exaucer la demande de remise du client, en lui précisant qu'elle ne sera déduite que... sur la prochaine commande.

Exemple

> *L'acheteur :* « Faites-nous un bon prix sur cette petite étude, et nous ferons appel à vos techniciens au moment de lancer le projet final. »
>
> *Le vendeur :* «... Je veux bien vous accorder une remise exceptionnelle de 25 % sur cette étude, que nous déduirons de nos prestations liées au projet final. »
>
> À cette réponse, les mythomanes et les « manipulacheteurs » se démasqueront, en refusant catégoriquement la proposition du vendeur. En revanche, les prospects sincères se feront reconnaître par leur assentiment.

➤ Contre « la descente aux enchères »

Des « vendeurs-gladiateurs » s'affrontant dans un combat sans merci, à grands coups de « 3R » (Rabais, Remise, Ristourne), et pour la plus grande joie du spectateur-acheteur : ce pourrait être une version moderne des « jeux du cirque »... C'est en tout cas le destin des victimes de la « descente aux enchères ».

Mais comment se soustraire à cette tactique diabolique et éviter une guerre des prix, lorsque l'on vend des produits identiques à ceux de la concurrence? Réponse : en cherchant par tous les moyens à faire valoir sa différence (en avantage pour le client)... Au cimetière des entreprises se rencontre toujours la même épitaphe : « Morte au combat, dans la bataille de la remise ».

Considérons le marché de la distribution micro-informatique. Il y sévit une guerre des prix particulièrement meurtrière. Et pour cause : la descente aux enchères est devenue la technique favorite des acheteurs de ce secteur. Petit à petit, les ingénieurs-conseils (vendeurs tout-puissants de l'ère primaire informatique) ont laissé la place aux marchands de remise, et les entreprises du secteur, naguère florissantes, ont constaté la dégradation progressive de leurs ratios de rentabilité. Pourtant, le sacrifice du prix n'est pas inéluctable pour celui qui cultive sa différence et applique les règles de la justification.

Le dialogue suivant, qui oppose Vincent Bonnet, vendeur d'élite d'une société de distribution et de service informatique, à un acheteur adepte de la technique de la descente aux enchères, est un modèle de justification et de défense des prix.

L'acheteur : «… La société Casseprix me fait 15 % de remise sur une configuration complète de PAO [*publication assistée par ordinateur*]. Et vous, qu'est-ce que vous m'offrez ? »

Le vendeur : « Malheureusement, monsieur, je ne peux vous offrir une telle remise, tout simplement parce que je ne fais pas le même métier que mes confrères de la société Casseprix. »

L'acheteur : « Comment ? Vous vendez exactement les mêmes produits ! Pour moi, que j'achète un système chez vous ou chez vos concurrents, cela reviendra strictement au même. C'est le même ordinateur, la même imprimante et les mêmes logiciels que je trouverai dans les cartons. Aussi, je vous renouvelle ma question : pouvez-vous m'offrir mieux que 15 % de remise ? »

Le vendeur : « Cher monsieur, si vous recherchez une société qui vend des ordinateurs « caisse en mains » et qui offre comme seul service de « pousser le carton » jusqu'à vos locaux, c'est effectivement à la société Casseprix qu'il faut vous adresser. Je peux même vous donner les coordonnées de plusieurs sociétés qui vous offriront des remises encore plus fortes. Mais toutes ces sociétés, à l'instar de la société Casseprix, sont des distributeurs informatique en « Cash and Carry », c'est-à-dire que vous devrez payer comptant, parfois aller chercher vous-même l'ordinateur en entrepôt, et, une fois le matériel en votre possession, prier pour qu'il n'arrive rien, car il vous faudra gérer tout seul les différents problèmes qui peuvent survenir. Par exemple, en cas de panne, aucun service de maintenance n'est assuré. En cas de problème quelconque, aucun interlocuteur technique ne sera apte à vous aider. Le jour où vous désirerez faire évoluer votre système, aucun technico-commercial ne saura vous renseigner, et votre nom ne dira rien à personne. Si je me permets de vous expliquer cela, monsieur Kiveutou, c'est parce que nous « récupérons » chaque année des centaines de clients mécontents… qui se mordent les doigts d'avoir cherché le fournisseur le moins cher. De plus, vous êtes informaticien… Vous savez donc parfaitement qu'aucun ordinateur n'est infaillible. Une panne d'alimentation, un scratch du disque dur, etc., peuvent survenir à tout moment. D'ailleurs, je suis certain que vous avez déjà rencontré ce type de déboires. N'est-ce pas ? »

L'acheteur : « Oui, bien sûr. »

Le vendeur : « Et comme un fait exprès, c'est toujours au moment où l'on a le plus besoin de son ordinateur. Pas vrai? »

L'acheteur : « Exact. »

Le vendeur : « Voyez-vous, monsieur Kiveutou, je vais jouer cartes sur table et vous expliquer pourquoi nous ne pouvons pas – en dépit de notre volonté de vous satisfaire – vous accorder ce type de remise.

Nous avons choisi de faire notre métier différemment des autres, et de mener jusqu'au bout notre parti-pris de partenariat. Je m'explique : nous n'avons pas pour ambition de devenir, pour vous, un simple fournisseur parmi tant d'autres, mais un partenaire à part entière, qui vous accompagne dans votre développement, qui vous conseille et vous défend au mieux de vos intérêts « informatiques » et qui préserve la pérennité de vos investissements... Pour l'instant ce sont des mots, mais sur le plan pratique, lorsque vous serez client chez nous, vous pourrez à tout moment vous faire assister ou dépanner par téléphone; un technicien se trouve toujours au bout du fil pour vous répondre. En cas de panne, nos techniciens interviennent directement dans vos locaux pour réparer le matériel. Bien entendu, nous vous assurons l'intégration complète de votre matériel, c'est-à-dire la livraison, l'installation, le test hard et soft et, si vous le souhaitez, la formation, le développement d'application sur mesure, et bien d'autres services encore. En outre, et c'est peut-être le plus important, grâce à notre parfaite connaissance de l'environnement micro-informatique, à notre cellule de veille technologique, au large éventail de produits-services que nous distribuons et à notre niveau de compétences techniques, nous pouvons vous conseiller sur les produits les mieux adaptés à vos besoins et en adéquation avec les objectifs financiers et stratégiques de votre société. Car notre métier, c'est également de vendre des solutions, là où d'autres ne vendent que des caisses! Cette panoplie de services, cette qualité de prestations, nous ne pourrions pas les offrir à nos clients si nos marges étaient étriquées. Il n'y a pas de miracle, ce sont ces marges qui nous permettent de rémunérer le professionnalisme de nos techniciens de maintenance, du support technique, et d'assurer nos autres prestations. Vous savez, si les plus grandes entreprises nous font confiance, si elles acceptent de payer un peu plus cher leur informatique, c'est parce qu'au bout du compte, elles y gagnent largement... Et c'est peut-être aussi pour cela que nous sommes aujourd'hui le numéro 1 des Sociétés de Services et de Distribution Micro-Informatique.

En fait, pour vous, le choix est le suivant :

– d'un côté, une station PAO classique à 6 000 euros, que vous garderez au mieux trois ans, qui vous occasionnera des maux de tête à chaque « plantage », et vous obligera à passer trois heures pour comprendre – manuel d'utilisation en main – quelle erreur de procédure vous avez commise. Je le dis avec d'autant plus d'assurance que vous avez l'expérience de l'informatique, vous savez donc comment cela se passe! Sans compter que c'est le jour où la panne survient que les vrais ennuis commencent : personne pour réparer le système, votre travail bloqué, les clients qui attendent...

– d'un autre côté, un système qui répond parfaitement à vos besoins, qui coûtera peut-être plus cher mais dans tous les cas, une station PAO que vous garderez au moins cinq ans et qui évoluera avec vous. Sachant bien sûr qu'en cas de problème, vous serez dépanné sous 24 heures et que, lorsque vous serez bloqué sur un point du logiciel, il vous suffira de décrocher le téléphone pour que notre spécialiste PAO vous communique aussitôt la solution. Sans oublier le fait que votre matériel est livré, installé et testé en vos locaux. Et pour terminer, un interlocuteur, en l'occurrence moi-même, vous sera attaché en permanence pour répondre à tous vos besoins, soucis ou préoccupations d'ordre informatique.

Voilà. Peut-être paierez-vous un peu plus cher la configuration informatique que nous allons mettre au point ensemble. Mais ce sera aussi le prix de votre tranquillité pour plusieurs années. »

- *Contre le faux sous-fifre*

Lorsque l'on n'est pas certain de l'étendue des pouvoirs de son interlocuteur, il convient de le considérer – par défaut – comme un décideur à part entière. En toutes circonstances, le vendeur s'obligera au respect de cette règle incontournable de la vente. Ainsi, l'interlocuteur-décideur qui se dissimule sous l'apparence commode du sous-fifre recevra quand même la totalité de l'argumentaire du vendeur.

Plus généralement, au-delà de la difficulté que représente pour le vendeur le fait d'avoir à traiter avec un sous-fifre apparent, se pose la question de savoir qui est le véritable décideur. Car en marge de la hiérarchie établie, il arrive qu'une hiérarchie officieuse – avec ses circuits de décision occultes – impose sa loi dans l'entreprise.

C'est ainsi que l'on rencontre, dans un très grand nombre de sociétés, des directeurs qui n'ont de directeur que le titre, des chefs de service parfaitement fantoches ou des responsables de... rien du tout.

Découvrir et rencontrer le(s) véritable(s) décideur(s) requiert de la part du vendeur à la fois de l'intuition, un bon esprit d'initiative et de la diplomatie. En effet, il lui faut se renseigner sur la nature exacte des pouvoirs de tel ou tel personnage de l'entreprise. Pour ce faire, il prendra soin de questionner son interlocuteur avec prudence et doigté, tant il est vrai que les sphères du pouvoir sont d'une approche et d'un maniement délicats : il ne s'agit de rien moins que de ménager les susceptibilités des « délaissés » du pouvoir.

Par exemple, toutes les questions du type « *Est-ce vous, le décisionnaire sur cette affaire?* » sont à proscrire, car l'interlocuteur dénué de tout pouvoir pourrait, afin de sauvegarder son amour-propre, répondre : « *Oui, c'est moi qui décide de tout* ». Et notre vendeur de prêcher dans le désert, laissant pendant ce temps les concurrents, plus habiles, s'adresser au(x) véritable(s) décideur(s).

On préférera de loin le modèle de discussion suivant :

Le vendeur : « Qui collabore avec vous dans les décisions concernant cette affaire? »

L'acheteur : « Il y a également le responsable de la sécurité, monsieur Kivala. »

Le vendeur : « Vous qui connaissez bien monsieur Kivala, pourriez-vous arranger un rendez-vous à trois pour la semaine prochaine? »

Cette dernière question permet au vendeur, non seulement de valoriser son interlocuteur, mais aussi de le transformer en un « allié », puisqu'il va devoir se substituer au vendeur pour prendre rendez-vous avec son collègue. Par ailleurs, il n'est plus à démontrer qu'un prospect accepte plus facilement la sollicitation (le rendez-vous) d'un collègue de bureau, que celle d'un inconnu (le vendeur).

Savoir négocier et défendre ses prix : une question de psychologie

La règle d'or de la négociation

Cela faisait plusieurs semaines que j'en rêvais et que je tournais et retournais cette idée dans ma tête, mais cette fois, j'étais décidé, j'allais m'offrir cette merveille. J'entrai donc dans la boutique avec la ferme intention de devenir le propriétaire de ce piano… Quel bonheur, de près, il était encore plus majestueux que derrière la vitrine. Quelques accords au clavier révélèrent une musicalité parfaite.

Discrètement posée sur le pupitre, une étiquette indiquait 3 250 euros. Un prix qui me semblait correspondre à la valeur de l'instrument. En tout cas, il n'excédait pas mes ressources et, dès lors, il ne faisait plus aucun doute que ce piano serait mien. Un vendeur vint vers moi et m'avertit : « *ne faites pas attention au prix. Ce piano est actuellement en promotion à 3 000 euros* ». C'était inespéré! Moi qui étais disposé à débourser les 3 250 euros mentionnés sur l'étiquette, je venais d'économiser 250 euros sans même négocier... Quelle aubaine. J'aurais dû, en individu sensé, sortir tout de suite mon chéquier et payer au plus vite! Mais la psychologie humaine est décidément trop complexe pour n'être assujettie qu'aux seules normes de la raison... aussi, je commençai à m'interroger : « Pourquoi diable ce piano est-il bradé? Serait-il abîmé? Dissimulerait-il un vice de fabrication? Ou peut-être n'a-t-il pas les qualités que je lui prête ».

Voyant que j'affichais une mine perplexe, le vendeur crut bon d'ajouter : « *Mais si vous êtes vraiment intéressé, je vous le laisse à 2 800 euros* ». Que signifiait cette nouvelle diminution de tarif? Jusqu'où le vendeur allait-il descendre? Cette fois, c'en était trop! Je décidai de m'engager dans la négociation. L'ultimatum déguisé allait constituer ma première banderille : « *C'est trop cher pour moi. Faites-moi un meilleur prix!* » Le vendeur reprit : « *2 800 euros, c'est déjà un très bon prix. Je peux difficilement faire mieux* ». Nouvelle banderille : je gardai le silence. Au bout de trente secondes, le vendeur me dit : « *Bon. Si vous le prenez maintenant, je vous le laisse à 2 700 euros.* » C'est à ce moment que je décidai de porter l'estocade, en lui tendant une carotte : « *Ce piano est exactement ce que je recherche* » pour l'assommer aussitôt d'un violent coup de bâton : « *mais je ne peux consacrer que 2 300 euros à cet achat* »... Quelques minutes plus tard, le piano m'était offert pour 2 500 euros. Mais, au fil des minutes, mes soupçons avaient littéralement étouffé mon désir d'acquérir l'instrument, et je quittai la boutique sans rien acheter.

Et pourtant... J'étais bel et bien demandeur du produit, mes besoins étaient affirmés (bien que le vendeur n'ait pas manifesté le moindre intérêt pour ceux-ci) et mon budget m'autorisait cet investissement sans le moindre problème. On peut se demander comment, dans ces conditions, la vente a pu échouer.

La réponse ne fait aucun doute : par la faute exclusive du vendeur! Mais ce n'est pas tant la méconnaissance totale des techniques de vente qui aura valu à notre vendeur de perdre la vente, que son ignorance de la règle d'or de la négociation. Quelle est cette règle d'or? Un second récit vous permettra peut-être de la découvrir par vous-même, et par conséquent de la mémoriser plus sûrement.

Lorsque j'étais étudiant, le tennis était mon sport favori. Une véritable passion. Chaque saison, je m'offrais quelques billets pour assister à la reine des compétitions (les internationaux de France de Roland-Garros) et voir évoluer les plus grands champions de tennis. Mais cette année-là, mes examens tombaient bien mal : le jour de la demi-finale! Et j'avais justement acheté à l'avance mon billet. Il ne me restait plus qu'à revendre ma place... Heureusement, je savais qu'il sévissait, aux abords du stade, un commerce parallèle de billets d'entrée. Aussi, la veille des demi-finales, je me rendis à Roland-Garros, la mort dans l'âme, mais bien décidé à revendre très cher le sésame du temple tennistique à un inconditionnel de la raquette à la recherche du fameux billet! Comme j'étais un étudiant ordinaire, c'est-à-dire « sans le sou », j'espérais que le fruit de cette vente me permettrait d'oxygéner mon portefeuille mal en point. Au marché noir, le billet des demi-finales se vendait entre 100 € et 150 €. J'avais acheté le mien 20 €, j'allais essayer de le revendre 200 €...

Quelques personnes me traitèrent d'escroc, d'autres m'avertirent que jamais je ne trouverais acquéreur à ce prix. Une heure plus tard, j'étais toujours propriétaire du billet et les acheteurs potentiels se faisaient de plus en plus rares, quand une automobile s'arrêta le long du trottoir. Le chauffeur me fit signe d'approcher. « *Vous avez des places pour la demi-finale de demain?* » me demanda-t-il.

– « *Oui. J'en ai une.* »

– « *Combien?* »

– « *200 euros!* »

Il sortit de sa poche une liasse de billets, en retira 200 euros qu'il me tendit : « *Le compte y est. Merci.* » Il s'empara du billet et redémarra aussitôt. Je restai là un moment, immobile, satisfait d'avoir trouvé un acheteur et d'avoir pu, par la même occasion, rasséréner mon portefeuille en perdition. Cependant, à mesure que je réfléchissais, ma joie se dissipait, se muant progressivement en amertume. Je songeai d'abord : « C'est incroyable! Cet acheteur m'a payé rubis sur l'ongle les 200 euros que je demandais, sans même discuter, alors qu'à quelques mètres de moi d'autres vendeurs proposaient les mêmes places à 100 euros! ». Et un peu plus tard, je me dis : « Quel idiot j'ai fait! J'aurais dû demander 300 euros. Il aurait accepté. Et peut-être même 400 euros, qui sait? »

Ce jour-là, j'avais fait une belle affaire, mais pour moi il n'en était rien. Je gardai longtemps le sentiment de n'avoir pas vendu mon billet à sa valeur réelle. Si j'avais connu, à l'époque, la règle d'or de la négociation, j'aurais réagi bien différemment et me serais félicité d'avoir réalisé cette affaire.

Quelle est cette règle d'or? C'est Chantal Hoorman, négociatrice hors pair de la société Matthews & Goodman (immobilier d'entreprise), qui me l'a révélée. C'est pourquoi je citerai les exemples et explications mêmes qu'elle m'a offerts. Voici donc la règle d'or de la négociation : **Dans une négociation de prix, la manière de parvenir à un accord (la façon de négocier) peut être plus importante que le prix lui-même.**

Un acheteur qui, à l'issue d'une négociation très serrée, « arrache » une petite remise, peut être plus heureux qu'un acheteur qui obtient une grosse remise sans combattre. Ce qui amène le paradoxe suivant : un prospect pourra être acheteur, à 950 euros, d'un produit d'une valeur initiale de 1 000 euros, si le vendeur fait preuve de combativité dans sa façon de négocier; en revanche, il n'est pas exclu qu'il décline l'offre à 900 euros d'un vendeur trop arrangeant! « *À vaincre sans péril, on triomphe sans gloire* », écrivait Pierre Corneille. Cette citation s'applique on ne peut mieux à la négociation.

Gardez-vous donc de distribuer trop facilement vos remises. Soyez ferme, faites-vous prier, défendez-vous. Et si vous devez concéder quelque faveur, n'oubliez jamais de donner à votre partenaire le sentiment d'avoir enlevé son privilège de haute lutte. Il y va de la réussite de votre vente.

Un prospect qui emporte votre produit avec 5 % de remise au bout de deux heures d'une négociation ardue pensera : « *Bien que ce vendeur se soit montré intraitable, j'ai réussi à lui soutirer une remise. Je dois être l'un des rares clients à avoir obtenu ce privilège. J'ai bien du mérite* ». Tandis qu'un prospect qui, après cinq minutes de palabres, obtiendrait 10 % de remise, se dira : « *Pffff! Cette remise est sûrement fictive. À quoi bon, elle est accordée à tout le monde...* » ou encore : « *Ce commercial me donne l'impression de vouloir vendre à n'importe quel prix. Son produit ne doit pas être aussi valable qu'il le prétend* ». Et il abandonnera toute velléité d'achat.

Chantal Hoorman achète et/ou vend, pour le compte de ses mandants, des locaux commerciaux (boutiques, centres commerciaux, etc.). Dans son métier, l'immobilier, la négociation revêt une telle importance que les vendeurs sont appelés négociateurs. Ici, la règle d'or prend toute sa signification.

Supposons que vous soyez un commerçant qui veuille céder son bail commercial. Votre boutique se situe dans une belle avenue et vous estimez logiquement à 500 000 € la valeur de votre commerce. Arrive Chantal Hoorman, mandatée par un industriel japonais du prêt-à-porter l'ayant chargée de rechercher sa future implantation commerciale sur le vieux continent... Elle jauge votre magasin et, comme elle estime qu'il répond aux critères de son mandant, décide d'organiser une nouvelle visite avec ce dernier...

La seconde visite se déroule à merveille, si bien qu'au sortir de votre boutique, l'industriel fait connaître à sa négociatrice son désir d'acquérir le bail, et ce d'autant plus qu'il dispose très précisément de 500 000 € à investir pour sa première implantation européenne. Ses volontés dictées, le mandant se retire, laissant à sa négociatrice le soin d'accomplir la transaction.

Imaginons à présent que Chantal Hoorman néglige la règle d'or et vienne vous trouver quelques heures plus tard en vous annonçant tout à trac : « *Mon client accepte votre prix. Il est d'accord pour signer à 500 000 € !* » Quelle serait votre réaction ? Immanquablement, vous penseriez : « *Pour que ce client accepte de payer 500 000 € aussi facilement, c'est qu'il considère ma boutique, à ce prix, comme une excellente affaire; c'est donc qu'elle vaut plus... J'aurais dû demander 600 000 €, je les aurais obtenus, à n'en pas douter... Et puis, je ne vais tout de même pas laisser passer 100 000 €... Allez, j'annule tout et je remets mon bien en vente à 600 000 €* ».

Bien sûr, le client ne suivrait pas. Quant à vous, vous pourriez bien rencontrer les plus grandes difficultés pour trouver un nouvel acquéreur, même à 500 000 €. Et le cabinet-conseil en immobilier, lui, aurait perdu une belle occasion d'empocher une confortable commission. En fin de compte, toutes les parties seraient perdantes.

Heureusement, la psychologie de la négociation n'a plus de secret pour Chantal Hoorman. Aussi serait-elle venue vous trouver le lendemain en vous proposant d'acquérir le bail pour… 400 000 € ; et d'invoquer une expertise rigoureuse de la valeur du commerce, assortie d'une enquête sur les prix pratiqués dans le voisinage et d'une étude sérieuse des facteurs locaux de commercialité. Comme vous resteriez inflexible, la négociatrice repartirait en promettant de tout mettre en œuvre pour convaincre son client. Trois jours plus tard, vous recevriez un appel téléphonique de sa part : elle a réussi à convaincre partiellement son client… et vous fait une offre « tout à fait exceptionnelle » à 430 000 €. De votre côté, vous auriez rabattu un peu de vos prétentions, et fait savoir que vous accepteriez de traiter à 480 000 €. Chantal Hoorman s'excuserait alors de ne pouvoir suivre, en vous expliquant avoir fait de son mieux et ne pouvoir obtenir un centime de plus de son client. Mais elle essaierait à nouveau. Deux heures plus tard, vous recevriez un nouvel appel, au cours duquel la négociatrice se déclarerait désolée de n'avoir pu obtenir la moindre concession de son client. Cependant, elle vous laisse entendre que son client pourrait bien revoir sa position si une autre offre lui était faite et finalement, elle vous convainc de descendre votre prix à 470 000 €. Le lendemain, elle vous rappelle en vous disant : « *J'ai vu mon client. Je lui ai fait comprendre que vous aviez consenti un gros effort, et qu'il fallait qu'il en fasse autant. Il s'est montré sensible à votre geste. Il veut bien aller jusqu'à 460 000 €* ». Il faudra couper une fois encore la poire en deux, et finalement, la transaction se conclura à 465 000 €.

Heureux vous serez, d'avoir vendu votre affaire à 465 000 €, alors qu'on ne vous en offrait que 400 000 €. Heureux sera l'acquéreur, d'avoir économisé 35 000 € et de disposer d'un point de vente bien situé. Heureuse sera la négociatrice, d'avoir orchestré savamment la transaction et de recevoir, au passage, une commission bien méritée.

On ne le répétera jamais assez : au jeu de la négociation, même si l'on simule, la plus grande fermeté s'impose car, ne l'oubliez pas, dans une négociation de prix, la manière de parvenir à un accord (la façon de négocier) peut être plus importante que le prix lui-même. Ceci vaut aussi bien pour l'acheteur que pour le vendeur.

À présent, fort de votre connaissance de la règle d'or, je vous invite à relire les deux exemples du début (ceux du piano et du billet d'entrée au tournoi de tennis), pour vous permettre d'analyser ces deux cas sous un angle plus critique, et de vous pénétrer davantage de cette loi inaltérable de la négociation commerciale.

Comment faire des concessions

En véritable prédateur, l'acheteur sait reconnaître d'instinct un vendeur faible ou amoindri. Vous savez, ce vendeur prêt à n'importe quelle concession pour emporter la commande. Malheureusement pour ce dernier, les mœurs de nos contemporains n'ont pas beaucoup évolué depuis La Fontaine : « La loi du plus fort est toujours la meilleure »... Aussi ce type de vendeur proie facile pour un acheteur qui se sait supérieur, se voit-il systématiquement maltraité, tourmenté et pressuré. Invariablement, il se fait dépouiller de toute sa marge bénéficiaire (il arrive même que certains vendeurs fassent des concessions qui outrepassent les limites autorisées, faisant perdre de l'argent à leur « maison »).

Ainsi, pour le vendeur qui ne veut pas se laisser enfermer dans le cercle vicieux d'une surenchère des demandes de remises et autres concessions, il n'y a qu'une conduite à tenir : une fermeté absolue, une détermination sereine, courtoise, mais sans faille face à un acheteur trop exigeant. Il faut le rappeler : un maître négociateur/vendeur n'hésitera pas à « casser » la vente s'il juge les conditions de l'acheteur incompatibles avec la politique commerciale de son employeur. Encore une fois : « *En négociation, la qualité première du vendeur est de savoir dire* **non** ».

Cependant, il arrive souvent que, pour diverses raisons (arguments probants de l'acheteur, habitudes de la profession, concurrence féroce...), le vendeur soit contraint de concéder quelques faveurs. Malheureusement, la psychologie de l'acheteur est ainsi faite que le client auquel on accorde une remise considère ce privilège acquis pour l'avenir. En d'autres termes, le prix de vente diminué d'une remise devient, pour l'acheteur, la nouvelle base de référence. Afin de contrecarrer cet auto-conditionnement de l'acheteur, il est un principe impératif de la négociation que le vendeur ne doit pas transgresser : ne rien donner pour rien. C'est pourquoi une remise sur un prix de vente ne sera jamais consentie sans contrepartie.

Que faut-il demander? À vous de choisir la compensation qui vous paraît la plus avantageuse pour vos affaires et de demander par exemple à l'acheteur :

– de passer commande immédiatement,
– de commander des quantités supérieures,
– de payer à trente jours au lieu de soixante,
– de prendre à sa charge les frais de port,
– de rallonger la durée du contrat,
– d'accepter des délais de livraison plus longs,
– de vous recommander à un confrère,
– d'accepter un conditionnement plus économique,
– d'admettre la simplification de telle spécification technique du cahier des charges, etc.

Exemples

L'acheteur : « Si j'en prends cinq, vous me faites le sixième gratuit. »
Le vendeur : « Vous savez, monsieur Duracuir, nos prix sont très étudiés. Il m'est vraiment difficile d'accorder un cadeau comme cela. Mais puisqu'il s'agit de votre premier achat chez nous, exceptionnellement, je veux bien vous offrir le sixième, mais dans ce cas, je vous demanderai un règlement au comptant à la livraison. »

L'acheteur : « Je veux bien passer commande, si vous m'accordez 10% de remise supplémentaire. »
Le vendeur : « Je ne demande qu'à vous satisfaire, monsieur Duracuir, mais 10% de plus, c'est la remise accordée aux clients qui achètent par cinquante unités, alors que vous n'en prenez que vingt… Bon, si vous en prenez dix de plus, et à titre exceptionnel, parce que vous êtes un client fidèle, je vous accorde ces 10% de remise. »

La recommandation décisive qui fait suite m'a été confiée par Paul C., éminent vendeur en imprimerie industrielle. Je lui dois de révéler ici cette authentique ficelle du négociateur : « *L'acheteur qui tente d'obtenir une remise de prix obéit à une logique arithmétique inconsciente qui lui fait croire que la distribution des remises par le vendeur suit une courbe décroissante. Dans ces conditions, la première remise du vendeur revêt une importance capitale car cette « logique » conduit l'acheteur à penser que la remise suivante sera forcément inférieure à la précédente, et ainsi de suite*; »

Imaginons que vous négociez le prix d'un produit x. Au bout de quelques minutes de discussion, le vendeur vous accorde 10% de remise. En admettant que vous désiriez poursuivre la négociation, quelle remise supplémentaire réclameriez-vous? 3%, 5% ou 8%, sans doute. Mais rarement plus de 10%. Car votre inconscient fera barrage. Supposons que le vendeur soit disposé à lâcher 5%, oserez-vous demander un nouveau rabais de 10%? Probablement non, mais en revanche, peut-être essaierez-vous de glaner une ultime remise de l'ordre de 2%.

Il se dégage de ce constat la règle suivante : une première remise doit être minimisée autant que possible. En effet, si votre vendeur n'avait concédé, pour commencer, qu'une remise de 6%, peut-être auriez-vous persévéré en réclamant (et en obtenant) une nouvelle remise de 3% puis, parce que vous êtes particulièrement obstiné, arraché une dernière ristourne de 1%. Mais, au bout du compte, le vendeur n'aurait abandonné que 10% de remise, contre 17% dans le cadre du premier exemple. Quant à vous, votre satisfaction serait – dans un cas comme dans l'autre – identique, parce que vous auriez le sentiment d'avoir obtenu la remise maximale (à condition, bien sûr, que le vendeur vous ait obligé à déployer suffisamment d'efforts pour mériter ce « salaire »).

L'influence du psychisme dans la réussite commerciale

Les pouvoirs de la motivation et de l'enthousiasme

« *Ce sont les Grecs qui nous ont légué le plus beau mot de notre langue : le mot enthousiasme, du grec* en théo, *un dieu intérieur.* » Pasteur.

Comme tout le monde, vous avez certainement observé ce phénomène mystérieux : une journée où tout vous réussit. En général, cela débute par un événement heureux, ou un compliment qui va droit au cœur, à la suite duquel – est-ce la magie de l'inconscient ou une métamorphose de l'esprit? – vous vous retrouvez soudain « gonflé à bloc », prêt à conquérir le monde. En rendez-vous, tout votre être irradie la joie de vivre, et votre détermination à conclure la vente à la satisfaction de chacun, ainsi que votre foi en votre capacité de satisfaire le prospect sont telles que ce dernier les ressent immédiatement… Quel acheteur pourrait vous résister? Autorité, séduction ou magnétisme, vous emportez une première commande! Fort de ce succès, vous redoublez d'ardeur; au rendez-vous suivant, l'enthousiasme qui se dégage de vous se faire encore plus puissant… Nouveau succès. Finalement, vous achevez votre journée de travail en pensant « *Quelle chance! En ce moment tout me réussit* », et vous mettez ces résultats heureux sur le compte du hasard.

Malheureusement, la situation inverse se rencontre aussi. En effet, perturbé par divers éléments extérieurs, confronté à un échec douloureux ou à des circonstances fâcheuses qui dispersent l'énergie, vous voyez s'affaiblir vos ressources physiques et/ou mentales. Cette constatation déprimante provoque en vous un sentiment d'oppression et de malaise existentiel. En rendez-vous, votre prestation, austère et apathique, ne parvient pas à émouvoir le prospect et c'est l'échec. Dès lors, l'engrenage infernal se met en marche : votre insuccès vous accable davantage, aggravant d'autant le déficit de votre tonus mental… Ce qui se solde par un nouvel échec! La fin de journée vous inspire généralement une auto-analyse du type : « *En ce moment je n'ai pas de chance, tout ce que j'entreprends échoue. Je traverse une mauvaise période* ». Et d'imputer vos échecs à la malchance ou à la loi des séries.

En réalité, ni les lois régissant les probabilités ni les statistiques n'entretiennent de relations véritables avec les choses de la vente. L'existence même d'une élite de vendeurs suffit à s'en persuader. Existe-t-il au casino une élite de joueurs de roulette?

Pour ma part, il ne fait aucun doute que la réussite de la vente dépend, dans une large mesure, de l'enthousiasme du vendeur et de son corollaire, sa motivation. Dans son ouvrage intitulé *Comment réussissent dans la vente un bon représentant, un bon vendeur*, Frank Bettger, maître vendeur de produits d'assurances, va même plus loin en affirmant : « *Je crois fermement que l'enthousiasme est à lui seul, et de loin, le facteur le plus important dans l'art de vendre* ».

Mais qu'est-ce au juste que l'enthousiasme? L'enthousiasme, ainsi que le définit le dictionnaire, désigne « cet état privilégié où l'homme, soulevé par une force qui le dépasse, se sent capable de créer ».

C'est essentiellement dans la foi (en son entreprise, en son produit/service, en lui-même) que l'enthousiasme du vendeur prend sa source. C'est elle qui lui confère cette « force qui le dépasse » et l'enveloppe d'un magnétisme qui fascine et emporte l'adhésion. En revanche, le vendeur amorphe qui visite sa clientèle comme à contrecœur et récite mécaniquement et sans verve un argumentaire auquel il ne croit pas lui-même a d'avance perdu la partie. Quoi qu'il en soit, l'observation en situation des meilleurs vendeurs de France apporte la preuve irréfutable que l'enthousiasme se situe au cœur de la réussite commerciale. À la question « *Aimez-vous votre métier?* », je n'ai recueilli qu'une seule forme de réponse : « *Je l'adore* », « *La vente est pour moi une passion* », « *Je n'imagine pas faire un autre métier* ». Quant à la foi de ces vendeurs en leurs produits, il est des signes qui ne trompent pas :

– Laurent Schmitt raffole des céréales Kellogg's au petit déjeuner;
– Gilles Chapeau ne porte que des chaussures fabriquées par Asco Eegim Shœs;
– Christian Le Bas est convaincu qu'un sous-marin digne de ce nom ne peut être équipé que d'un système de propulsion électrique Jeumont Schneider Industrie;
– Yvette Dumas adore se retrouver chez elle, le soir, pour parcourir son *Encyclopaedia Universalis...*

Et il ne s'agit là que de quelques exemples.

Le vendeur d'élite rayonne d'enthousiasme, et c'est sa foi indéfectible en ses produits qui gagne son prospect et le conquiert. Dans un métier qui repose essentiellement sur la persuasion, la foi dans l'excellence et la supériorité de ses produits et la passion de convaincre sont des vertus cardinales!

Lorsqu'il propose une police de retraite complémentaire, Thierry d'Halluin (Alpha Assurances) sait pertinemment que la vente de son produit lui permettra de développer son chiffre d'affaires; mais tandis qu'il développe son argumentaire, ce qui le motive surtout est la perspective de préserver son client d'un dénuement éventuel et de lui aménager la retraite la plus heureuse possible.

On le constate, la foi transcende le message commercial, pénètre la conscience d'autrui et lui communique inconsciemment le désir du produit. Un message délivré sans enthousiasme, c'est un feu d'artifice tiré en plein jour!

Je n'ai connu personne qui, mieux que Jean Saint-Mleux, aujourd'hui disparu, ait su analyser les mécanismes de la suggestion. Auteur de plusieurs traités sur la vente, riche d'une expérience impressionnante (43 ans de vente sur le terrain, des dizaines de milliers de visites commerciales à son actif) détenteur du titre de meilleur vendeur plusieurs années durant à la Compagnie des Vernis Valentine, Jean Saint-Mleux était doué d'une clairvoyance exceptionnelle, pour démonter et mettre en lumière les mécanismes de la persuasion. Au cours de nos rencontres, il me fit part de ses réflexions sur ce qu'il estimait être le principal facteur de réussite dans la vente : l'enthousiasme du vendeur. Qu'il me soit permis de rendre un dernier hommage à celui qui aura été, pour moi, à la fois un mentor et un modèle.

> « *L'art de persuader consiste souvent à émouvoir, à mettre en jeu la sensibilité de l'interlocuteur. Alors que la logique s'adresse surtout au raisonnement, l'émotion suscite la croyance, laquelle conduira à l'action, en atteignant les racines invisibles des sentiments du client. L'émotion est un des facteurs déterminants de l'achat. En face d'un client réticent, la passion du vendeur s'exprime à travers tout son être et dépasse le contenu des mots employés jusqu'à donner au premier le sentiment qu'en persistant dans son refus, il insulte la raison. Dans cette inconstance, il est primordial que le vendeur manifeste son impétuosité naturelle, car elle se montre alors supérieure à la logique : qu'il laisse son « moi » monter spontanément à ses lèvres plutôt que de faire appel à une pensée organisée, à un raisonnement préformé. Dans l'enthousiasme, le naturel s'exprime et le vendeur sera bien inspiré de donner un peu de champ libre à sa nature, car en contraignant son esprit à suivre une démarche trop précise, il risque de délivrer une prestation manquant d'aisance et bien moins convaincante. Ne vaut-il pas mieux jouer Chopin avec quelques fausses notes que l'interpréter sans âme? Un homme qui laisse parler son cœur chasse du même coup l'artifice et son éloquence vraie produit sur le client une impression d'autant plus vive et profonde. Être empli de son sujet, oublier que l'on est en train de gagner quelqu'un à sa cause, tel est le critère de l'art de persuader.* »

La société Rank Xerox est reconnue comme étant l'une des meilleures écoles de vente au monde. C'est donc avec un intérêt particulier que j'ai accompagné Thierry Almeida (meilleur vendeur de France), dans ses tournées commerciales.

Effectivement, en situation, Thierry Almeida applique méthodiquement les principes et les techniques de vente : préparation des arguments, découverte des besoins, écoute, argumentation, réfutation, techniques de conclusion, etc., sont véritablement maîtrisées. D'ailleurs, comme il le souligne lui-même, il est tellement imprégné de sa technique qu'il la met en œuvre sans même y penser. Elle est devenue, chez lui, une seconde nature! Mais en entretien de vente, il fait prévaloir sa vraie nature. Une nature exaltée, follement enthousiaste. Toute sa personne exprime la passion qu'il éprouve pour ses produits et qui plonge ses racines dans sa foi inébranlable en la qualité de ses produits.

Dans le feu de l'argumentation commerciale, Thierry Almeida ne connaît pas le doute. Ses produits sont incontestablement supérieurs à ceux de la concurrence et le prospect ne saurait envisager un choix différent. Lorsqu'il argumente, il engage son âme tout entière dans l'ouvrage, et toutes ses fibres nerveuses sont tendues vers un seul but : transfuser au prospect le désir d'acheter son photocopieur.

Lors d'un entretien de vente, l'argumentation verbale se charge de suggestionner de manière consciente le prospect. Mais j'ai la conviction profonde que la motivation et l'enthousiasme du vendeur participent puissamment à la persuasion inconsciente du client en démultipliant le pouvoir des arguments, en entraînant dans la même adhésion le cœur et la raison de l'interlocuteur.

On m'interroge souvent sur la personnalité des vendeurs étoiles. Leur arrive-t-il de douter ou de se sentir démotivés? Ma réponse permettra sans doute de dissiper cette image de « foudre de guerre commerciale », de mécanique implacablement réglée pour la vente, qu'on leur prête volontiers. Le vendeur étoile n'est pas un être supérieur. Il est semblable à tout le monde, c'est-à-dire doué de sentiments et d'émotions. Lorsqu'il rencontre l'échec sur son chemin, il s'en montre tout autant affecté qu'un autre vendeur. À cet égard, tous les vendeurs d'élite m'ont dit avoir traversé des périodes de doute et de découragement. Certains m'ont même avoué qu'ils avaient vécu des moments de sérieuse déprime. Il n'en demeure pas moins vrai que les idées noires sont, chez eux, sporadiques et isolées, de simples bourrasques dans un océan d'enthousiasme.

Je reconnais que certaines personnalités sont par nature enjouées, tandis que d'autres semblent avoir été frappées dès leur naissance du sceau de la morosité. Bien entendu, c'est entre ces deux extrêmes que se situe la majorité des vendeurs. De nos jours, il semble plus facile de sombrer dans le défaitisme, voire la prostration totale, que d'éduquer son esprit à l'optimisme pour conserver son moral à un niveau raisonnable. Les conseils qui vont suivre ont justement pour objet d'inverser cette tendance, d'incliner définitivement votre balance psychique du côté positif, enthousiaste, au détriment des facteurs de démotivation.

➤ Remarque

Les recommandations qui suivent constituent une « trousse de premiers soins d'auto-motivation ». Le lecteur réellement soucieux de modifier tel ou tel aspect de sa personnalité ou désirant parfaire sa connaissance pratique du « savoir influencer » trouvera, en annexe, une bibliographie des meilleurs ouvrages consacrés au domaine du développement personnel.

➤ Pratiquer une écoute sélective

La démotivation vous tente? Inutile de déployer de grands efforts, il vous suffit d'observer et d'écouter... Peut-être n'en avez vous jamais pris conscience, mais la majeure partie de ce que vous voyez et entendez est de nature à assombrir votre moral. Allumez votre poste de télévision, on vous montre avec complaisance la misère, la violence, la douleur sous toutes ses formes. Écoutez les macro-économistes, ils vous parlent de crise, de chômage, d'inflation ou de perte de pouvoir d'achat. Les micro-économistes ne sont pas en reste; leur credo : l'étau fiscal, le poids écrasant des charges sociales, la diminution des investissements, la concurrence déloyale des pays étrangers... Demandez à un collègue, un confrère ou un tiers exerçant une profession commerciale comment vont ses affaires. Huit fois sur dix, on vous répondra que les temps sont durs, la concurrence impitoyable et que la période des vaches grasses n'est pas pour demain. Prêtez l'oreille aux propos des acheteurs et tout ce que vous y recueillerez semblera destiné à vous saper le moral : vos produits sont trop chers, la concurrence a innové, vos services doivent d'urgence être améliorés, les budgets ont été réduits, etc.

Si vous recherchez des problèmes et des motifs de découragement, soyez sans crainte, le monde entier se chargera de vous approvisionner. D'une manière générale, si votre attention ne considère que le mauvais côté des choses, vous risquez fort de vivre bientôt un plein cauchemar. Vous pressentez que telle affaire comportera des difficultés à la négociation? « Rassurez-vous », vous ne tarderez pas à rencontrer la pierre d'achoppement ou quelque embûche fatale. Votre emploi vous apparaît dénué d'intérêt? Vous trouverez bien quelques mobiles sérieux pour justifier votre départ. Quel métier ne comporte-t-il aucun désagrément? Vous voulez trouver des défauts insupportables à cet acheteur? Immanquablement, vous y parviendrez. Nul n'est parfait.

C'est ainsi que nous voyons ce que nous voulons voir et entendons ce que nous souhaitons entendre. La parabole de la bouteille à moitié remplie que certains voient à moitié vide et d'autres à moitié pleine, ne semble pas près de se départir de son actualité.

Vous êtes un « technicien », passionné de mécanique? Il y a fort à parier que lorsque la dernière-née des usines Renault fera son apparition, vous vous précipiterez sur les tableaux d'analyse de ses performances techniques. Si en revanche, vous êtes un esthète affirmé, que la mécanique ennuie, vous n'attacherez vraisemblablement d'importance qu'au tracé des lignes et des courbes du véhicule pour émettre votre jugement. Ainsi, en fonction de votre sensibilité, vous ne vous intéressez qu'à tel aspect de ce nouveau modèle de voiture, et ne regarderez que ce que vous voulez voir. De même, dans la vente, si vous n'accordez d'importance qu'aux seules sources de démotivation, vous ne verrez qu'elles! Au demeurant, l'acheteur se fera un devoir de vous déstabiliser et vous fournira plus d'occasions qu'il ne vous en faut pour sombrer dans le désespoir : louanges appuyées à l'endroit du concurrent, remarques acerbes à l'adresse de vos produits et services.

Avant d'évoquer les facteurs de motivation et d'enthousiasme, il importe de retirer son doigt de l'engrenage de la démotivation. Pour ce faire, il n'est de meilleure disposition que le filtre d'écoute. Il s'agit tout simplement de passer au crible les informations qui parviennent à votre cortex délicat! Ne prêtez donc plus attention aux lamentations répétitives de vos dolents confrères. Ne vous laissez pas démoraliser par les prophéties lugubres des économistes en mal de récession. Faites la sourde oreille aux vaticinations funestes des soi-disant spécialistes de la conjoncture. De même, ne permettez plus aux critiques que les acheteurs déversent sur vous de vous entraîner au fond. Considérez-les, au contraire, comme un jeu. Surfez, glissez sur la vague.

Montrez-vous sélectif, ne laissez plus passer par votre conduit auditif que les encouragements, les éloges, les messages positifs et toutes les informations susceptibles d'ensoleiller votre mental! D'ailleurs voyez, malgré la tourmente, la machine économique continue de tourner… les entreprises de produire et d'afficher, bon an mal an, des millions, des milliards de francs de bénéfices. Certes, il est des marchés qui fluctuent, des secteurs qui s'effondrent et des entreprises qui déposent leur bilan. Mais n'en a-t-il pas toujours été ainsi? Quoi qu'il en soit, pendant ce temps, des entreprises se développent, prospèrent, des créateurs d'entreprises opiniâtres et motivés agissent et réussissent, y compris dans des secteurs qu'on prétendait saturés. Et tandis que certains vendeurs se lamentent, d'autres, enthousiastes et déterminés, accumulent les succès commerciaux.

➤ Branchez-vous sur la fréquence positive

Si vous appliquez la recommandation précédente, les parasites de l'esprit seront rapidement défaits. Dès lors, votre motivation se trouvant dégagée de ces mauvaises herbes permettra à l'enthousiasme de poindre et de s'épanouir. Et comme « on ne récolte que ce que l'on sème », pour moissonner l'enthousiasme, il faudra en semer la graine. En d'autres termes, seules les sources susceptibles de vous inspirer de l'enthousiasme devront retenir votre attention, et il vous faudra admettre parmi vos centres d'intérêt tout ce qui plaide en votre faveur et seulement cela.

Voici, à titre indicatif, quelques principes non exhaustifs à observer en vue d'affermir votre tonus psychique :

- *Compulsez les « success stories »*

Étudiez la réussite des autres et constatez qu'elle sourit à ceux qui l'ont recherchée avec ténacité apporte en général un grand réconfort. Quel encouragement, en effet, que de découvrir le succès de ceux qui ont « démarré dans un garage », avec un minimum de moyens, ou de suivre l'ascension jusqu'aux sommets professionnels d'hommes qui ont débuté leur carrière en qualité de… « sous-chef adjoint préposé au fonctionnement du photocopieur ».

Un vendeur débutant, par exemple, ne sera-t-il pas stimulé d'apprendre que Thierry Almeida, avant de devenir ce phénomène de la vente de photocopieurs, était… garçon de café?

➤ Remarque

En lisant ces récits, veillez toutefois à ne pas comparer votre expérience à celle de leurs acteurs, car un réel dégrisement pourrait survenir. En effet, comment ne pas se sentir découragé si l'on tente d'établir un parallèle entre le déroulement de ces carrières qui ont vu se décrocher des contrats extraordinaires d'une manière non moins surprenante, et votre expérience? Vous ne savez que trop bien qu'il vous faut parfois suer sang et eau pendant des mois pour arriver à persuader le prospect de réaliser avec vous une affaire intéressant un budget dix fois plus petit. Il faut savoir en outre que les journalistes oublient souvent de préciser que l'exploit commercial relaté n'aurait pas été possible sans l'intervention décisive d'un grand-oncle, directeur des achats au sein de la société cliente, ou sans l'appui de tel camarade de promotion devenu responsable, dans l'établissement concerné, du choix des fournisseurs.

• *Faites appel à vos souvenirs positifs*

Vous souvenez-vous de ce jour ou un client vous a félicité pour la qualité de votre travail? Et de celui ou votre dévouement a été cité en exemple? Votre patrimoine historique recèle forcément quelques expériences réussies, le souvenir de paroles élogieuses ou de compliments sincères décernés par un tiers satisfait de vos services, et dont l'évocation vous procure l'impression rafraîchissante et régénératrice d'une bouffée d'oxygène.

Le procédé d'auto-stimulation que nous allons décrire est fort simple et efficace, et vous pourrez y recourir toutes les fois que votre mental aura besoin de « punch » (juste avant d'entrer dans le bureau du prospect, par exemple). Il consiste à vous représenter mentalement l'état d'esprit qui était le vôtre au moment où l'on vous a donné les marques de satisfaction dont il est question ci-dessus. Pour ce faire, dirigez résolument votre esprit sur ces instants privilégiés; essayez d'en retrouver mentalement les détails, de recréer les circonstances et l'ambiance mêmes de la scène telle qu'elle s'est effectivement déroulée. Ensuite, laissez la joie ou peut-être la légère ivresse que vous aviez alors éprouvée vous envahir à nouveau, l'émotion ressentie réapparaître en vous… Consentez cet effort et vous constaterez certainement que toute expérience vécue a imprimé en vous son empreinte et que votre mémoire, si vous en connaissez la clé, est prête à vous restituer des faits et impressions stockés à votre insu et que vous croyiez perdus.

Cette méthode fera l'effet, sur votre mental, d'une véritable inhalation d'oxygène. Votre tonus psychique s'en trouvera revigoré et vous aborderez plein d'entrain et sûr de vous l'entretien de vente que vous appréhendiez quelques minutes auparavant.

• *Dressez une liste d'avantages*

C'est le procédé qu'emploie François Teissier (Mondial Assistance) pour renforcer sa motivation avant de s'engager dans une négociation commerciale importante. Il a établi tout simplement, sur une fiche cartonnée (au format carte à jouer), la liste des avantages (traduits en bénéfice clients) que le prospect pourra tirer de l'achat de ses produits. Ainsi, quelques minutes avant d'entrer en rendez-vous, il consulte sa liste et se pénètre l'esprit de tous les atouts qu'il va procurer à son interlocuteur. En outre, son pense-bête lui rappelle qu'il occupe, dans la négociation, une position de force puisqu'il détient – par ses produits – le pouvoir de simplifier le travail du prospect (confort), de lui faire réaliser des économies (donc gagner de l'argent) et d'enrichir ses connaissances (orgueil), entre autres bénéfices.

Rasséréné sur lui-même, le bien-fondé de sa mission jusqu'au dernier moment affirmé dans sa pensée, notre vendeur peut aborder son entretien sans crainte... Son enthousiasme ne lui fera pas défaut!

Avant de clore cette section, je voudrais rappeler encore la loi fondamentale qui sous-tend l'enthousiasme dont le vendeur doit faire montre lors d'une présentation de produit : sa passion pour son métier. J'en veux pour preuve absolue que cent pour cent des maîtres vendeurs que j'ai rencontrés se sont déclarés passionnés par leur métier. Et pour les avoir suivis, observés, analysés pendant dix-huit mois, je peux attester de la réalité de cette passion.

À la lumière de cette enquête, j'ai donc acquis la conviction que seuls les vendeurs passionnés disposaient du potentiel nécessaire pour devenir de « grands vendeurs » (s'ils n'étaient pas déjà membres de cette élite). Permettez-moi de citer les aphorismes de trois grands penseurs :

« *Ne fît-on que des épingles, il faut être enthousiaste de son métier pour y exceller.* » (Diderot)

« *Lorsque la passion est réellement forte, il n'est digue ni mur que son courant n'emporte.* » (Émile Augier)

« *Rien de grand ne s'est accompli dans le monde sans passion.* » (Hegel)

Vous voulez vérifier que vous êtes vraiment passionné, alors posez-vous la question suivante : « Si demain je décroche le gros lot au tirage du loto, continuerai-je à exercer ce métier? ». Si, comme les vendeurs d'élite, vous répondez « *oui* », c'est que votre métier vous passionne.

➤ Remarque

Il est exact que certains grands vendeurs dépensent, dans le cadre de leur profession, une énergie considérable en travaillant sans relâche. Des vendeurs étoiles m'ont avoué considérer leur métier comme leur raison de vivre. Il existe même des traités de la vente qui exhortent leurs lecteurs à travailler quinze heures par jour pour devenir des as!

Si la passion est, comme nous l'avons vu, nécessaire pour réussir dans la vente, elle ne saurait en aucun cas se commuer en esclavage. Prétendre que la réussite commerciale du vendeur est proportionnelle au temps qu'il consacre à son travail relève de la caricature. Car pour une fois, en ce domaine, l'analyse des statistiques ne permet pas d'émettre la moindre théorie. En effet, dans le panel des maîtres vendeurs que j'ai suivis, j'ai rencontré autant de forcenés du travail que de tenants de la vie extra-professionnelle. Ces derniers considèrent leur travail comme une passion, certes, mais au même titre que le sport ou l'art, et la plupart d'entre eux placent leur vie de famille au premier plan de leur réussite personnelle.

Pour ma part, je crois fermement que tout excès est nocif... y compris l'excès de travail. La profession commerciale exige une grande dépense nerveuse; c'est pourquoi la vie extra-professionnelle constitue un moyen irremplaçable de reconstituer et de maintenir son équilibre personnel.

Je tiens à la disposition de ceux qui n'en seraient pas convaincus, nombre de preuves vivantes attestant de manière remarquable que vie privée épanouie et réussite professionnelle se complètent à merveille.

Le pouvoir de la volonté

L'enthousiasme, atout majeur pour emporter la conviction et l'adhésion du prospect, trouve dans la volonté un support indispensable. D'une manière générale, quiconque souhaite mener à bien un projet ou faire accepter une idée se trouvera grandement aidé s'il réunit ces deux qualités. Mais quand il s'agit de réaliser une vente, l'action combinée de ces dernières s'avère capitale. Lors d'un entretien de vente, le vendeur fort de son enthousiasme et de sa foi en son produit/service se ménagera des chances de succès très supérieures s'il est, de surcroît, animé de la ferme volonté de vendre.

En effet, si l'enthousiasme possède le formidable avantage d'être communicatif et porteur d'un pouvoir de séduction indéniable, il recèle toutefois un inconvénient notable : celui d'entraîner le client à adhérer aux arguments du vendeur moins par la conviction que la prestation offerte répond à ses attentes, que par une réaction « affective » suscitée par la sympathie que lui a inspirée le vendeur. Dans ce cas, le prospect qui a été pris sous le charme du vendeur pourra voir dès la fin de l'entretien retomber, tel un soufflé, la décision qu'il commençait à ébaucher. Désormais seul, face à l'engagement à prendre, il reconsidérera froidement l'offre qui lui a été faite, cette fois à la seule lumière de la raison et en s'appuyant uniquement sur les éléments objectifs à sa disposition. Et sa réflexion l'amènera parfois à se dire : « *Il avait tellement l'air d'y croire que j'avais presque envie de lui faire plaisir! Mais, tout bien considéré, est-ce vraiment le produit que je recherche?* »

D'ailleurs, combien de vendeurs ayant rapporté d'une visite particulièrement réussie la quasi-certitude de signer bientôt une commande exceptionnelle, ont-ils finalement vu leurs espoirs s'évanouir en fumée lors de la visite suivante? Et leur déception n'a d'égal que le désagrément de devoir faire part ensuite à leur direction commerciale de l'absence de suite d'une affaire qui s'annonçait pourtant prometteuse.

En matière de vente, l'enthousiasme, certes, est indispensable. Mais il doit être soutenu par une volonté affirmée de réussir, car cette force invisible agit de manière non négligeable sur le mental, ce qui se traduit dans le comportement et, par voie de conséquence, influence largement l'efficacité.

Quel est le mécanisme de la volonté et quels effets entraîne-t-elle par rapport à soi-même et vis-à-vis des autres? On peut considérer tout d'abord que la volonté procède de la réflexion, car celle-ci va permettre au vendeur de se représenter le résultat qu'il souhaite atteindre : tel nombre minimum de commandes, à tel prix, à tel moment, etc. De ce travail préliminaire va se dégager une détermination qui, venant au renfort de l'enthousiasme, va conférer au vendeur une force de persuasion accrue, son « punch » et sa persévérance s'en trouvant en quelque sorte démultipliés. L'art de persuader, d'ailleurs, ne revient-il pas à exercer, d'une manière nuancée et subtile, sa volonté et le pouvoir de suggestion qu'elle véhicule parfois, sur une autre personne? Or, pour produire pleinement ses effets, la volonté passe nécessairement par quelques étapes préparatoires, ce qui implique, de la part du vendeur soucieux de développer sa compétence, un travail personnel : avant de convaincre les autres, il faut se convaincre soi-même. La simplicité de ce programme n'est qu'apparente car l'on s'aperçoit vite que toutes les forces vives se trouvent sollicitées dans cette démarche.

• *L'intime conviction*

Être convaincu pour convaincre les autres… C'est l'évidence même! Or, de nombreux vendeurs semblent, en situation, oublier cette équation. S'il n'est intimement convaincu des qualités de son produit, de l'avantage qu'il va procurer à son prospect ou de son adéquation aux besoins de ce dernier, comment le vendeur pourrait-il posséder la volonté réelle de le vendre? On ne peut en effet prétendre exercer une influence sur le client ou gagner sa confiance par son argumentation ou son attitude sans croire soi-même à sa propre démarche.

Nous avons déjà parlé de la foi du vendeur dans ses produits. Rappelons cependant que l'on ne peut guère vendre très longtemps ce que l'on tient pour de la « camelote », à moins de lui attribuer quelques qualités expliquant que certains clients y trouvent leur compte.

Il faut reconnaître, il est vrai, qu'il existe aujourd'hui bien peu de produits sur le marché qui soient en tous points supérieurs à ceux de la concurrence. Tout produit, même leader dans son domaine, a ses faiblesses, susceptibles de décourager par moment le vendeur. S'il représente un produit haut de gamme reconnu et respecté pour sa qualité, celui-ci reprochera à sa direction marketing son prix très supérieur à ceux de la concurrence, dont il invoquera la menace grandissante. De son côté, le vendeur de produits bas de gamme expliquera la baisse de son chiffre d'affaires par la préférence que manifestent les clients pour les articles ou prestations de qualité, de peur de devoir payer ensuite la différence en services après-vente ou en invendus, selon le cas. L'art du vendeur est de savoir tirer parti des points positifs de la gamme qu'il représente, et de se convaincre de sa place sur le marché. Cela suppose de sa part, bien entendu, une parfaite maîtrise de son argumentaire et de l'offre spécifique faite au prospect.

Nous connaissons tous des exemples de personnes – il s'agit parfois de nous-mêmes – qui, parce qu'elles étaient animées d'un désir profond de réaliser leurs objectifs, ont relevé avec succès des défis réels. Ainsi en va-t-il d'Yvette Dumas (*Encyclopaedia Universalis*), dont la foi en son produit se double justement d'un « challenge" : convaincue de la compétitivité de son produit et animée d'une farouche volonté de réussir, elle aborde chaque vente avec la certitude de la réaliser. Cette préparation mentale constitue le véritable moteur de son énergie et transforme son face-à-face avec son prospect en une véritable victoire à remporter sur elle-même. Paradoxalement, c'est ce même état d'esprit qui lui permet de garder sa confiance après un échec et d'éviter la démoralisation. Cette dynamique mentale, outre qu'elle bannit les pensées négatives du genre « je le sentais », « de toute façon, je n'étais pas en forme aujourd'hui », « ils ont déjà du matériel X dans cette entreprise, je ne passerai jamais"..., possède le pouvoir de suggestionner le prospect, de peser sur son jugement et sa décision finale.

• *La suggestion du prospect*

Un vendeur convaincu et volontaire décuple ses chances d'emporter les suffrages de son interlocuteur s'il développe sa faculté de suggestion. Et, tandis que l'intime conviction qu'il a acquise lui permet d'évaluer de quel capital de volonté il dispose en lui-même, la suggestion va lui démontrer quels pouvoirs peut exercer la volonté lorsqu'elle est dirigée vers les autres.

Sûr de lui, l'assurance qu'il en retire se communique à son interlocuteur, et peut même l'impressionner jusqu'à faire autorité sur lui. Indéniablement, la parole ou les conseils émanant d'une personne qui a confiance en elle-même prennent un poids, un rayonnement particuliers, au point que l'on hésite à les mettre en doute. Par ailleurs, il est de nombreux entretiens de vente où le prospect se sent aussi anxieux que le vendeur, car il sait qu'un mauvais choix de sa part peut être lourd de conséquences pour lui-même ou pour son entreprise. Imaginez un directeur de la communication devant choisir une agence de publicité pour concevoir une campagne nationale destinée à assurer le lancement d'un nouveau produit; ou encore le directeur informatique d'une PME en plein essor sur qui repose le choix d'un matériel performant et évolutif. L'incertitude ou la peur des conséquences d'un mauvais choix font que l'individu a besoin de propos rassurants et d'encouragements, même s'ils proviennent de celui qui, par l'influence qu'il s'efforce d'exercer sur sa décision, peut être perçu comme un adversaire.

Sur le point de réaliser un achat dont vous aviez follement envie mais qui dépassait vos moyens ou vous changeait de votre style habituel, ne vous est-il jamais arrivé, alors que vous étiez plongé dans une indécision torturante, d'accueillir avec soulagement la petite phrase du vendeur : « *Franchement, vous pouvez y aller, vous ne le regretterez pas* », qui vous permettait de rédiger votre chèque l'esprit presque en paix? Un certain nombre d'acheteurs se révèlent ainsi velléitaires et incapables de se décider sur le champ, cela par peur de faire un mauvais choix ou tout simplement parce qu'ils n'ont pas défini avec suffisamment de précision leurs besoins exacts et les moyens dont ils disposent, ce qui les rend particulièrement vulnérables aux suggestions d'un vendeur bien informé de ces dispositions d'esprit. Le professionnel n'éprouvera aucune difficulté à exercer un ascendant, discret mais puissant, sur ce type de client. Rassuré, presque heureux de voir sa motivation étudiée et prise en main par un spécialiste, ce dernier accueillera volontiers les suggestions du vendeur, à condition, bien entendu, que celui-ci ait parfaitement défini son objectif et lui présente une offre sans défaut, qui ne soit pas de nature à altérer sa confiance.

Utiliser son ascendant et entretenir une volonté inaltérable ne doivent cependant pas aboutir à inverser les rapports de force qui s'instaurent dans une négociation commerciale. Le client « reste le roi », et influence ne signifie pas supériorité. Tout l'art du vendeur et de « mettre la pression » en douceur, sans qu'il y paraisse, et surtout sans tomber dans le piège de la fatuité et de la condescendance. Dans tous les cas, le client tient à rester le décideur, et il supportera toujours très mal d'être poussé dans sa décision ou pris pour un simple d'esprit!

• *La persévérance*

« Vouloir, c'est pouvoir ». Le destin de cet adage semble bien être de franchir les siècles sans dommage. Et pourtant, sa mise en œuvre ne va pas toujours de soi. Trop souvent, la volonté ne triomphe qu'au prix d'un dur labeur et combien de fois sur le métier devons-nous remettre notre ouvrage! Lenteurs, contretemps, difficultés de tous ordres, échecs répétés... À tous ces écueils nous n'apporterons qu'une réponse, un moyen unique de traverser les turbulences de la vie : il a pour nom persévérance. Ainsi que nous l'avons vu, l'entretien de vente met en relation deux individus aux caractéristiques bien différentes et dont les intérêts ne sont pas toujours concordants. Dans votre démarche, n'omettez jamais d'objectiver l'échec, afin de ne pas vous démotiver. Une anecdote bien connue, qui nous vient des États-Unis, dit qu'il faut faire faillite trois fois avant de faire fortune. N'est-ce pas là un bel exemple de persévérance?

Pour revenir à notre propos, il n'est pas indifférent de savoir que la vente d'un système de propulsion électrique de sous-marin se conclut en moyenne au terme de sept années de négociations techniques et commerciales, ainsi que nous le révèle Christian Le Bas (Jeumont Schneider Industrie). Sept ans de réflexion pour le client, mais aussi sept ans de motivation et de volonté opiniâtre pour le vendeur!

Persévérer est d'autant plus important qu'un obstacle peut bloquer une vente pendant un temps plus ou moins long : un budget gelé, un personnage-clé de la hiérarchie qui retarde la décision, un prospect peu disponible, etc. Tôt ou tard, la conjoncture s'améliore et le vendeur obstiné et patient se félicite d'avoir maintenu avec soin ses rapports avec le prospect...

L'art de séduire, arme des meilleurs vendeurs

Le « relationnel »

Ce vocable du langage commercial désigne l'aptitude particulière que manifeste un vendeur pour la communication verbale. Le vendeur « relationnel » est un personnage ouvert, chaleureux, capable d'établir immédiatement, avec la majorité de ses interlocuteurs, une relation privilégiée qui le place sur une même longueur d'onde, fraternelle et complice. Le relationnel, c'est l'art de séduire au service de la vente.

Une question se pose : quelle place occupe le relationnel dans la réussite commerciale? Le sujet passionne visiblement les professionnels, dont les avis s'avèrent pourtant partagés. En les amplifiant quelque peu, deux groupes d'opinions distincts se dégagent : le premier, estimant que le client sait aujourd'hui parfaitement distinguer l'argument valable (celui qui lui confère un avantage réel) du discours enjôleur, considère le relationnel comme une arme désuète de l'arsenal du savoir-vendre. Pour ce groupe, rien ne remplace l'argumentation rationnelle, la démonstration mathématique. Le second, en revanche, tient les qualités relationnelles du vendeur pour essentielles et déterminantes dans le succès commercial. Pour ce groupe, la vente s'apparente à une entreprise de séduction!

Pour nous forger une opinion, c'est une fois de plus sur le terrain, auprès de maîtres vendeurs, que nous irons rechercher les éléments d'une réponse. Nous savons déjà que le vendeur étoile maîtrise son produit, ses arguments, et applique, consciemment ou d'instinct, la plupart des préceptes de la vente qui ont été développés au cours du précédent chapitre. Il s'agit maintenant de savoir si le vendeur étoile, dans l'exercice de son métier, déploie des qualités relationnelles et le cas échéant, d'en évaluer l'importance relative dans la réalisation de la vente. « *Il n'y a pas un seul secteur de la vente qui échappe à la nécessité de plaire; et la mise en œuvre, par le vendeur, de ses facultés relationnelles est l'une des composantes principales de la séduction* ». Le ton nous est donné par Didier Valin (Avis Fleet Services), et la totalité des vendeurs d'élite interrogés sur le sujet confirmera cette affirmation, y compris Christian Le Bas : « *Même pour vendre un système de propulsion de sous-marin, la cote d'amour des acheteurs pour leurs ingénieurs commerciaux a son importance* ».

Et effectivement, en situation de vendre, les maîtres vendeurs manifestent tous – seules les proportions varient – ces qualités relationnelles. Par exemple, accompagnant Thierry Almeida (Rank Xerox) chez l'un de ses clients (le service reprographie d'une entreprise du secteur pharmaceutique auquel il avait vendu du matériel Rank Xerox six mois plus tôt), quelle ne fut pas ma surprise de voir notre vendeur saluer les différents employés du service, dont il connaissait les noms : « *Bonjour monsieur Baulieu... Comment allez-vous monsieur Frankel?* », puis, aller s'enquérir auprès de la secrétaire des résultats obtenus par son fils au baccalauréat (la suite révélera leurs rôles de prescripteurs), pour terminer sa visite dans le bureau du chef de service, véritable décisionnaire, avec lequel il s'entretient pendant cinq minutes de choses et d'autres avant d'entrer dans le vif du sujet : les nouveaux besoins du service reprographie en matière de copieurs. La discussion qui suivit fut très naturelle, franche et spontanée. Le vendeur considérait les besoins du prospect avec un réel intérêt, et lorsqu'il sut qu'il pouvait y répondre, sa présence et son écoute augmentaient d'intensité. Le ton de Thierry Almeida était celui de l'ami délivrant un conseil sincère. Oubliée, la relation acheteur/vendeur. Il s'était progressivement instauré, entre les deux hommes, comme une communication fraternelle! Quelques semaines plus tard, après étude des propositions de la concurrence, le client passa commande à Thierry Almeida d'un copieur « haut-volume » pour un montant dépassant le million de francs. Avec l'accord de Thierry Almeida, je repris contact avec l'acheteur et, prétextant une étude sur les relations acheteur/vendeur, je l'interrogeai sur les raisons qui lui avaient fait choisir le matériel Rank Xerox. J'obtins cette réponse :

> « *Je dois dire que je n'aurais jamais acheté ce matériel s'il ne présentait pas, à mes yeux, toutes les qualités de fiabilité et de performance que nous sommes en droit d'attendre! Mais la motivation de cet achat ne se situe pas sur ce seul plan, car d'autres sociétés proposent du matériel d'une qualité comparable. Or, bien souvent, quand vous voyez arriver leurs vendeurs, vous sentez qu'ils poursuivent l'unique objectif de vendre. Moi, cela m'énerve et m'inquiète en même temps. Évidemment, je ne suis pas complètement idiot et je sais bien que Thierry Almeida est un vendeur, tenu lui aussi par des impératifs de chiffre d'affaires. Mais quand il se trouve en face de moi, je ne ressens pas cette pression. J'ai même le sentiment qu'il défend mes intérêts... D'autre part, c'est un homme en qui on peut avoir confiance, car il ne se dérobe pas quand on a des problèmes. Et puis, comment dire... Il est sympathique. D'ailleurs, tout le monde l'apprécie, dans la maison!* »

Les trois dernières phrases ne sont-elles pas, à plusieurs titres, révélatrices? Assurément, le relationnel pèse d'un poids réel dans la réussite de la vente? Mais il ne doit pas faire oublier les autres facteurs du succès (qualité du produit, adéquation du produit à la demande...) et le savoir-faire du vendeur (préparation, découverte des besoins, mise en adéquation du produit au besoin, technique de vente, respect de la déontologie, enthousiasme communicatif...). Car la vente forme un tout, et le meilleur vendeur est souvent celui qui réunit le plus grand nombre de qualités et de compétences. S'il est excessif de prétendre que la réussite commerciale repose entièrement sur les qualités relationnelles du vendeur et sa séduction personnelle, ils y contribuent incontestablement, emportant même la décision lorsque deux offres concurrentes ont du mal à se départager.

Ex-professeur de comptabilité, autodidacte de la vente, Yvette Dumas (vendeuse d'élite d'*Encyclopaedia Universalis*) est venue à la vente « *par goût des relations humaines* ». En effet, en entretien de vente, Yvette Dumas semble mener une discussion entre amis :

> *Le prospect :* « Est-ce qu'un adolescent de seize ans peut s'en servir pour faire un devoir d'école? »
>
> *Yvette Dumas :* « Bien entendu. Tenez, récemment, mon fils qui a dix-sept ans avait un devoir d'histoire à rendre dont le sujet était Franklin Roosevelt. Il a consulté son *Encycoplaedia Universalis*. Tout y était m'a-t-il dit. Il a rendu un très bon devoir et obtenu une excellente note! Vous aussi, ce serait pour votre fils?..»

À la fin de l'entretien, le prospect n'a plus l'impression d'avoir en face de lui une commerciale, mais presque une amie. Un ami ne poursuit que notre bien et lorsqu'il offre son conseil, il est tentant de l'accepter… En tout cas, une constatation s'impose : les prospects suivent plus facilement les conseils d'achat d'Yvette Dumas que ceux des autres commerciaux. Car c'est aussi cela le relationnel, s'investir personnellement dans ses contacts avec les autres. Vouloir faire de chaque relation commerciale une relation d'amitié, en oublier presque que l'on vend… sans jamais l'oublier! Car il ne saurait être question de confondre vendeur relationnel et « vendeur à l'amitié », ce dernier visant sa clientèle comme on fait la tournée des copains, faisant passer au second plan sa mission!

Le relationnel constitue une arme commerciale authentique, mais sa nature et binaire. Seul, il est inopérant. Il ne produit ses pleins effets qu'allié à un autre élément, la sincérité. Thierry d'Halluin (AXA Assurances), Yvette Dumas (*Encyclopaedia Universalis*), Thierry Almeida (Rank Xerox), Frédéric Romanet du Caillaud (Grand V)… **tous** m'ont assuré de la parfaite sincérité de leur démarche relationnelle. Et en les observant en situation réelle d'entretien, j'en ai acquis la certitude. Car le déguisement, l'hypocrisie se décèlent aisément. Je n'ai pas senti, chez un seul des trente vendeurs d'élite que j'ai suivis, l'ombre d'une simulation!

N'oubliez pas Narcisse

« *Celui qui t'aime, fût-il un chien, tu l'aimeras aussi.* » (Proverbe touareg)

C'était au cours d'une soirée classique, entre amis. Mon voisin de table se trouvait être un expert en œuvres d'art du dix-huitième siècle. Conscient de mes lacunes en ce domaine, je profitai de cette opportunité pour m'instruire… Nous engageâmes la conversation, laquelle devait s'achever près de trois heures plus tard. Je l'interrogeai sur ses motivations, sa formation, son itinéraire, le harcelai de questions au sujet des techniques d'évaluation des œuvres d'art, de celles qui permettent de reconnaître des « faux », etc., tant et si bien qu'à la fin de la soirée, cet homme, son parcours professionnel et personnel, son métier et sa façon de l'exercer me paraissaient étonnamment proches. En outre, sa connaissance de l'art était impressionnante, et pour son auditoire, moi en l'occurrence, véritablement passionnante. De son côté, il ne connaissait rien de moi, pas même mon nom; en effet, ces trois heures de discussion lui avaient été entièrement consacrées. Quelques jours plus tard, je reçus un appel téléphonique du maître de maison, qui me faisait savoir que son ami l'expert avait beaucoup apprécié ma compagnie et souhaitait nous inviter, mon épouse et moi, un soir chez lui pour… discuter!

Gare aux apparences! Ce que l'on considère parfois comme de la séduction, n'est en réalité qu'auto-séduction. Cette anecdote doit nous rappeler que le plus sûr moyen de séduire un client est de lui offrir un miroir, de lui renvoyer son image; sans flagornerie et en s'intéressant sincèrement à lui. Car il ne faut pas croire que les clients soient abusés. Ils distinguent très vite ceux dont les questions procèdent d'un intérêt sincère et dont l'écoute est authentique, de ceux dont la démarche a pour véritable objet de les manipuler. C'est pourquoi le vendeur séducteur s'efforcera d'être totalement centré sur son prospect, avec le désir véritable de le découvrir, de mieux le connaître, le comprendre… Pour mieux le servir.

Les redites fixent la mémoire! Aussi je voudrais, avant de terminer cet ouvrage, renouveler ce conseil, cette loi fondamentale de la vente et, partant, de la séduction commerciale : aimez vos clients!

Aimer ses clients, c'est leur adresser des louanges sincères, ménager leur amour-propre, les écouter avec une attention non feinte, partager leurs joies, leurs soucis, leur faire sentir leur importance. En un mot, respectez votre prospect, considérez-le dans toutes ses dimension d'être humain, et non seulement comme un acheteur potentiel. Vous mettre à l'écoute des autres ne vous diminuera pas, bien au contraire. Vous y gagnerez en profondeur, en connaissance de l'humain, et votre envergure professionnelle n'en fera que croître. Ayez donc de l'estime pour votre prospect, en songeant qu'il la mérite, et n'hésitez pas à avoir pour lui des attentions désintéressées… tout en restant vous-même. Sachez que les « béni oui-oui » n'ont jamais fait de bons vendeurs.

En revanche, il est rare que le vendeur étoile, celui qui met en application ces préceptes, ne soit pas payé en retour… par des achats réguliers!

Réponses aux questions de l'exercice

1. E1
2. E1
3. E1
4. E1
5. E1
6. E2
7. E2
8. E2
9. E4
10. E2
11. E2
12. E2
13. E2
14. E4
15. E3
16. E3
17. E2
18. E3
19. E4
20. E3
21. V
22. E

Bibliographie

Michaël AGUILAR, *Speech Tonic*, Les Éditions d'Organisation, 2003.

Dale CARNEGIE, *Comment se faire des amis*, Le livre de poche, Hachette, 1990.

Dominique CHALVIN, *L'Affirmation de soi*, ESF Éditeur,1995.

Dominique CHALVIN, Christine RUBAUD, *Utilisez toutes les capacités de votre cerveau*, ESF Éditeur,1990.

Francis WALDER, *Saint-Germain ou la négociation*, Éditions Gallimard, 1992.

Marketing direct

Éric BACRIE, *La Télévente*, Éditions Dunod, 1997.

Michel BAUDIER, *Je téléphone avec succès*, Maxima, 2001.

Yan CLAEYSSEN, *L'e-mail marketing*, Éditions Dunod, 2003.

Marc-Lionel GATTO, *Mini budget, maxi profits*, Éditions d'Organisation, 1997.

Régis HAUSER, *Concevoir et rédiger des mailings efficaces*, Éditions d'Organisation, 1988.

Marc-A. IGONET, *La Lettre de vente*, Éditions d'Organisation, 1999.

Yvon LE MEN, *Pratique du marketing direct*, Éditions Dunod, 1995.

Sophie de MENTHON, *Mieux utiliser le téléphone*, Éditions d'Organisation, 1999.

Claude PALANQUE, Cyril ESNAULT, Mathieu GUINARD, *Les Clés de l'e-mail marketing*, Maxima, 2003.

Techniques de vente

Michaël AGUILAR, *Vaincre les objections des clients*, Éditions Dunod, 1999.

Philippe BEAUPRÉ, Frédéric VENDEUVRE, *Gagner de nouveaux clients*, Éditions Dunod, 2000.

Frank BETTGER, *La Vente étape par étape*, Un monde différent,1987.

Tony BUZAN, *Vendre !* Éditions d'Organisation, 1999.

Nicolas CARON, *Vendre aux clients difficiles*, Éditions Dunod, 2004, 2e édition.

Colin CLARCK, *The Hard Sell*, Harper & Collins, 1995.

Marc CORCOS, *Les Techniques de vente qui font vendre*, Éditions Dunod, 2003, 3e édition.

Dominique COTTIN, *Techniques de vente persuasive*, DCMG, 2000.

Laurent DUGAS, Bruno JOURDAN, *La Vente complexe*, Éditions Dunod, 2003.

Joe GIRARD, *How to Sell Anything to Anybody*, Warner Books, 2001.

Joe GIRARD, *How to Close Every Sale*, Warner Books, 2002.

Heinz GOLDMAN, *L'Art de vendre*, Delachaux & Niestlé, 1981.

René MOULINIER, *Les Techniques de la vente*, Éditions d'Organisation, 2003.

Pierre RATAUD, *L'Alchimie de la vente*, Éditions d'Organisation, 1987.

Pierre RATAUD, *Les Questions qui vont vendre*, Éditions d'Organisation, 1994.

Renée et Jean SIMONET, *L'Argumentation (stratégies et tactiques)*, Éditions d'Organisation, 1998.

Techniques de négociation

Patrick AUDEBERT-LASROCHAS, *Profession négociateur*, Éditions d'Organisation, 1995.

Lionel BELLENGER, *La Négociation*, PUF, 2003.

Patrick DAVID, *La Négociation commerciale en pratique*, Éditions d'Organisation, 2003.

Roger FISHER et William URY, *Comment réussir une négociation*, Éditions du Seuil, 1982.

Philippe KORDA, *Vendre et défendre ses marges*, Éditions Dunod, 2000.

Philippe LAFAIX, Daniel HUYOT, *Défendez vos prix dans la vente*, Éditions d'Organisation, 2001.

Florence PIQUET, Yves LELOUCHE, *La Négociation acheteur/vendeur*, Éditions Dunod, 1998.

William URY, *Négocier avec les gens difficiles*, Éditions du Seuil, 1999.

Techniques de persuasion et d'influence

Lionel BELLENGER, *L'Excellence à l'oral*, ESF Éditeur, 2003.

Lionel BELLENGER, *La Force de persuasion*, ESF Éditeur, 1997.

Lionel BELLENGER, Dominique CHALVIN, *Du Bon Usage de la manipulation*, ESF Éditeur, 2001.

Philippe BRETON, *La Parole manipulée*, Éditions La Découverte, 1997.

Gilbert COLLARD, *L'Art de s'exprimer en toutes circonstances*, Presses de la Renaissance, 1999.

Robert CIALDINI, *Influence et Manipulation*, Éditions First, 1990.

R.V. JOULE et J.L. BEAUVOIS, *Petit Traité de manipulation à l'usage des honnêtes gens,* Presses universitaires de Grenoble, 1987.

Nicolas GUEGUEN, *Psychologie de la soumission et de la manipulation*, Éditions Dunod, 2002.

Pierre RAYNAUD, *L'Art de manipuler*, Éditions Ulrich, 1996.

047384-(I)-(2)-OSB 100°-FAB-MPN

STEDI, 1, boulevard Ney, 75018 Paris
Dépôt légal, Imprimeur, n° 8196
Dépôt légal : janvier 2004
Imprimé en France
Dépôt légal 1re édition : 1er trimestre 1992